板書で見る 全単元の授業のすべて 国語 小学校4年㊦

中村和弘 監修
成家雅史・廣瀬修也 編著

東洋館出版社

まえがき

令和２年度に完全実施となる小学校の学習指導要領では、これからの時代に求められる資質・能力や教育内容が示されました。

この改訂を受け、これからの国語科では、

・子供たちが言語活動を通して「言葉による見方・考え方」を働かせながら学習に取り組むことができるようにする。

・単元の目標／評価を、〔知識及び技能〕と〔思考力、判断力、表現力等〕のそれぞれの指導事項を結び付けて設定し、それらの資質・能力が確実に身に付くよう学習過程を工夫する。

・子供たちにとって「主体的・対話的で深い学び」が実現するよう、単元の構成や教材の扱い、言語活動の設定などを工夫する。

などの授業づくりが求められています。

一方で、こうした授業を実現していくためには、いくつかの難しさを抱えているように思います。例えば、言語活動が重視されるあまり、「国語科の授業で肝心なのは、言葉や言葉の使い方などを学ぶことである」という共通認識が薄れているように感じます。あるいは、活動には取り組ませているけれども、今日の学習でどのような言葉の力が付いたのかが、教師にも子供たちにも自覚的ではない授業が見られます。

国語科の授業を通して、「どんな力が付けばよいのか」「何を教えればよいのか」という肝心な部分で、困っている先生方が多いのではないかと感じています。

本書は、「板書をどうすればいいのか」という悩みに答えながら、同時に、国語科の授業で「どんな力が付けばよいのか」「何を教えればよいのか」というポイントを、単元ごとに分かりやすく具体的に示しています。いわば、国語科の授業づくりの手引き書でもあることが特徴です。

この板書シリーズは、2005年の初版刊行以来、毎日の授業づくりに寄り添う実践書として多くの先生方に活用されてきました。そして、改訂を重ねるたびに、板書の仕方はもちろん、「もっとうまく国語の授業ができるようになりたい」という先生方の要望に応えられる内容と質を備えられるよう、改善されてきました。

今回、平成29年告示の学習指導要領に対応する新シリーズを作るに当たっても、そうした点を大切にして、検討を重ねてきました。

日々教室で子供たちと向き合う先生方に、「こういうふうに授業を進めていけばよいのか」「指導のポイントは、こういうところにあるのか」「自分でもこんな工夫をしてみたい」と国語科の授業づくりの楽しさを感じながらご活用いただければ幸いです。

令和２年３月吉日

中村　和弘

本書活用のポイント―単元構想ページ―

本書は、各学年の全単元について、単元全体の構想と各時間の板書のイメージを中心とした本時案を紹介しています。各単元の冒頭にある単元構想ページの活用のポイントは次のとおりです。

教材名と指導事項、関連する言語活動例

本書の編集に当たっては、令和2年発行の光村図書出版の国語教科書を参考にしています。まずは、各単元で扱う教材とその時数、さらにその下段に示した学習指導要領に即した指導事項や関連する言語活動例を確かめましょう。

単元の目標

単元の目標を総括目標として示しています。各単元で身に付けさせたい資質・能力の全体像を押さえておきましょう。

評価規準

ここでは、指導要録などの記録に残すための評価を取り上げています。本書では、❶❷のように記録に残すための評価は色付きの丸数字で統一して示しています。本時案の評価で色付きの丸数字が登場したときには、本ページの評価規準と併せて確認することで、より単元全体を意識した授業づくりができるようになります。

おおきな　かぶ　（6時間扱い）

〔知識及び技能〕(1)ク　〔思考力、判断力、表現力等〕C読むことイ、エ　関連する言語活動例C(2)イ

単元の目標

・場面の様子について、登場人物の行動を中心に想像を広げながら読むことができる。
・繰り返しの言葉やリズムを考えながら、声に出して読むことができる。

評価規準

知識・技能	❶語のまとまりや言葉の響きなどに気を付けて音読している。（〔知識及び技能〕(1)ク）
思考・判断・表現	❷「読むこと」において場面の様子や登場人物の行動など、話の内容の大体を捉えている。（〔思考力・判断力・表現力〕Cイ） ❸「読むこと」において場面の様子に着目して、登場人物の行動を具体的に想像している。（〔思考力・判断力・表現力〕Cエ）
主体的に学習に取り組む態度	❹進んで場面の様子から登場人物の行動を具体的に想像し、学習の見通しをもって、想像したことや考えたことを音読で表現しようとしている。

単元の流れ

次	時	主な学習活動	評価
一	1	教師の範読後、全文を読み、物語の場面や登場人物や出てくる順番を確かめる。 初発の感想を書く。	
二	2	学習の見通しをもつ 初発の感想から、話の特徴やおもしろいところを共有し、学習課題を考える。 繰り返しの言葉を見つけ、その効果を考える。	❷
	3	かぶを抜こうとするときや助けを呼ぼうとするときの、登場人物の行動や気持ちを想像する。 繰り返し出てくる言葉の意味の違いを考え、音読の仕方を工夫する。	❶
	4	かぶが抜けないときやかぶを抜こうとするときの、登場人物の行動や気持ちを想像する。 つなぎ言葉の意味の違いを考え、音読の仕方を工夫する。 かぶが抜けた理由について話し合う。	❸
三	5 ・ 6	役割を決めて、音読の練習をする。 音読発表会をする。 学習を振り返る 学習の振り返りをする。	❹

おおきな　かぶ
202

単元の流れ

単元の目標や評価規準を押さえた上で、授業をどのように展開していくのかの大枠をここで押さえます。各展開例は学習活動ごとに構成し、それぞれに対応する評価をその右側の欄に対応させて示しています。

ここでは、「評価規準」で挙げた記録に残すための評価のみを取り上げていますが、本時案では必ずしも記録には残さない、指導に生かす評価も示しています。本時案での詳細かつ具体的な評価の記述と併せて確認することで、指導と評価の一体化を意識することが大切です。

また、学習の見通しをもつ 学習を振り返る という見出しが含まれる単元があります。見通しをもたせる場面と振り返りを行う場面を示すことで、教師が子供の学びに向かう姿を見取ったり、子供自身が自己評価を行う機会を保障したりすることに活用できるようにしています。

授業づくりのポイント

〈単元で育てたい資質・能力〉

本単元のねらいは、場面の様子から想像したことを音読で表現する力を育むことである。

そのために、登場人物の行動や会話に着目し、具体的に登場人物の様子や気持ちを想像できるようにする。想像したことを音読で表現することで、繰り返し出てくる言葉の意味やリズムのよさなどに気付くことができるようにする。

具体例

○おじいさんはかぶの種をまくときに、「あまい　あまい　かぶに　なれ。おおきな　おおきな　かぶに　なれ。」と言っている。「あまい　かぶに　なれ。」ではなく「あまい　あまい」や「おおきな　おおきな」と２回同じ言葉を繰り返している。このことから、このときのおじいさんの気持ちを考えさせたい。

〈教材・題材の特徴〉

「おおきな　かぶ」は、反復表現と登場人物が現れる順序が特徴的な話であり、その繰り返しの効果がおもしろさを引き出している教材である。

登場人物が次の登場人物を呼んでくる同じ展開の繰り返し、「うんとこしょ、どっこいしょ。」という同じ掛け声の繰り返し、「○○が□□をひっぱって」という行動描写の繰り返し、「それでも～ぬけません」「まだまだ～ぬけません」等の接続詞や副詞を使った同じ状況の繰り返しがある。言葉の繰り返しは、イメージと意味を強調する効果がある。

登場人物が現れる順序は、自分よりも力が弱いものを呼んでくる設定が繰り返される。大きなかぶを抜こうとしているのに対して、どんどん力が小さい登場人物が登場することで、かぶが抜けてほしいという思いと果たしてかぶは抜けるのかという緊張感があいまって、読み手は作品に引き込まれていく。最後に小さな力のねずみの参加でかぶが抜ける意外性とともに、みんなで協力することの大切さや小さな存在の大きな役割という価値も見いだすことができる。

具体例

○「うんとこしょ、どっこいしょ。」は６回繰り返される。１回ごとにかぶを引っ張る人数が増えるとともに、かぶを抜きたいという気持ちが強くなっていく。このことを踏まえ、どのように音読することがふさわしいのかと、表現方法を考えさせていく。

○「○○が□□をひっぱって」という表現が繰り返されることで、文章にリズムのよさが生まれる。登場人物の動作と会話のタイミングなどを具体的に想像させていく。

〈言語活動の工夫〉

話の繰り返される展開や繰り返し出てくる言葉に着目し、その効果のおもしろさを味わえるように言語活動を設定する。そのために、場面ごとに区切って読むのではなく、話全体を何度も通読することで、繰り返される言葉の意味の違いや効果を読み取り、音読の表現に生かせるようにする。また、繰り返される言葉が生み出す心地よいリズムによって、読み手は、自然と身体も動きだすであろう。動作化も取り入れながら、場面の様子を具体的に想像できるようにするとよい。

具体例

○話の世界を具体的に想像できるように、気持ちや会話を書き込めるようなワークシートを用意する。また、具体的に動作化できるように立体的なかぶを用意するなど工夫する。

○どのような音読表現がよいかについて、友達同士がアドバイスできる学習環境も整えたい。

203

授業づくりのポイント

ここでは、本単元の授業づくりのポイントを取り上げています。

全ての単元において〈単元で育てたい資質・能力〉を解説しています。単元で育てたい資質・能力を確実に身に付けさせるために、気を付けたいポイントや留意点に触れています。授業づくりに欠かせないポイントを押さえておきましょう。

他にも、単元や教材文の特性に合わせて〈教材・題材の特徴〉〈言語活動の工夫〉〈他教材や他教科との関連〉〈子供の作品やノート例〉〈並行読書リスト〉などの内容を適宜解説しています。これらの解説を参考にして、学級の実態を生かした工夫を図ることが大切です。各項目では解説に加え、具体例も挙げていますので、併せてご確認ください。

本書活用のポイント―本時案ページ―

単元の各時間の授業案は、板書のイメージを中心に、目標や評価、学習の進め方などを合わせて見開きで構成しています。各単元の本時案ページの活用のポイントは次のとおりです。

本時の目標

本時の目標を総括目標として示しています。単元冒頭ページとは異なり、各時間の内容により即した目標を示していますので、「授業の流れ」などと併せてご確認ください。

本時の主な評価

ここでは、各時間における評価について２種類に分類して示しています。それぞれの意味は次のとおりです。

○❶❷などの色付き丸数字が付いている評価

指導要録などの記録に残すための評価を表しています。単元冒頭ページにある「単元の流れ」の表に示された評価と対応しています。各時間の内容に即した形で示していますので、具体的な評価のポイントを確認することができます。

○「・」の付いている評価

必ずしも記録に残さない、指導に生かす評価を表しています。以降の指導に反映するための教師の見取りとして大切な視点です。指導との関連性を高めるためにご活用ください。

資料等の準備

ここでは、板書をつくる際に準備するとよいと思われる絵やカード等について、箇条書きで示しています。なお、💿の付いているものについては、本書付録の DVD にデータが収録されています。

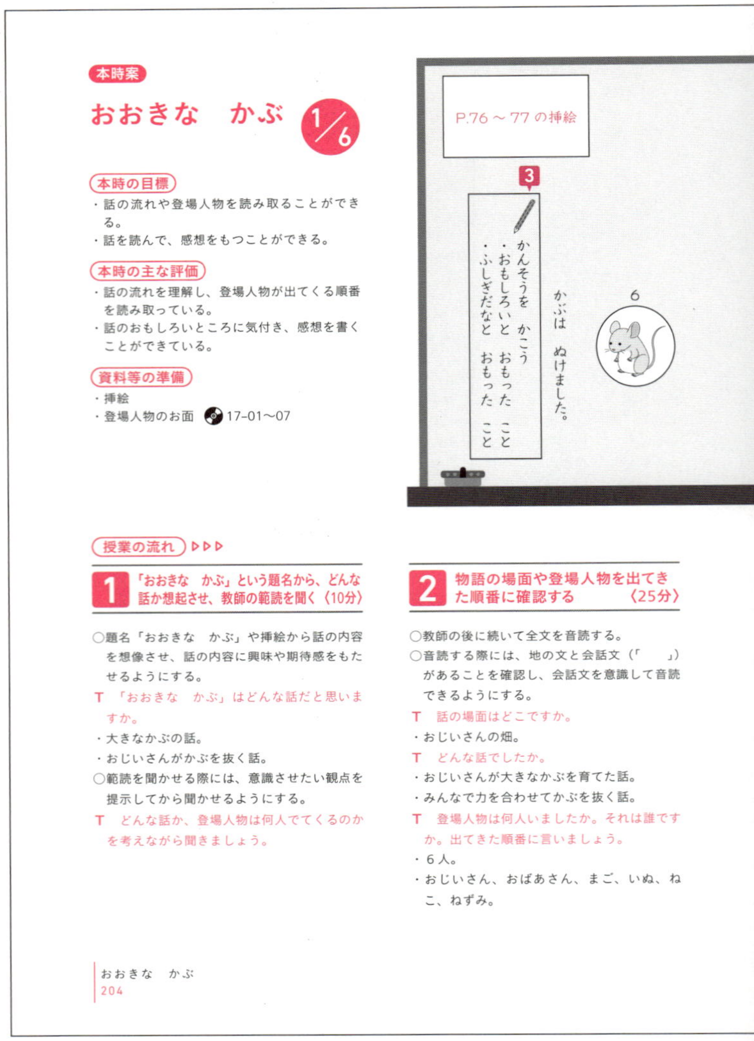
本時案

おおきな　かぶ　1/6

本時の目標
・話の流れや登場人物を読み取ることができる。
・話を読んで、感想をもつことができる。

本時の主な評価
・話の流れを理解し、登場人物が出てくる順番を読み取っている。
・話のおもしろいところに気付き、感想を書くことができている。

資料等の準備
・挿絵
・登場人物のお面　💿17-01～07

P.76 ～ 77 の挿絵
3
かんそうを　かこう
・おもしろいと　おもった　こと
・ふしぎだなと　おもった　こと
かぶは　ぬけました。
6

授業の流れ ▷▷▷

1 「おおきな　かぶ」という題名から、どんな話か想起させ、教師の範読を聞く〈10分〉

○題名「おおきな　かぶ」や挿絵から話の内容を想像させ、話の内容に興味や期待感をもたせるようにする。
T 「おおきな　かぶ」はどんな話だと思いますか。
・大きなかぶの話。
・おじいさんがかぶを抜く話。
○範読を聞かせる際には、意識させたい観点を提示してから聞かせるようにする。
T どんな話か、登場人物は何人でてくるのかを考えながら聞きましょう。

2 物語の場面や登場人物を出てきた順番に確認する〈25分〉

○教師の後に続いて全文を音読する。
○音読する際には、地の文と会話文（「　」）があることを確認し、会話文を意識して音読できるようにする。
T 話の場面はどこですか。
・おじいさんの畑。
T どんな話でしたか。
・おじいさんが大きなかぶを育てた話。
・みんなで力を合わせてかぶを抜く話。
T 登場人物は何人いましたか。それは誰ですか。出てきた順番に言いましょう。
・６人。
・おじいさん、おばあさん、まご、いぬ、ねこ、ねずみ。

おおきな　かぶ
204

おおきな　かぶ
どんな　おはなしかを　よみとろう。
P.68 の挿絵
1
2
3
4
5
2
おじいさんが、かぶの　たねを　まきました。
かぶを　ぬこうと　しました。
子供と確認しながら貼っていく。

3 物語を読んだ感想を書く〈10分〉

○観点（おもしろいと思ったこと・不思議だなと思ったことなど）を示して感想を書かせるようにする。
・何回も「うんとこしょ、どっこいしょ。」と言っていておもしろい。
・なかなかかぶが抜けなくて、どきどきした。
・みんなでかぶを引っ張って、かぶが抜けてよかった。
・どうして、ねずみが引っ張ってかぶが抜けたのだろう。

よりよい授業へのステップアップ

範読の工夫

低学年の子供への教師の範読は、子供が話を理解したり、話の世界に浸ったりする手助けとなるため重要である。地の文と会話文の表現の違いが分かるように音読し、「誰が何をしたのか」「だれが何と言ったのか」など、登場人物の行動や話の展開を理解できるように工夫する。

掲示物の工夫

話の流れや登場人物の順番を理解できるように挿絵などの掲示物を効果的に使うようにしたい。

第1時
205

本時の板書例

子供たちの学びを活性化させ、授業の成果を視覚的に確認するための板書例を示しています。学習活動に関する項立てだけでなく、子供の発言例なども示すことで、板書全体の構成をつかみやすくなっています。

板書に示されている 1 2 などの色付きの数字は、「授業の流れ」の各展開と対応しています。どのタイミングで何を提示していくのかを確認し、板書を効果的に活用することを心掛けましょう。

色付きの吹き出しは、板書をする際の留意点です。実際の板書では、テンポよくまとめる必要がある部分があったり、反対に子供の発言を丁寧に記していく必要がある部分があったりします。留意点を参考にすることで、メリハリをつけて板書を作ることができるようになります。

その他、色付きの文字で示された部分は実際の板書には反映されない部分です。黒板に貼る掲示物などが当たります。

これらの要素をしっかりと把握することで、授業展開と一体となった板書を作り上げることができます。

よりよい授業へのステップ

ここでは、本時の指導についてポイントを絞って解説しています。授業を行うに当たって、子供がつまずきやすいポイントやさらに深めたい内容について、各時間の内容に即して実践的に示しています。よりよい授業づくりのために必要な視点を押さえましょう。

授業の流れ

1時間の授業をどのように展開していくのかについて示しています。

各展開例について、主な学習活動とともに目安となる時間を示しています。導入に時間を割きすぎたり、主となる学習活動に時間を取れなかったりすることを避けるために、時間配分もしっかりと確認しておきましょう。

各展開は、T：教師の発問や指示等、・：予想される子供の反応例、〇：留意点等の３つの内容で構成されています。この展開例を参考に、各学級の実態に合わせてアレンジを加え、より効果的な授業展開を図ることが大切です。

板書でみる全単元の授業のすべて
国語 小学校４年下
もくじ

まえがき …… 001
本書活用のポイント …… 002

1 第４学年における授業づくりのポイント

「主体的・対話的で深い学び」を目指す授業づくりのポイント …… 010
「言葉による見方・考え方」を働かせる授業づくりのポイント …… 012
学習評価のポイント …… 014
板書づくりのポイント …… 016
〈第３学年及び第４学年　指導事項／言語活動一覧表〉 …… 018
第４学年の指導内容と身に付けたい国語力 …… 020

2 第４学年の授業展開

1 気持ちの変化を読み、考えたことを話し合おう
ごんぎつね …… 026
秋の楽しみ …… 050
クラスみんなで決めるには …… 054
漢字の広場④ …… 070

2 中心となる語や文を見つけて要約し、調べたことを書こう
世界にほこる和紙
【じょうほう】百科事典での調べ方
伝統工芸のよさを伝えよう …… 076
慣用句 …… 104
短歌・俳句に親しもう（二） …… 108
漢字の広場⑤ …… 112

3 登場人物の変化を中心に読み、物語をしょうかいしよう
プラタナスの木 …… 118
感動を言葉に …… 134
冬の楽しみ …… 150
自分だけの詩集を作ろう …… 154
熟語の意味 …… 164
漢字の広場⑥ …… 168

4 きょうみをもったことを中心に、しょうかいしよう
ウナギのなぞを追って …… 174
つながりに気をつけよう …… 192
もしものときにそなえよう …… 202
調べて話そう、生活調査隊 …… 224
まちがえやすい漢字 …… 240

5 読んで感じたことをまとめ、伝え合おう
初雪のふる日 …… 244

監修者・編著者・執筆者紹介 …… 258

1

第４学年における
授業づくりのポイント

「主体的・対話的で深い学び」を目指す授業づくりのポイント

1　国語科における「主体的・対話的で深い学び」の実現

平成29年告示の学習指導要領では、国語科の内容は育成を目指す資質・能力の３つの柱の整理を踏まえ、〔知識及び技能〕と〔思考力、判断力、表現力等〕から編成されている。これらの資質・能力は、国語科の場合は言語活動を通して育成される。

つまり、子供の取り組む言語活動が充実したものであれば、その活動を通して、教師の意図した資質・能力は効果的に身に付くということになる。逆に、子供にとって言語活動がつまらなかったり気が乗らなかったりすると、資質・能力も身に付きにくいということになる。

ただ、どんなに言語活動が魅力的であったとしても、あるいは子供が熱中して取り組んだとしても、それらを通して肝心の国語科としての資質・能力が身に付かなければ、本末転倒ということになってしまう。

このように、国語科における学習活動すなわち言語活動は、きわめて重要な役割を担っている。その言語活動の質を向上させていくための視点が、「主体的・対話的で深い学び」ということになる。学習指導要領の「指導計画作成上の配慮事項」では、次のように示されている。

> 単元など内容や時間のまとまりを見通して、その中で育む資質・能力の育成に向けて、児童の主体的・対話的で深い学びの実現を図るようにすること。その際、言葉による見方・考え方を働かせ、言語活動を通して、言葉の特徴や使い方などを理解し自分の思いや考えを深める学習の充実を図ること。

ここにあるように、「主体的・対話的で深い学び」の実現は、「資質・能力の育成に向けて」工夫されなければならない点を確認しておきたい。

2　主体的な学びを生み出す

例えば、「読むこと」の学習では、子供の読む力は、何度も文章を読むことを通して高まる。ただし、「読みましょう」と教師に指示されて読むよりも、「どうしてだろう」と問いをもって読んだり、「こんな点を考えてみよう」と目的をもって読んだりした方が、ずっと効果的である。問いや目的は、子供の自発的な読みを促してくれる。

教師からの「〇場面の人物の気持ちを考えましょう」という指示的な学習課題だけでは、こうした自発的な読みが生まれにくい。「〇場面の人物の気持ちは、前の場面と比べてどうか」「なぜ、変化したのか」「A と B と、どちらの気持ちだと考えられるか」など、子供の問いや目的につながる課題や発問を工夫することが、主体的な学びの実現へとつながる

この点は、「話すこと・聞くこと」や「書くこと」の授業でも同じである。「まず、こう書きましょう」「書けましたか。次はこう書きましょう」という指示の繰り返しで書かせていくと、活動がいつの間にか作業になってしまう。それだけではなく、「どう書けばいいと思う？」「前にどんな書き方を習った？」「どう工夫して書けばいい文章になるだろう？」などのように、子供に問いかけ、考えさせながら書かせていくことで、主体的な学びも生まれやすくなる。

3 対話的な学びを生み出す

対話的な学びとして、グループで話し合う活動を取り入れても、子供たちに話し合いたいことがなければ、形だけの活動になってしまう。活動そのものが大切なのではなく、何かを解決したり考えたりする際に、１人で取り組むだけではなく、近くの友達や教師などの様々な相手に、相談したり自分の考えを聞いてもらったりすることに意味がある。

そのためには、例えば、「疑問（〇〇って、どうなのだろうね？）」「共感や共有（ねえ、聞いてほしいんだけど……）」「目的（いっしょに、〇〇しよう！）」「相談（〇〇をどうしたらいいのかな）」などをもたせることが有用である。その上で、何分で話し合うのか（時間）、誰と話し合うのか（相手）、どのように話し合うのか（方法や形態）といったことを工夫するのである。

また、国語における対話的な学びでは、相手や対象に「耳を傾ける」ことが大切である。相手の言っていることにしっかり耳を傾け、「何を言おうとしているのか」という意図など考えながら聞くということである。

大人でもそうだが、思っていることや考えていることなど、頭の中の全てを言葉で言い表すことはできない。だからこそ、聞き手は、相手の言葉を手がかりにしながら、その人がうまく言葉にできていない思いや考え、意図を汲み取って聞くことが大切になってくる。

聞くとは、受け止めることであり、フォローすることである。聞き手がそのように受け止めてくれることで、話し手の方も、うまく言葉にできなくても口を開くことができる。対話的な学びとは、話し手と聞き手とが、互いの思いや考えをフォローし合いながら言語化する共同作業である。対話することを通して、思いや考えが言葉になり、そのことが思考を深めることにつながる。

国語における対話的な学びの場面では、こうした言葉の役割や対話をすることの意味などに気付いていくことも、言葉を学ぶ教科だからこそ、大切にしていきたい。

4 深い学びを生み出す

深い学びを実現するには、言葉による見方・考え方を働かせ、言語活動を通して国語科としての資質・能力を身に付けることが欠かせない（「言葉による見方・考え方」については、次ページを参照）。授業を通して、子供の中に、言葉や言葉の使い方についての発見や更新が生まれるということである。

国語の授業は、言語活動を通して行われるため、どうしても活動することが目的化しがちである。だからこそ、読むことでも書くことでも、「どのような言葉や言葉の使い方を学習するために、この活動を行っているのか」を、常に意識して授業を考えていくことが最も大切である。

そのためには、例えば、学習指導案の本時の目標と評価を、できる限り明確に書くようにすることが考えられる。「〇場面を読んで、人物の気持ちを想像する」という目標では、どのような語句や表現に着目し、どのように想像させるのかがはっきりしない。教材研究などを通して、この場面で深く考えさせたい叙述や表現はどこなのかを明確にすると、学習する内容も焦点化される。つまり、本時の場面の中で、どの語句や表現に時間をかけて学習すればよいかが見えてくる。全部は教えられないので、扱う内容の焦点化を図るのである。焦点化した内容について、課題の設定や言語活動を工夫して、子供の学びを深めていく。言葉や言葉の使い方についての、発見や更新を促していく。評価についても同様で、何がどのように読めればよいのかを、子供の姿で考えることでより具体的になる。

このように、授業のねらいが明確になり、扱う内容が焦点化されると、その部分の学習が難しい子供への手立ても、具体的に用意することができる。どのように助言したり、考え方を示したりすればその子供の学習が深まるのかを、個別に具体的に考えていくのである。

「言葉による見方・考え方」を働かせる授業づくりのポイント

1 「言葉を学ぶ」教科としての国語科の授業

国語科は「言葉を学ぶ」教科である。

物語を読んで登場人物の気持ちについて話し合っても、説明文を読んで分かったことを新聞にまとめても、その言語活動のさなかに、「言葉を学ぶ」ことが子供の中に起きていなければ、国語科の学習に取り組んだとは言いがたい。

「言葉を学ぶ」とは、普段は意識することのない「言葉」を学習の対象とすることであり、これもまたあまり意識することのない「言葉の使い方」（話したり聞いたり書いたり読んだりすること）について、意識的によりよい使い方を考えたり向上させたりしていくことである。

例えば、国語科で「ありの行列」という説明的文章を読むのは、アリの生態や体の仕組みについて詳しくなるためではない。その文章が、どのように書かれているかを学ぶために読む。だから、文章の構成を考えたり、説明の順序を表す接続語に着目したりする。あるいは、「問い」の部分と「答え」の部分を、文章全体から見付けたりする。

つまり、国語科の授業では、例えば、文章の内容を読み取るだけでなく、文章中の「言葉」の意味や使い方、効果などに着目しながら、筆者の書き方の工夫を考えたりすることなどが必要である。また、文章を書く際にも、構成や表現などを工夫し、試行錯誤しながら相手や目的に応じた文章を書き進めていくことなどが必要となってくる。

2 言葉による見方・考え方を働かせるとは

平成29年告示の学習指導要領では、小学校国語科の教科の目標として「言葉による見方・考え方を働かせ、言語活動を通して、国語で正確に理解し適切に表現する資質・能力を次のとおり育成することを目指す」とある。その「言葉による見方・考え方を働かせる」ということついて、『小学校学習指導要領解説　国語編』では、次のように説明されている。

> 言葉による見方・考え方を働かせるとは、児童が学習の中で、対象と言葉、言葉と言葉との関係を、言葉の意味、働き、使い方等に着目して捉えたり問い直したりして、言葉への自覚を高めることであると考えられる。様々な事象の内容を自然科学や社会科学等の視点から理解することを直接の学習目的としない国語科においては、言葉を通じた理解や表現及びそこで用いられる言葉そのものを学習対象としている。このため、「言葉による見方・考え方」を働かせることが、国語科において育成を目指す資質・能力をよりよく身に付けることにつながることとなる。

一言でいえば、言葉による見方・考え方を働かせるとは、「言葉」に着目し、読んだり書いたりする活動の中で、「言葉」の意味や働き、その使い方に目を向け、意識化していくことである。

前に述べたように、「ありの行列」という教材を読む場合、文章の内容の理解のみを授業のねらいとすると、理科の授業に近くなってしまう。もちろん、言葉を通して内容を正しく読み取ることは、国語科の学習として必要なことである。しかし、接続語に着目したり段落と段落の関係を考えたりと、文章中に様々に使われている「言葉」を捉え、その意味や働き、使い方などを検討していくことが、言葉による見方・考え方を働かせることにつながる。子供たちに、文章の内容への興味をもたせるとともに、書かれている「言葉」を意識させ、「言葉そのもの」に関心をもたせることが、国語科の授業では大切となる。

3 〔知識及び技能〕と〔思考力、判断力、表現力等〕

言葉による見方・考え方を働かせながら、文章を読んだり書いたりさせるためには、〔知識及び技能〕の事項と〔思考力、判断力、表現力等〕の事項とを組み合わせて、授業を構成していくことが必要となる。文章の内容ではなく、接続語の使い方や文末表現への着目、文章構成の工夫や比喩表現の効果など、文章の書き方に目を向けて考えていくためには、そもそもそういった種類の「言葉の知識」が必要である。それらは主に〔知識及び技能〕の事項として編成されている。

一方で、そうした知識は、ただ知っているだけでは、読んだり書いたりするときに生かされてこない。例えば、文章構成に関する知識を使って、今読んでいる文章について、構成に着目してその特徴や筆者の工夫を考えてみる。あるいは、これから書こうとしている文章について、様々な構成の仕方を検討し、相手や目的に合った書き方を工夫してみる。これらの「読むこと」や「書くこと」などの領域は、〔思考力、判断力、表現力等〕の事項として示されているので、どう読むか、どう書くかを考えたり判断したりする言語活動を組み込むことが求められている。

このように、言葉による見方・考え方を働かせながら読んだり書いたりするには、「言葉」に関する知識・技能と、それらをどう駆使して読んだり書いたりすればいいのかという思考力や判断力などの、両方の資質・能力が必要となる。単元においても、〔知識及び技能〕の事項と〔思考力、判断力、表現力等〕の事項とを両輪のように組み合わせて、目標／評価を考えていくことになる。先に引用した『解説』の最後に、「『言葉による見方・考え方』を働かせることが、国語科において育成を目指す資質・能力をよりよく身に付けることにつながる」としているのも、こうした理由からである。

4 他教科等の学習を深めるために

もう１つ大切なことは、言葉による見方・考え方を働かせることが、各教科等の学習にもつながってくる点である。一般的に、学習指導要領で使われている「見方・考え方」とは、その教科の学びの本質に当たるものであり、教科固有のものであるとして説明されている。ところが、言葉による見方・考え方は、他教科等の学習を深めることとも関係してくる。

これまで述べてきたように、国語科で文章を読むときには、書かれている内容だけでなく、どう書いてあるかという「言葉」の面にも着目して読んだり考えたりしていくことが大切であった。

この「言葉」に着目し、意味を深く考えたり、使い方について検討したりすることは、社会科や理科の教科書や資料集を読んでいく際にも、当然つながっていくものである。例えば、言葉による見方・考え方が働くということは、社会の資料集や理科の教科書を読んでいるときにも、「この言葉の意味は何だろう、何を表しているのだろう」と、言葉と対象の関係を考えようとしたり、「この用語と前に出てきた用語とは似ているが何が違うのだろう」と言葉どうしを比較して検討しようとしたりするということである。

教師が、「その言葉の意味を調べてみよう」「用語同士を比べてみよう」と言わなくても、子供自身が言葉による見方・考え方を働かせることで、そうした学びを自発的にスタートさせることができる。国語科で、言葉による見方・考え方を働かせながら学習を重ねてきた子供たちは、「言葉」を意識的に捉えられる「構え」が生まれている。それが他の教科の学習の際にも働くのである。

言語活動に取り組ませる際に、どんな「言葉」に着目させて、読ませたり書かせたりするのかを、教材研究などを通してしっかり捉えておくことが大切である。

学習評価のポイント

1 国語科における評価の観点

各教科等における評価は、平成29年告示の学習指導要領に沿った授業づくりにおいても、観点別の目標準拠評価の方式である。学習指導要領に示される各教科等の目標や内容に照らして、子供の学習状況を評価するということであり、評価の在り方としてはこれまでと大きく変わることはない。

ただし、その学習指導要領そのものが、「知識及び技能」「思考力、判断力、表現力等」「学びに向かう力、人間性等」の資質・能力の３つの柱で、目標や内容が構成されている。そのため、観点別学習状況の評価についても、この３つの柱に基づいた観点で行われることとなる。

国語科の評価観点も、これまでの５観点から次の３観点へと変更される。

「(国語への) 関心・意欲・態度」 「話す・聞く能力」 「書く能力」 「読む能力」 「(言語についての) 知識・理解 (・技能)」	→	「知識・技能」 「思考・判断・表現」 「主体的に学習に取り組む態度」

2 「知識・技能」「思考・判断・表現」の評価規準

国語科の評価観点のうち、「知識・技能」と「思考・判断・表現」については、それぞれ学習指導要領に示されている〔知識及び技能〕と〔思考力、判断力、表現力等〕と対応している。

例えば、低学年の「話すこと・聞くこと」の領域で、夏休みにあったことを紹介する単元があり、次の２つの指導事項を身に付けることになっていたとする。

・音節と文字との関係、アクセントによる語の意味の違いなどに気付くとともに、姿勢や口形、発声や発音に注意して話すこと。　〔知識及び技能〕(1)イ
・相手に伝わるように、行動したことや経験したことに基づいて、話す事柄の順序を考えること。　〔思考力、判断力、表現力等〕Ａ話すこと・聞くことイ

この単元の学習評価を考えるには、これらの指導事項が身に付いた状態を示すことが必要である。したがって、評価規準は次のように設定される。

「知識・技能」	姿勢や口形、発声や発音に注意して話している。
「思考・判断・表現	「話すこと・聞くこと」において、相手に伝わるように、行動したことや経験したことに基づいて、話す事柄の順序を考えている。

このように、「知識・技能」と「思考・判断・表現」の評価については、単元で扱う指導事項の文末を「〜こと」から「〜している」として置き換えると、評価規準を作成することができる。その際、単元で育成したい資質・能力に照らして、指導事項の文言の一部を用いて評価規準を作成する場合もあることに気を付けたい。また、「思考・判断・表現」の評価を書くにあたっては、例のように、冒頭に「『話すこと・聞くこと』において」といった領域名を明記すること（「書くこと」「読む

こと」も同様）も必要である。

3 「主体的に学習に取り組む態度」の評価規準

一方で、「主体的に学習に取り組む態度」の評価については、指導事項の文言をそのまま使うということができない。学習指導要領では、「学びに向かう力、人間性等」については教科の目標や学年の目標に示されてはいるが、指導事項としては記載されていないからである。そこで、「主体的に学習に取り組む態度」の評価規準は、それぞれの単元で、育成する資質・能力と言語活動に応じて、次のように作成する必要がある。

「主体的に学習に取り組む態度」の評価規準は、次の①～④の内容で構成される（〈　〉内は当該内容の学習上の例示）。

①粘り強さ〈積極的に、進んで、粘り強く等〉
②自らの学習の調整〈学習の見通しをもって、学習課題に沿って、今までの学習を生かして等〉
③他の２観点において重点とする内容（特に、粘り強さを発揮してほしい内容）
④当該単元（や題材）の具体的な言語活動（自らの学習の調整が必要となる具体的な言語活動）

先の低学年の「話すこと・聞くこと」の単元の場合でいえば、この①～④の要素に当てはめてみると、例えば、①は「進んで」、②は「今までの学習を生かして」、③は「相手に伝わるように話す事柄の順序を考え」、④は「夏休みの出来事を紹介している」とすることができる。

この①～④の文言を、語順などを入れ替えて自然な文とすると、この単元での「主体的に学習に取り組む態度」の評価規準は、

「主体的に学習に取り組む態度」	進んで相手に伝わるように話す事柄の順序を考え、今までの学習を生かして、夏休みの出来事を紹介しようとしている。

と設定することができる。

4 評価の計画を工夫して

学習指導案を作る際には、「単元の指導計画」などの欄に、単元のどの時間にどのような言語活動を行い、どのような資質・能力の育成をして、どう評価するのかといったことを位置付けていく必要がある。評価規準に示した子供の姿を、単元のどの時間でどのように把握し記録に残すかを、計画段階から考えておかなければならない。

ただし、毎時間、全員の学習状況を把握して記録していくということは、現実的には難しい。そこで、ABC といった記録に残す評価活動をする場合と、記録には残さないが、子供の学習の様子を捉え指導に生かす評価活動をする場合との、二つの学習評価の在り方を考えるとよい。

記録に残す評価は、評価規準に示した子供の学習状況を、原則として言語活動のまとまりごとに評価していく。そのため、単元のどのタイミングで、どのような方法で評価するかを、あらかじめ計画しておく必要がある。一方、指導に生かす評価は、毎時間の授業の目標などに照らして、子供の学習の様子をそのつど把握し、日々の指導の工夫につなげていくことがポイントである。

こうした２つの学習評価の在り方をうまく使い分けながら、子供の学習の様子を捉えられるようにしたい。

1 縦書き板書の意義

国語科の板書のポイントの１つは、「縦書き」ということである。教科書も縦書き、ノートも縦書き、板書も縦書きが基本となる。

また、学習者が小学生であることから、板書が子供たちに与える影響が大きい点も見過ごすことができない。整わない板書、見にくい板書では子供たちもノートが取りにくい。また、子供の字は教師の字の書き方に似てくると言われることもある。

教師の側では、電子黒板やデジタル教科書を活用し、いわば「書かないで済む板書」の工夫ができるが、子供たちのノートは基本的に手書きである。教師の書く縦書きの板書は、子供たちにとっては縦書きで字を書いたりノートを作ったりするときの、欠かすことのできない手がかりとなる。

デジタル機器を上手に使いこなしながら、手書きで板書を構成することのよさを再確認したい。

2 板書の構成

基本的には、黒板の右側から書き始め、授業の展開とともに左向きに書き進め、左端に最後のまとめなどがくるように構成していく。板書は45分の授業を終えたときに、今日はどのような学習に取り組んだのかが、子供たちが一目で分かるように書き進めていくことが原則である。

黒板の右側　授業の始めに、学習日、単元名や教材名、本時の学習課題などを書く。学習課題は、色チョークで目立つように書く。

黒板の中央　授業の展開や学習内容に合わせて、レイアウトを工夫しながら書く。上下二段に分けて書いたり、教材文の拡大コピーや写真や挿絵のコピーも貼ったりしながら、原則として左に向かって書き進める。チョークの色を決めておいたり（白色を基本として、課題や大切な用語は赤色で、目立たせたい言葉は黄色で囲むなど）、矢印や囲みなども工夫したりして、視覚的にメリハリのある板書を構成していく。

黒板の左側　授業も終わりに近付き、まとめを書いたり、今日の学習の大切なところを確認したりする。

3 教具を使って

(1) 短冊など

画用紙などを縦長に切ってつなげ、学習課題や大切なポイント、キーワードとなる教材文の一部などを事前に用意しておくことができる。チョークで書かずに短冊を貼ることで、効率的に授業を進めることができる。ただ、子供たちが短冊をノートに書き写すのに時間がかかったりするなど、配慮が必要なこともあることを知っておきたい。

(2) ミニホワイトボード

グループで話し合ったことなどを、ミニホワイトボードに短く書かせて黒板に貼っていくと、それらを見ながら、意見を仲間分けをしたり新たな考えを生み出したりすることができる。専用のものでなくても、100円ショップなどに売っている家庭用ホワイトボードの裏に、板磁石を両面テープで貼るなどして作ることもできる。

⑶ 挿絵や写真など

物語や説明文を読む学習の際に、場面で使われている挿絵をコピーしたり、文章中に出てくる写真や図表を拡大したりして、黒板に貼っていく。物語の場面の展開を確かめたり、文章と図表との関係を考えたりと、いろいろな場面で活用できる。

⑷ ネーム磁石

クラス全体で話し合いをするときなど、子供の発言を教師が短くまとめ、板書していくことが多い。そのとき、板書した意見の上や下に、子供の名前を書いた磁石も一緒に貼っていく。そうすると、誰の意見かが一目で分かる。子供たちも「前に出た○○さんに付け加えだけど……」のように、黒板を見ながら発言をしたり、意見をつなげたりしやすくなる。

4 黒板の左右に

⑴ 単元の学習計画や本時の学習の流れ

単元の指導計画を子供向けに書き直したものを提示することで、この先、何のためにどのように学習を進めるのかという見通しを、子供たちももつことができる。また、今日の学習が全体の何時間目に当たるのかも、一目で分かる。本時の授業の進め方も、黒板の左右の端や、ミニホワイトボードなどに書いておくこともできる。

⑵ スクリーンや電子黒板

黒板の上に広げるロール状のスクリーンを使用する場合は、当然その分だけ、板書のスペースが少なくなる。電子黒板などがある場合には、教材文などは拡大してそちらに映し、黒板のほうは学習課題や子供の発言などを書いていくことができる。いずれも、黒板とスクリーン（電子黒板）という二つをどう使い分け、どちらにどのような役割をもたせるかなど、意図的に工夫すると互いをより効果的に使うことができる。

⑶ 教室掲示を工夫して

教材文を拡大コピーしてそこに書き込んだり、挿絵などをコピーしたりしたものは、その時間の学習の記録として、教室の背面や側面などに掲示していくことができる。前の時間にどんなことを勉強したのか、それらを見ると一目で振り返ることができる。また、いわゆる学習用語などは、そのつど色画用紙などに書いて掲示していくと、学習の中で子供たちが使える言葉が増えてくる。

5 上達に向けて

⑴ 板書計画を考える

本時の学習指導案を作るときには、板書計画も合わせて考えることが大切である。本時の学習内容や活動の進め方とどう連動しながら、どのように板書を構成していくのかを具体的にイメージすることができる。

⑵ 自分の板書を撮影しておく

自分の授業を記録に取るのは大変だが、「今日は、よい板書ができた」というときには、板書だけ写真に残しておくとよい。自分の記録になるとともに、印刷して次の授業のときに配れば、前時の学習を振り返る教材として活用することもできる。

⑶ 同僚の板書を参考にする

最初から板書をうまく構成することは、難しい。誰もが見よう見まねで始め、工夫しながら少しずつ上達していく。校内でできるだけ同僚の授業を見せてもらい、板書の工夫を学ばせてもらうとよい。時間が取れないときも、通りがかりに廊下から黒板を見させてもらうだけでも勉強になる。

〈第３学年及び第４学年　指導事項／言語活動一覧表〉

教科の目標

	言葉による見方・考え方を働かせ、言語活動を通して、国語で正確に理解し適切に表現する資質・能力を次のとおり育成することを目指す。
知識及び技能	(1)　日常生活に必要な国語について、その特質を理解し適切に使うことができるようにする。
思考力、判断力、表現力等	(2)　日常生活における人との関わりの中で伝え合う力を高め、思考力や想像力を養う。
学びに向かう力、人間性等	(3)　言葉がもつよさを認識するとともに、言語感覚を養い、国語の大切さを自覚し、国語を尊重してその能力の向上を図る態度を養う。

学年の目標

知識及び技能	(1)　日常生活に必要な国語の知識や技能を身に付けるとともに、我が国の言語文化に親しんだり理解したりすることができるようにする。
思考力、判断力、表現力等	(2)　筋道立てて考える力や豊かに感じたり想像したりする力を養い、日常生活における人との関わりの中で伝え合う力を高め、自分の思いや考えをまとめることができるようにする。
学びに向かう力、人間性等	(3)　言葉がもつよさに気付くとともに、幅広く読書をし、国語を大切にして、思いや考えを伝え合おうとする態度を養う。

〔知識及び技能〕
（１）言葉の特徴や使い方に関する事項

(1)　言葉の特徴や使い方に関する次の事項を身に付けることができるよう指導する。	
言葉の働き	ア　言葉には、考えたことや思ったことを表す働きがあることに気付くこと。
話し言葉と書き言葉	イ　相手を見て話したり聞いたりするとともに、言葉の抑揚や強弱、間の取り方などに注意して話すこと。 ウ　漢字と仮名を用いた表記、送り仮名の付け方、改行の仕方を理解して文や文章の中で使うとともに、句読点を適切に打つこと。また、第３学年においては、日常使われている簡単な単語について、ローマ字で表記されたものを読み、ローマ字で書くこと。
漢字	エ　第３学年及び第４学年の各学年においては、学年別漢字配当表*の当該学年までに配当されている漢字を読むこと。また、当該学年の前の学年までに配当されている漢字を書き、文や文章の中で使うとともに、当該学年に配当されている漢字を漸次書き、文や文章の中で使うこと。
語彙	オ　様子や行動、気持ちや性格を表す語句の量を増し、話や文章の中で使うとともに、言葉には性質や役割による語句のまとまりがあることを理解し、語彙を豊かにすること。
文や文章	カ　主語と述語との関係、修飾と被修飾との関係、指示する語句と接続する語句の役割、段落の役割について理解すること。
言葉遣い	キ　丁寧な言葉を使うとともに、敬体と常体との違いに注意しながら書くこと。
表現の技法	（第５学年及び第６学年に記載あり）
音読、朗読	ク　文章全体の構成や内容の大体を意識しながら音読すること。

＊…学年別漢字配当表は、『小学校学習指導要領（平成29年告示）』（文部科学省）を参照のこと

（２）情報の扱い方に関する事項

(2)　話や文章に含まれている情報の扱い方に関する次の事項を身に付けることができるよう指導する。	
情報と情報との関係	ア　考えとそれを支える理由や事例、全体と中心など情報と情報との関係について理解すること。
情報の整理	イ　比較や分類の仕方、必要な語句などの書き留め方、引用の仕方や出典の示し方、辞書や事典の使い方を理解し使うこと。

（３）我が国の言語文化に関する事項

(3)　我が国の言語文化に関する次の事項を身に付けることができるよう指導する。	
伝統的な言語文化	ア　易しい文語調の短歌や俳句を音読したり暗唱したりするなどして、言葉の響きやリズムに親しむこと。 イ　長い間使われてきたことわざや慣用句、故事成語などの意味を知り、使うこと。
言葉の由来や変化	ウ　漢字が、へんやつくりなどから構成されていることについて理解すること。
書写	エ　書写に関する次の事項を理解し使うこと。 (ｱ)文字の組立て方を理解し、形を整えて書くこと。 (ｲ)漢字や仮名の大きさ、配列に注意して書くこと。 (ｳ)毛筆を使用して点画の書き方への理解を深め、筆圧などに注意して書くこと。
読書	オ　幅広く読書に親しみ、読書が、必要な知識や情報を得ることに役立つことに気付くこと。

〔思考力、判断力、表現力等〕
Ａ　話すこと・聞くこと

	(1)　話すこと・聞くことに関する次の事項を身に付けることができるよう指導する。

話すこと	話題の設定 情報の収集 内容の検討	ア　目的を意識して、日常生活の中から話題を決め、集めた材料を比較したり分類したりして、伝え合うために必要な事柄を選ぶこと。
	構成の検討 考えの形成	イ　相手に伝わるように、理由や事例などを挙げながら、話の中心が明確になるよう話の構成を考えること。
	表現 共有	ウ　話の中心や話す場面を意識して、言葉の抑揚や強弱、間の取り方などを工夫すること。
聞くこと	話題の設定 情報の収集	【再掲】ア　目的を意識して、日常生活の中から話題を決め、集めた材料を比較したり分類したりして、伝え合うために必要な事柄を選ぶこと。
	構造と内容の把握 精査・解釈 考えの形成 共有	エ　必要なことを記録したり質問したりしながら聞き、話し手が伝えたいことや自分が聞きたいことの中心を捉え、自分の考えをもつこと。
話し合うこと	話題の設定 情報の収集 内容の検討	【再掲】ア　目的を意識して、日常生活の中から話題を決め、集めた材料を比較したり分類したりして、伝え合うために必要な事柄を選ぶこと。
	話合いの進め方の検討 考えの形成 共有	オ　目的や進め方を確認し、司会などの役割を果たしながら話し合い、互いの意見の共通点や相違点に着目して、考えをまとめること。
(2)　(1)に示す事項については、例えば、次のような言語活動を通して指導するものとする。		
	言語活動例	ア　説明や報告など調べたことを話したり、それらを聞いたりする活動。 イ　質問するなどして情報を集めたり、それらを発表したりする活動。 ウ　互いの考えを伝えるなどして、グループや学級全体で話し合う活動。

B　書くこと

(1)　書くことに関する次の事項を身に付けることができるよう指導する。	
題材の設定 情報の収集 内容の検討	ア　相手や目的を意識して、経験したことや想像したことなどから書くことを選び、集めた材料を比較したり分類したりして、伝えたいことを明確にすること。
構成の検討	イ　書く内容の中心を明確にし、内容のまとまりで段落をつくったり、段落相互の関係に注意したりして、文章の構成を考えること。
考えの形成 記述	ウ　自分の考えとそれを支える理由や事例との関係を明確にして、書き表し方を工夫すること。
推敲	エ　間違いを正したり、相手や目的を意識した表現になっているかを確かめたりして、文や文章を整えること。
共有	オ　書こうとしたことが明確になっているかなど、文章に対する感想や意見を伝え合い、自分の文章のよいところを見付けること。
(2)　(1)に示す事項については、例えば、次のような言語活動を通して指導するものとする。	
言語活動例	ア　調べたことをまとめて報告するなど、事実やそれを基に考えたことを書く活動。 イ　行事の案内やお礼の文章を書くなど、伝えたいことを手紙に書く活動。 ウ　詩や物語をつくるなど、感じたことや想像したことを書く活動。

C　読むこと

(1)　読むことに関する次の事項を身に付けることができるよう指導する。	
構造と内容の把握	ア　段落相互の関係に着目しながら、考えとそれを支える理由や事例との関係などについて、叙述を基に捉えること。 イ　登場人物の行動や気持ちなどについて、叙述を基に捉えること。
精査・解釈	ウ　目的を意識して、中心となる語や文を見付けて要約すること。 エ　登場人物の気持ちの変化や性格、情景について、場面の移り変わりと結び付けて具体的に想像すること。
考えの形成	オ　文章を読んで理解したことに基づいて、感想や考えをもつこと。
共有	カ　文章を読んで感じたことや考えたことを共有し、一人一人の感じ方などに違いがあることに気付くこと。
(2)　(1)に示す事項については、例えば、次のような言語活動を通して指導するものとする。	
言語活動例	ア　記録や報告などの文章を読み、文章の一部を引用して、分かったことや考えたことを説明したり、意見を述べたりする活動。 イ　詩や物語などを読み、内容を説明したり、考えたことなどを伝え合ったりする活動。 ウ　学校図書館などを利用し、事典や図鑑などから情報を得て、分かったことなどをまとめて説明する活動。

第４学年の指導内容と身に付けたい国語力

1 第４学年の国語力の特色

小学校第４学年は、情緒面、認知面での発達が著しく変化する時期である。また、自我が芽生え始めて、他者と比較することで自分自身について認識できるようになってくる。このような時期にあって、国語力というものを〔知識及び技能〕と〔思考力、判断力、表現力等〕、〔学びに向かう力、人間性等〕に分けて捉えるとするならば、それぞれ次のような特色があると考えることができる。

〔知識及び技能〕においては、言葉について抽象的なことを表す働きがあることを気付いていく。低学年までは目の前で見たことを言葉で認識していたが、中学年では頭で考えたことや思ったことを言葉にするという、言葉のもつ働きに関して知識や技能の発達を促していく必要がある。また、生活経験の広がりから、語彙が増加する傾向にあるが、正しく理解し適切に表現しようとする意識は高くない。学習場面において、意識付けていくことが必要である。

〔思考力、判断力、表現力等〕においては、個々にある対象の世界を広く認識するという思考や判断が求められるようになる。それは、自分と他者の比較という情緒面の発達にも共通するところはあるだろう。読むことに関連して言えば、物語なら場面と場面をつないで読む力であったり、説明文なら段落と段落の関係に注意して読む力であったりと、物事の関係性から物事を考えたり判断したりするということが必要になる。

〔学びに向かう力、人間性等〕においては、「言葉のもつよさに気付く」「幅広く読書」が、学習指導要領には示されている。国語科は、言葉を学ぶ教科でもあり、言葉で学ぶ教科でもある。言葉で学ぶという面から言えば、言葉のもつよさに気付くということであり、言葉で学ぶという面から言えば、読書に限らず幅広く言葉に触れる、親しむ、向き合うという授業や学習を展開していく必要がある。

2 第４学年の学習指導内容

〔知識及び技能〕

全学年に共通している目標は、

> 日常生活に必要な国語の知識や技能を身に付けるとともに、我が国の言語文化に親しんだり理解したりすることができるようにする。

である。さらに、学習内容については、次のように示されている。

(1) 言葉の特徴や使い方に関する事項
- ア　言葉の働き…考えたことや思ったことを表す働き
- イ　話し言葉…相手を見て話したり聞いたり、言葉の抑揚や強弱、間の取り方
- ウ　書き言葉…漢字と仮名を用いた表記、送り仮名の付け方、改行の仕方、句読点の打ち方
- エ　漢字の読みと書き…202字の音訓読み、文や文章での使用、都道府県に用いる漢字25字の配当（茨、媛、岡、潟、岐、熊、香、佐、埼、崎、滋、鹿、縄、井、沖、栃、奈、梨、阪、阜）
- オ　語彙…様子や行動、気持ちや性格を表す語句
- カ　文や文章…主語と述語の関係、修飾と被修飾との関係、指示する語句と接続する語句の関係、段落の役割
- キ　言葉遣い…丁寧な言葉、敬体と常体の違い

ク　音読…文章全体の構成や内容の大体の意識

⑵　情報の扱い方に関する事項

ア　考えとそれを支える理由や事例、全体と中心などの情報と情報との関係

イ　比較や分類の仕方、メモ、引用や出典の示し方、辞書や事典の使い方

⑶　我が国の言語文化に関する事項

ア　易しい文語調の短歌や俳句の音読や暗唱を通した言葉の響きやリズムへの親しみ

イ　ことわざや慣用句、故事成語

ウ　漢字のへんやつくりなどの構成

エ　書写

オ　幅広い読書

これらの学習内容について、〔知識及び技能〕と〔思考力、判断力、表現力等〕を一体となって働かせるように指導を工夫する必要がある。

⑴に関しては、主に言葉の特徴や使い方に関わり、言葉を使って話すときや書くときに留意することから、漢字と仮名を用いた表記、送り仮名の付け方、改行の仕方、句読点の打ち方を理解することと、文や文章の中で適切に使えることについて指導することが大切である。したがって、話すことと書くことの学習指導と関連させて取り組むことが必要となる。語彙については、「様子や行動、気持ちや性格を表す語句の量を増」すことが重点となっている。文学的文章を読むときや物語文を書くとき、詩を読んだり創作したりするときに意識的に学習に取り入れていくことが求められる。「言葉による見方・考え方を働かせ」るということが教科目標の冒頭部分にあることからも、国語科では、言葉を通じて理解したり表現したりしていることの自覚を高められるような学習内容にしていきたい。

⑵に関しては、情報化社会に対応できる能力を育む項目として、注目されるところでもある。情報を取り出したり、情報同士の関係を分かりやすくして、情報を自分の考えの形成に生かすことができるようにしたい。そのために、４年生では、情報と情報との関係を理解するために、「話すこと・聞くこと」、「書くこと」、「読むこと」を通して、なぜそのような考えをもつのか理由を説明したり、考えをもつようになった具体的な事例を挙げたりすることや、中心を捉えることで全体をより明確にすることを指導する。情報の整理ができるようにするために、複数の情報を比べることが比較であることや複数の情報を共通点などで分けることが分類であることを指導し、学習用語としても活用できるようにしたい。また、自分の考えを形成するためには、自分の知識以上のことが必要となる。そのためには、ある情報を引用する。自分の考えが正しい情報を基にしているかどうかや情報の新しさについて、情報の送り手として伝える必要があるため、出典の示し方も大切な指導事項である。辞典や事典を使って調べる活動、調べたことを発表する活動と合わせて指導していきたい。

⑶に関しては、伝統的な言語文化、言葉の由来や変化、書写、読書という構成になっている。伝統的な言語文化については、文語調の独特な調子や短歌や俳句の定型的なリズム、美しい言葉の響きを知ることで、我が国の言葉が語り継がれてきた伝統や歴史のあることを考えたり、または、音読して声に出すことでそれらのよさを実感したりすることが大切である。ことわざや慣用句、故事成語などの言葉を知ることは、言葉の働きや語彙と関連して、日常生活でも使うことの楽しさを味わわせたい。言葉の由来や変化については、漢字の学習を関連して指導することで、漢字の意味や言葉への興味や関心を高めることができる。４年生は、読書する本や文章も、個人差が生じてくる。友達同士の本の紹介等を通して、幅広く読書することや読書によって様々な知識や情報が得られることに気付かせていきたい。

〔思考力、判断力、表現力等〕

第３学年及び第４学年の目標は、

筋道立てて考える力や豊かに感じたり想像したりする力を養い、日常生活における人との関わりの中で伝え合う力を高め、自分の思いや考えをまとめることができるようにする。

である。したがって、「話すこと・聞くこと」「書くこと」「読むこと」において、筋道を立てて考える力を育成すること、その考えや思いをまとめることを重点的に指導していくことになる。そして、これらの指導事項は、言語活動を通して指導していくことになる。

①A 話すこと・聞くこと

第４学年では、話の中心が明確になるように話したり聞いたりすることが重要である。その上で、自分の考えや思いをもてるようにする。そのためには、〔知識及び技能〕と関連を図り、自分がそう考えた理由であったり、具体的な事例であったりを挙げること、相手意識や目的意識を子供が明確にもてるように言語活動を工夫することが必要となる。したがって、話すことでは、取材や構成の段階で、相手に分かりやすいように筋道を立てて話すように必要な事柄を集めたり選んだりすることや、話の構成を考えることが大切である。聞くことでは、目的に応じて必要なことを記録したり質問したりして聞く姿勢が求められる。このような話し手や聞き手の姿は、話し合うことでも司会などの役割を担う上で必要となる。さらに司会や議長などの役割も大切だが、話し合いの参加者という意識をもつことも大切であり、グループや学級全体の問題解決等に向けて主体的に話し合う姿を期待する。

②B 書くこと

「話すこと・聞くこと」と同様に、「書くこと」においても、書くことについての情報収集や情報の整理、相手や目的を意識しながら課題に取り組むことが重要である。４年生は、特に、書きたいことの中心に気を付けながら文章全体の構成に意識を向けられるように指導したい。そのためには、段落意識を持てるようにすることが大切である。例えば、一文ごとに改行してしまうような文章を書く子供は、内容のまとまりを考えられていない。その場合は、一文と一文のつながりの関係を明確にする指導が必要である。それが、内容のまとまりである。いくつかの文が集まって内容としてまとまりをもつということを読むことと関連して指導しなければならない。段落意識をもててはじめて、段落相互の関係に気を付けて構成を考えるということができる。文と文のつながり、内容のまとまりとしての段落、段落相互の関係が理解できることは、３・４年生の目標にある「筋道を立てて考える力」を養う上で重要な学習過程である。また、自分や友達の文章を読み合い、自分が書こうとしたことや友達が書きたかったことが明確に伝わる文章であるかについて感想や意見を伝え合えるようにして、自分や友達の文章のよさや自己評価を適切にする力も付けていきたい。

③C 読むこと

「読むこと」は、説明的な文章と文学的な文章とで、構造と内容の把握、精査・解釈がはっきりと分かれて示された。そして、「話すこと・聞くこと」、「書くこと」と同じように、読んで自分の感想や考えをもつということが考えの形成に示されている。これらの学習過程に順序性はないが、自分の考えをもつには、筆者の考えとそれを支える理由や事例との関係を読み取ったり、登場人物の行動や気持ちを具体的に想像したりすることが必要である。そして、自分の考えをグループや学級全体で共有することによって、一人一人の感じ方などに違いがあるということに気付くことを促していく。第４学年の特色としても挙げたが、他者を意識するようになる発達段階であり、自分の考えをもつことの大切さを認識するとともに、他者の考えから学ぶという姿勢も、高学年において目標となる自分の考えを広げるということに向かう上で重要となる。

3 第４学年における国語科の学習指導の工夫

第４学年は、中学年から高学年へ成長する過渡期である。「十歳の壁」という言葉で知られているように、子供の内面が大きく変わる時期と言われている。学習においても、今までより幅広く深く考える姿が見られるようになってくる。このような時期に、どのような言葉の学びができるか、どのような学習環境にいるかは、子供たちの今後の成長に大きく関わってくる。３年生までの学習を振り返りつつ、高学年へとつながる国語の授業を考える必要がある。

①話すこと・聞くことにおける授業の工夫について

【メモをもとに話すこと・メモを取りながら聞くこと】スピーチをする場面を想定したとき、原稿を書いて読み上げる活動が考えられる。第４学年では、ただ原稿を読むだけでなく、メモを基にして話せるようにしたい。まず、メモを書く段階では、自分が言いたいことをはっきりさせて、必要なことだけ書く必要がある。話すときには、メモを見ながら話を膨らませていく。

聞く立場では、メモを取りながら聞く力を養っていきたい。メモを取るためには、話し手の言いたいことの中心を注意深く聞き取る必要がある。継続的に取り組むことで、話し手の意図を捉えることができるようになってくる。

【相手意識をもって話すこと・聞くこと】スピーチでも授業中の発言においても、相手意識をもって話すことが、高学年へとつながる言葉の力となる。話し手は聞き手の反応を見ながら、提示物を示したり間を取ったりする。聞き手は、話し手の方を見て聞き、うなずきや同意のつぶやき等のリアクションを示すことが考えられる。

相手意識をもつためには、人前で話す経験を重ねることが必要である。なかなか聞き手を意識して話すことができない子供は、まずは少人数で話すことで場慣れしていくための環境を設定していくことも考慮できるとよい。

【理由や事例を挙げながら話す】自分の考えをただ話すだけでなく、なぜそのように考えるのか、その理由を話すことで話に説得力が出てくる。学校生活の改善についてスピーチする場合は、日常生活から理由を考えることができるし、登場人物の心情を考えるときには、叙述から考えの理由を探し出すことができる。

具体的な事例を挙げながら話すことも重要である。「私はこのクラスをもっとよくするための活動をしたいと思います。例えば…」といったように、事例を示すことは話し手を引き付けるためにも有効である。

②書くことにおける授業の工夫について

【段落相互の関係に注意して、文章全体を構成する】段落を意識して書かれた文章は読みやすく、また書き手の言いたいことも伝わりやすい。話のまとまりごとに段落を区切っていくことは、第４学年の書く活動において、改めて指導することが大切である。一つの段落があまりに長くなっていないか、また、不自然に段落が変わっていないか、子供が自分で見直すことが、高学年での推敲にもつながっていく。

【事実と考えの違いを明確にする】事実は書かれているが、書き手の考えが見当たらないということにならないよう、事実と考えの違いをはっきりさせて書けるようにしたい。集めた題材から書きたいことを選び、自分がその題材に対してどのように考えているのかを文字として表す。そのことによって、自分の考えを見直すこともできる。

　また、自分の考えばかりにならないように、事実と考えのバランスも取れるように子供が考えられるようにもしたい。

【互いに書いた文章を読み、感想を伝え合う】 書いた文章はそのままにせず、子供同士で読み合える活動を設定する。読んだら感想を伝え合う。子供にとって、自分が表現したことに対する感想を言ってもらうことはうれしいものである。学級の実態に応じて「よかったこと・アドバイス・自分の考えと比べてみて」と、感想を伝え合うときの観点を示すことも必要である。

　感想の伝え方は、口頭でもよいし、ワークシートや付箋を使うなど、様々な方法がある。

③読むことにおける授業の工夫について

【音読の工夫】 第４学年における音読では、文章全体の内容を把握することや登場人物の心情を想像しながら読めるようにする。そのためには、単元の冒頭で音読することに加え、毎時間読むことや読解の後に音読していくことも考えられる。

　登場人物の心情や情景を想像しながら音読を工夫することで、高学年での朗読にもつながるようにしていきたい。

【叙述を基に読む】 物語文で登場人物の心情を考えるときには、叙述を基にすることを重視する。「ごんは兵十に気付いてほしかったんだと思う。本文の〇ページにこう書いてあるから･･･」というように、なぜそのように考えられるか、根拠を明確にして読む力を育んでいく。

　説明文においても、筆者の考えに対しての考えを述べるときには、本文のどこから考えられるのかをはっきりと言えるようにしていく。

【文章を読んだ感想や意見を共有する】 読むことにおける感想や意見を共有する。共有することで、互いの考えの同じところや違うところに気付くことができる。「あの友達が自分と同じことを考えていたとは意外だった」「みんな同じようなことを考えていると思ったけど、違う考えもあるのだな」「その考えは全然思いつかなかった」など、共有することで自分の考えが広がったり深まったりすることの経験は、今後の学びへとつながっていく。

④語彙指導や読書指導などにおける授業の工夫について

【他教科・日常生活にも生かせる語彙を学ぶ】 様子や行動、気持ちを表す言葉を国語の授業の中で考える時間を設ける。子供からはたくさんの言葉が出てくる。それらを国語の授業だけに閉じず、他教科や日常生活にも生かすことを意識させたい。「気持ちを表す言葉」を多く知っていれば、友達同士でトラブルが発生したときに生かせる。また、様子を表す言葉を知っていれば理科で植物の観察をしたときの表現の幅が広がる。このように、学びの根底を支えられるような国語の授業も教師が意図的に行っていくことが重要である。

【様々な種類の本を読むこと】 第４学年になると、好きな本のジャンルが決まっている子供もいる。物語・図鑑・伝記など、本には様々な種類があり、必要に応じて本を選ぶことも第４学年の国語でできるようにしたい。そのために、本の紹介やビブリオバトルなどの活動を取り入れ、本のおもしろさを子供が実感できるような工夫をする。図書室に行って、自分がふだん読まないような本を手に取ってみる時間を設定することも有効である。

2

第 4 学年の授業展開

1 気持ちの変化を読み、考えたことを話し合おう

ごんぎつね （12時間扱い）

〔知識及び技能〕(1)オ、カ 〔思考力、判断力、表現力等〕C読むことエ、カ 関連する言語活動例C(2)イ

単元の目標

・登場人物の行動や気持ちについて、叙述を基にして読むことができる。
・「ごんぎつね」を読んで考えたことや感じたことを、自分なりにまとめて書くことができる。

評価規準

知識・技能	❶様子や行動、気持ちや性格を表す語句の量を増し、話や文章の中で使うとともに、言葉には性質や役割による語句のまとまりがあることを理解し、語彙を豊かにしている。（〔知識及び技能〕(1)オ） ❷主語と述語との関係、修飾と被修飾との関係、指示する語句と接続する語句の役割、段落の役割について理解している。（〔知識及び技能〕(1)カ）
思考・判断・表現	❸「読むこと」において、登場人物の気持ちの変化や性格、情景について、場面の移り変わりと結び付けて具体的に想像している。（〔思考力、判断力、表現力等〕Cエ） ❹「読むこと」において、文章を読んで感じたことや考えたことを共有し、一人一人の感じ方などに違いがあることに気付くこと。（〔思考力、判断力、表現力等〕Cカ）
主体的に学習に取り組む態度	❺進んで登場人物の気持ちの移り変わりについて、場面の移り変わりと結び付けて具体的に想像し、叙述を基にして考えたことを文章にまとめようとしている。

単元の流れ

次	時	主な学習活動	評価
一	1	学習の見通しをもつ 全文を読み、登場人物・時代背景について確かめる。大体の内容を読み取る。	❷
	2	「ごんきつね」を読んだ感想や、みんなで考えてみたいことをノートに書き、発表し合う。	❸
二	3～9	「1」の場面、ごんの人柄やごんがいたずらをしたときの兵十の心情を読み取る。 「2」の場面、穴の中で考え事をしているごんの心情を読み取る。 「3」の場面、うなぎのつぐないをしているごんの心情を読み取る。 「4」の場面、兵十と加助についていくごんの心情を読み取る。 「5」の場面、兵十と加助の会話を聞いているごんの心情を読み取る。 「6」の場面、兵十に撃たれたごんの心情を読み取る。	❸❹
三	10 11	これまでの学びのまとめとして、『ごんぎつね感想文』を書く。	❶❺
	12	学習を振り返る 『ごんぎつね感想文』を読み合う。	❺

授業づくりのポイント

〈単元で育てたい資質・能力〉

「ごんぎつね」は、昭和６年、新美南吉が18歳の頃に執筆した童話である。長い間読み継がれてきた「ごんぎつね」は読み応えがあり、様々な観点から登場人物の心情を読み取る力を養うことができるだろう。そのためには、叙述を丁寧に読んでいく必要がある。ごんの行動や独話、兵十や加助の会話など、どの言葉に着目して読んでいくのか、教師と子供がともに考えながら読み進めていきたい。

具体例

第３場面の中に「つぐない」という言葉がある。まず、「つぐない」という言葉を国語辞典で調べたうえで、「ごんぎつね」の中における「つぐない」の意味を叙述から考える。「うなぎのつぐないとはどういう意味か」「ごんは、なぜつぐないを始めたのか」、これらを考えることで、物語全体を俯瞰的に読む力も養われることが期待できる。

〈教材・題材の特徴〉

「ごんぎつね」は長い物語であるので、本文を拡大コピーしたものやデジタル教科書などを活用し、ストーリーの流れを子供たちが把握できるように工夫することが大切である。１～５場面まではごんの視点で描かれている。ごんの行動や思っていることが多く描写されているので、ごんの心情を想像しやすいともいえる。必要に応じて、ごんの心情を読み取ることができる言葉を、教師から示してもよい。６場面になると、兵十の視点に切り替わり、今度は兵十の心情を読み取ることで、物語全体を読み深められることができる。

具体例

○「おれと同じ、ひとりぼっちの兵十か。」と思っているとき、ごんはどんな気持ちだろうか。
・いつもひとりぼっちでいるから、ごんはひとりぼっちのさびしさを分かっている。今まではいたずらばかりしていたけれど、兵十の気持ちを考えるようになった。
○「へえ、こいつはつまらないな。」と思ったのに、なぜ明くる日もごんは兵十の家へくりを届けたのだろうか。
・くりや松たけを持って行ったのは自分だ、と兵十に気付いてほしかったからだと思う。
○第６場面で兵十に撃たれたごんは幸せだったかのか。
・最後に兵十に気付いてもらえたから、幸せだったと思う。
・やっと気付いてもらえたのに撃たれてしまうなんて悲しい。だから、幸せではないと思う。

〈言語活動の工夫〉

単元のまとめとして「ごんぎつね感想文」を書く。感想文の内容をいくつか示しておくとよい。「登場人物の気持ち、物語の流れ」等、学びの中で印象に残った感想を書けるようにしたい。

具体例

○最初に読んだときは、ごんが兵十にうたれて悲しいと思ったけれど、みんなと読むうちにごんはうれしい気持ちもあったのかなと思った。
○ごんは悪いきつねと最初は思っていた。つぐないをしている場面をみんなと読み進めるうちに、ごんの気持ちは変わっていって、兵十のことを考えられるようになったのだと分かった。

本時案

ごんぎつね

1/12

本時の目標

・「ごんぎつね」を読んで、内容の大体を捉えることができる。

本時の主な評価

❷主語と述語との関係、修飾と被修飾との関係、指示する語句と接続する語句の役割、段落の役割について理解している。【知・技】

資料等の準備

・教科書の場面ごとの挿絵を拡大したもの（９枚）

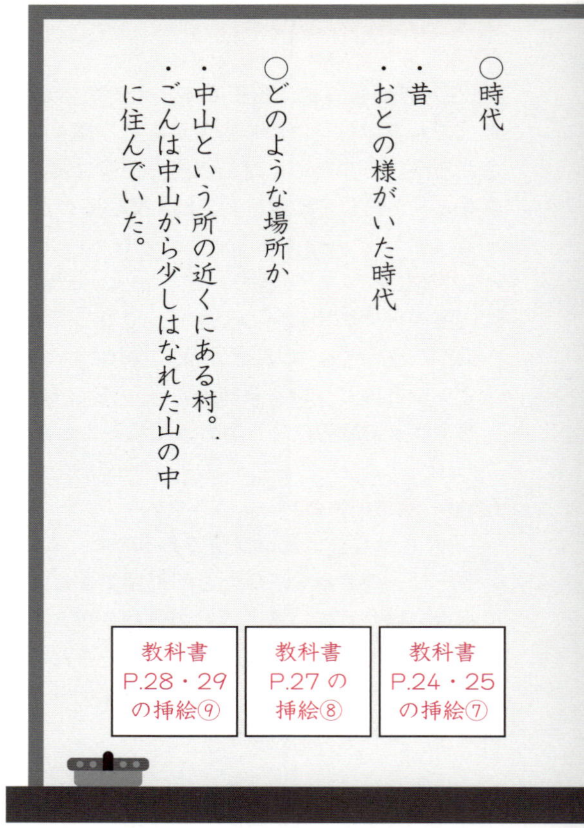

○時代
・昔
・おとの様がいた時代
○どのような場所か
・中山という所の近くにある村。
・ごんは中山から少しはなれた山の中に住んでいた。
教科書P.24・25の挿絵⑦
教科書P.27の挿絵⑧
教科書P.28・29の挿絵⑨

授業の流れ ▷▷▷

1 教師の範読を聞く 〈15分〉

○教師が「ごんぎつね」を範読する。

T　今から先生が「ごんぎつね」を読みます。どんな登場人物が出てくるか、いつ頃の話か、どういう世界の話かを考えながら聞きましょう。

○範読を聞かせる前に、何に気を付けて聞くのかを示しておくと、次の活動につなげやすい。

2 初発の感想を書く 〈10分〉

T　「ごんぎつね」を読んだ感想をノートに書きましょう。思ったことや考えたことや不思議に思ったことなどを書きましょう。

・最後の場面でごんがうたれてかわいそうだった。

・ごんはつぐないのために、いろいろなものをとどけていたけれど、その思いはとどいたのかな。

・ごんがうなぎをぬすまなければ、きっと悲しいことにはならなかったと思う。

○初発の感想の観点は、子供の実態に応じて示すとよい。

ごんぎつね

新美（にいみ）　南吉（なんきち）

「ごんぎつね」を読んだ感想を書こう。

教科書 P.13の挿絵①

教科書 P.14・15の挿絵②

教科書 P.17の挿絵③

教科書 P.18・19の挿絵④

教科書 P.21の挿絵⑤

教科書 P.23の挿絵⑥

2 ○感想を書くためのポイント

・思ったこと
・考えたこと
・印象（いんしょう）にのこった場面
・不思議に思ったこと
・みんなで考えてみたいこと

3 ○登場人物

・ごん
・兵十
・兵十のおっかあ
・村の人々
・加助（かすけ）

3 登場人物・舞台背景について確かめる〈20分〉

○単元の冒頭で、登場人物や舞台背景を明確にしておくことで、後の読みが深まるようにする。

T　この物語にはどんな人物が出てきますか。

・ごん。　・兵十。
・兵十のおっかあ。　・村の人々。
・加助。

T　これはいつの時代の物語ですか。

・昔。
・お殿様がいた時代。

T　この物語はどのような場所ですか。

・中山という所の近くにある村。
・ごんは中山から少し離れた山の中に住んでいた。

よりよい授業へのステップアップ

登場人物や物語の舞台背景を確認する

「ごんぎつね」は、数十年前から教科書に掲載されている物語であり、出てくる道具などについて、子供がすぐには分からないものもある。菜種がら、もずの声、はりきり網、お歯黒等、写真を用意して提示することで、子供が物語の世界をイメージしやすいようにできる。できるならば、実物を用意するとよい。

本時案

ごんぎつね

2/12

本時の目標

・「ごんぎつね」を読んで、自分なりの感想をもつことができる。

本時の主な評価

❸登場人物の気持ちの変化や性格、情景について、場面の移り変わりと結び付けて具体的に想像している。【思・判・表】

資料等の準備

・教科書 P.14の挿絵を拡大したもの

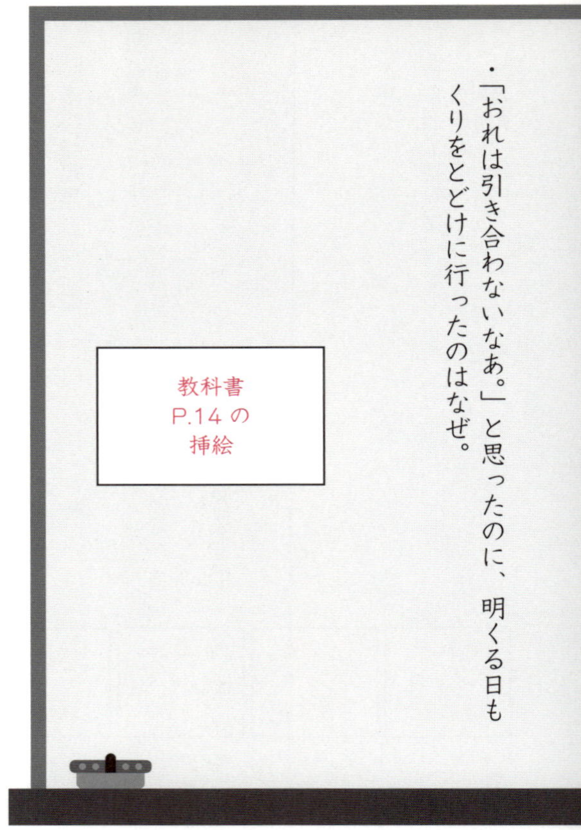

・「おれは引き合わないなあ。」と思ったのに、明くる日もくりをとどけに行ったのはなぜ。
教科書
P.14 の
挿絵

授業の流れ ▷▷▷

1 前時の学習を思い出す。「ごんぎつね」を音読する 〈20分〉

○「ごんぎつね」を音読し、初発の感想を確認する。

T 今日はみなさんで「ごんぎつね」を音読します。句点ごとに交代で読んでいきましょう。

○音読の仕方は、これまでの学習経験や学級の実態に応じたものがよい。
セリフの部分は1人がまとめて読む等、物語の流れを途切れさせない工夫をするとよい。

2 初発の感想を共有する 〈20分〉

○初発の感想を共有する。

T ノートに書いた初発の感想を発表しましょう。自分が書いた感想と似ていたり、ほとんど違ったりすることがあるかもしれません。その中で、みなさんで考えてみたいことを見つけられるとよいですね。

・兵十がごんを撃ったのはやっぱりひどいと思う。土間に固めてあったくりを、まず確認すればよかった。
・ごんは、自分がやったいたずらのことを反省したから、兵十に食べ物を届け続けたんだと思う。
・兵十がごんを呼ぶときの呼び名が途中で変わっている。

ごんぎつね

新美南吉

「ごんぎつね」を読んだ感想を聞き合おう。

○感想を書くためのポイント

・思ったこと
・考えたこと
・印象にのこった場面
・不思議に思ったこと
・みんなで考えてみたいこと

2

○みんなの感想

・兵十がごんをうったのはやっぱりひどい。
・ごんは、おっかあのかたきだから兵十がうってしまったのは仕方がないと思う。
・ごんは、自分がやったいたずらのことを反省したから、兵十に食べ物をとどけ続けたんだと思う。
・兵十のごんをよぶときのよび方がと中で変わっている。ぬすっとぎつねめ→ごんぎつねめ→ごん

3 本時を振り返り、次時の見通しをもつ〈5分〉

T　今日は、初発の感想を聞き合いましたが、次の時間から考えてみたいことはありますか。
・ごんの行動がたくさん書かれているから、ごんの気持ちについて考えてみたい。
・なんで兵十がごんを撃ってしまったのか。
・最後の青い煙は何を意味しているのか。
○初発の感想を書いて終わりではなく、今後の単元の流れに生かせるようにしたい。

よりよい授業へのステップアップ

初発の感想を共有し、学習課題として生かす

初発の感想を共有することは多くの学級で行われている。しかし、書いて共有して終わりになってしまうことも時にはあるかもしれない。そうすると、子供はただ形式的に初発の感想を書いているだけになってしまう。子供の素朴な問いを単元の中で生かせるよう、単元の導入で子供の声を取り上げられるようにしたい。

本時案

ごんぎつね

3/12

本時の目標

・ごんの人柄や兵十の心情を読み取る。

本時の主な評価

❸登場人物の気持ちの変化や性格について、場面の移り変わりと結び付けて具体的に想像している。【思・判・表】
❹文章を読んで感じたことや考えたことを共有し、一人一人の感じ方などに違いがあることに気付いている。【思・判・表】

資料等の準備

・P.13～15、P.17の挿絵を拡大したもの

○兵十の気持ち
・せっかく苦労してとった魚をとられてはらが立つ。
・うなぎをぬすまれてくやしい。
・ぬすっとぎつねめ、ゆるさない。

教科書
P.17の
挿絵

授業の流れ ▷▷▷

1 第1場面を音読し、場面の様子を読み取る〈20分〉

T　今日は第1場面を読んでいきます。まずは、みんなで音読しましょう。
○句点ごとに音読する。
T　第1場面はどのようなことが起こっていますか。
・舞台の説明が書いてある。
・ごんが今までにしてきたいたずらが書いてある。
・雨が続いていたから、ごんは穴の中から出られなかった。
・兵十が川に入って魚を捕っている。
・兵十が離れたすきに、ごんはびくの中の魚を川へ投げ込んだ。
・ごんは、うなぎを首に巻き付けたままその場から逃げ出した。

2 ごんの人柄、兵十の心情を読み取る〈20分〉

T　ごんはどのようなきつねですか。
・いたずら好き。
・村の人たちを困らせていた。
・火を付けることもできるから、頭のいいきつねだと思う。
・1人で暮らしているからさびしいんじゃないかな。
T　魚を川へ投げたり、うなぎを盗んだりするごんのことを兵十はどう思いましたか。
・せっかく苦労して捕った魚を川に投げてしまって腹が立つ。
・うなぎを盗まれて悔しい。
・村の中だけじゃなくて、こんな所に来てまでいたずらするなんて。

ごんぎつね　新美（にいみ）南吉（なんきち）

ごんの人がらや兵十の気持ちを読み取ろう。

1 第1場面

・中山という所の近くにある村。
・ごんは、中山から少しはなれた山の中に住んでいる。

教科書 P.13の挿絵

2 ○ごんのいたずら

・いもをほり散らす。
・菜種がらに火をつける。
・とんがらしをむしり取る。
・兵十がとった魚を川へ投げる。
・うなぎをぬすむ。

・いたずら好きのきつね
・悪いきつね
・さびしいのかもしれない

教科書 P.14・15の挿絵

3 本時を振り返る 〈5分〉

○学習感想を書く。

○「今日の授業で学んだこと」「友達の発表を聞いて、自分の考えが変わったか同じだったか」などについてノートに学習感想を書く。

・ごんがいたずら好きというのは、ほとんどの人が思っていた。
・ごんは、ただの悪いきつねだと思っていたけれど、「さびしい」というのを聞いてそうかもと思った。
・兵十は、やっぱりくやしいと思っていることが分かった。
・最後に兵十がごんをうつのは当ぜんだと思う。

よりよい授業へのステップアップ

叙述に気を付けて読む

登場人物の人柄や気持ちを考える根拠は叙述にある。「ごんは悪いきつねだ」「いたずら好きのきつねだ」という考えに加えて、穴の中の様子を読むと「さびしいんじゃないか」という考えも浮かんでくる。

子供が叙述の細かいところに気付けない場合は、教師が示す必要がある。

本時案

ごんぎつね

4/12

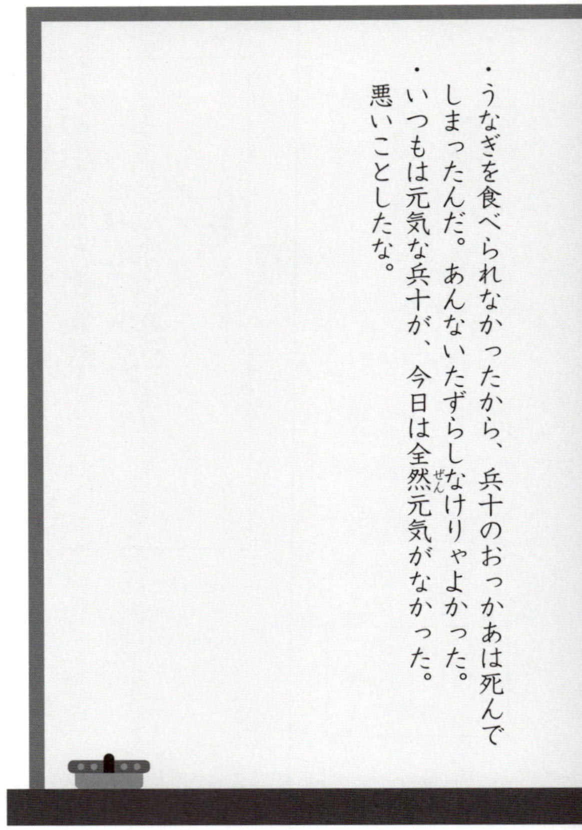
・うなぎを食べられなかったから、兵十のおっかあは死んでしまったんだ。あんないたずらしなけりゃよかった。
・いつもは元気な兵十が、今日は全然元気がなかった。悪いことしたな。

本時の目標

・穴の中で考え事をしているごんの心情を読み取る。

本時の主な評価

❸登場人物の気持ちの変化や性格について、場面の移り変わりと結び付けて具体的に想像している。【思・判・表】
❹文章を読んで感じたことや考えたことを共有し、一人一人の感じ方などに違いがあることに気付いている。【思・判・表】

資料等の準備

・P.18・19の挿絵を拡大したもの

授業の流れ ▷▷▷

1 第２場面の様子を読み取る 〈20分〉

○句点ごとに音読する。

T　今日は、第２場面を読んでいきます。この場面ではどんなことが起こっていますか。

・村の人がお歯黒を付けていたり、髪をすいていたりするから、村に何かがある。
・兵十のうちの前へ来たとき、ごんが葬式だと気付く。
・白い葬列の者たちが墓地へやって来た。
・兵十の顔が、なんだかしおれているのを見て、ごんは「死んだのは、兵十のおっかあだ。」と思う。
・穴の中で、ごんは自分がしたいたずらのことを後悔する。

2 穴の中で考え事をしているごんの気持ちを読み取る 〈20分〉

T　兵十のおっかあの葬式があった日の晩、ごんは、穴の中で考え事をしていますね。ごんは何を考えて、どんな気持ちだったのでしょうか。

・兵十のおっかあが亡くなった原因は自分のいたずらのせいだと思っている。
・うなぎを食べられなかったから、兵十のおっかあは死んでしまったんだ。あんないたずらしなきゃよかったな。
・いつもは元気な兵十が、今日は全然元気がなかった。悪いことをしたな。

ごんぎつね

新美（にいみ）南吉（なんきち）

あなの中で考え事をしているごんの心情（じょう）を読み取る。

1 第２場面

教科書 P.18・19の挿絵

・お歯黒をつけている。
・かみをすいている。
・兵十のうちのかまどで火をたいている。
・村の墓（ぼ）地に白い着物を着たそうれつ。
・兵十の、いつもは元気のいい顔が、今日はしおれている。

そうしきがある。死んだのは、兵十のおっかあ。

2 あなの中のごん

・兵十のおっかあがなくなったのは、自分のせいだ。

3 本時を振り返る 〈５分〉

○学習感想を書く。

○「今日の授業で学んだこと」「友達の発表を聞いて、自分の考えが変わったか同じだったか」などについてノートに学習感想を書く。

・あなの中で、ごんは自分がやったことを後かいしていたのだと思う。
・兵十の顔がなんだかしおれているから、かなり落ちこんでいることが分かった。
・ごんはただの悪いきつねだと思っていたけれど、自分がやったことを後かいすることもあるんだと思った。

よりよい授業へのステップアップ

登場人物の台詞から心情を読み取る

第２場面の終わりには、ごんの独話が書かれている。かなり長い独話であり、ごんの心情を読み取りやすい。

心情を読み取るためには、行動や台詞に注目することが大切である。言葉一つ一つに目を向けられるように、習慣付けられるとよい。

実際に話した台詞でなくても、心の中で思っていることからも、心情を読み取ることができる。

本時案

ごんぎつね

5/12

本時の目標

・うなぎのつぐないをしているごんの心情を読み取ることができる。

本時の主な評価

❸登場人物の気持ちの変化や性格について、場面の移り変わりと結び付けて具体的に想像している。【思・判・表】
❹文章を読んで感じたことや考えたことを共有し、一人一人の感じ方などに違いがあることに気付いている。【思・判・表】

資料等の準備

・P.21、P.23の挿絵を拡大したもの

授業の流れ ▷▷▷

1 第 3 場面の様子を読み取る 〈20分〉

○句点ごとに音読する。
T 今日は、第 3 場面を読んでいきます。この場面ではどんなことが起こっていますか。
・兵十が 1 人で暮らしている。
・いわし売りがいなくなったすきに、ごんは 5、6 匹いわしをつかんで、兵十の家へ投げ入れた。
・兵十は、いわしを盗んだと思われて、いわし売りになぐられた。
・それからごんは、くりや松たけを兵十のうちへ届けるようになった。

2 うなぎのつぐないをしているごんの気持ちを読み取る 〈20分〉

T ごんは、いわしを兵十の家へ投げ入れたり、くりや松たけを届けたりしていますね。そのときのごんの気持ちを考えましょう。
・自分のせいで兵十のおっかあを死なせてしまった。せめて、兵十に食べ物を届けたい。
・おれと同じように、ひとりぼっちになってしまった兵十がかわいそうだな。
・食べ物を届けたら、兵十は許してくれるかもしれないな。

ごんぎつね　新美（にいみ）南吉（なんきち）

うなぎのつぐないをしているごんの気持ちを読み取ろう。

第3場面

○兵十
麦をといでいる。
ひとりぼっち。

2

おれと同じ、ひとりぼっちの兵十か。

教科書P.21の挿絵

○ごん
いわしを兵十のうちへ投げ入れる。

うなぎのつぐないに、いいことをしたぞ。

これはしまった。今度からくりや松たけを持って行こう。

○兵十
いわし売りになぐられる。
「いったいだれが、いわしを放りこんだんだろう。」

3 本時を振り返る 〈5分〉

○学習感想を書く。

○「今日の授業で学んだこと」「友達の発表を聞いて、自分の考えが変わったか同じだったか」などについてノートに学習感想を書く。

・ごんがつぐないと思ってやったことで、兵十がひどい目にあわされたのはかわいそうだと思った。

・いたずらばかりしていたごんが、兵十に食べ物をとどけるようになった。それくらい、ごんは反せいしているんじゃないかな。

・なんで食べ物をとどけることがつぐないだと思ったんだろう。

よりよい授業へのステップアップ

前の場面とつなげて読む

第3場面のごんは、第1・2場面のごんとは大きく異なる。いたずらばかりしていたごんが、兵十に食べ物を届けるようになる。この行動の変化は、何がきっかけとなっているのか、前時に学習したことも思い出しながら、子供の中で学んでいることがつながるようにすることで読みは深まっていく。

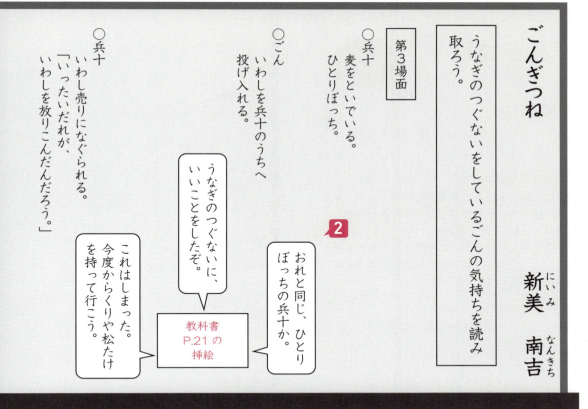

本時案

ごんぎつね

6/12

本時の目標

・兵十と加助についていくごんの心情を読み取ることができる。

本時の主な評価

❸登場人物の気持ちの変化や性格について、場面の移り変わりと結び付けて具体的に想像している。【思・判・表】
❹文章を読んで感じたことや考えたことを共有し、一人一人の感じ方などに違いがあることに気付いている。【思・判・表】

資料等の準備

・P.24・25の挿絵を拡大したもの

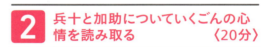

授業の流れ ▷▷▷

1 第４場面の様子を読み取る 〈20分〉

○句点ごとに音読する。
T　今日は、第４場面を読んでいきます。この場面ではどんなことが起こっていますか。
・月のいい晩、ごんが遊びに出かけると、兵十と加助がやって来る。
・兵十が加助に、誰かが食べ物をくれることを相談する。
・吉兵衛のうちでお念仏がある。
・ごんは、吉兵衛のうちの井戸の所でしゃがんでいる。

2 兵十と加助についていくごんの心情を読み取る 〈20分〉

T　ごんは、兵十と加助の後をついていっていますね。このときのごんの気持ちを考えましょう。
・２人がどこに行くのか気になるな。
・どんな話をしているんだろう。
・あ、食べ物を届けている話をしている。
もしかしたら、おれのことを話すかもしれないな。
・見つかったらひどい目にあわされるから、そっとついていこう。

ごんぎつね　新美南吉

兵十と加助についていくごんの気持ちを読み取ろう。

第４場面

・兵十が加助に、だれかが食べ物をくれることを相談する。
・吉兵衛のうちでお念仏がある。

2

・二人がどこに行くのか気になるな。
・どんな話をしているんだろう。
・あ、食べ物をとどけている話をしている。もしかしたら、おれのことを話すかもしれないな。
・見つかったらひどい目にあわされるから、そっとついていこう。

教科書
P.24・25の
挿絵

3 本時を振り返る 〈5分〉

○学習感想を書く。

○「今日の授業で学んだこと」「友達の発表を聞いて、自分の考えが変わったか、同じだったか」などについてノートに学習感想を書く。

・兵十と加助の後をついていくのはきけんだけど、自分の話をするかもしれないからついていくっていう気持ちはなんとなく分かる。
・もし、自分の話をしているかもしれないと思ったら友達についていくだろうな。
・お念仏は、兵十のおっかあのためにとなえているのかな。

よりよい授業へのステップアップ

登場人物同士の関係について考える

物語を読むうえで、登場人物同士の関わりを考えることは、読みを深めるうえでも重要である。

兵十は加助に相談をもち掛ける。これは、加助と仲がよいからだと思われる。

また、加助がふり向いたときに、ごんはびくっとして、小さくなって立ち止まっている。このことから、ごんは自分が村人によく思われていないことが読み取れる。

本時案

ごんぎつね

7/12

本時の目標

・兵十と加助の会話を聞いているごんの心情を読み取る。

本時の主な評価

❸登場人物の気持ちの変化や性格について、場面の移り変わりと結び付けて具体的に想像している。【思・判・表】
❹文章を読んで感じたことや考えたことを共有し、一人一人の感じ方などに違いがあることに気付いている。【思・判・表】

資料等の準備

・かげぼうしの写真
・P.24のごんの挿絵を拡大したもの

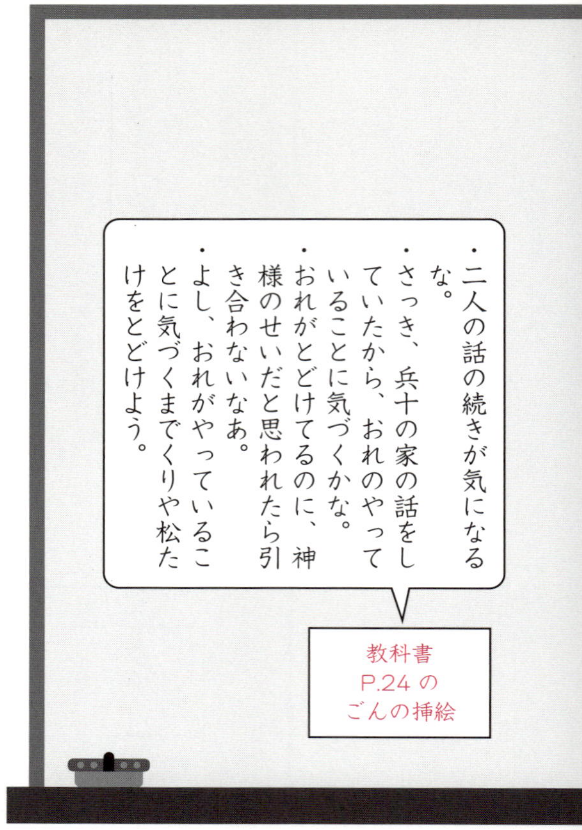

・二人の話の続きが気になるな。
・さっき、兵十の家の話をしていたから、おれのやっていることに気づくかな。
・おれがとどけてるのに、神様のせいだと思われたら引き合わないなあ。
・よし、おれがやっていることに気づくまでくりや松たけをとどけよう。
教科書 P.24 の ごんの挿絵

授業の流れ ▷▷▷

1 第５場面の様子を読み取る 〈20分〉

○句点ごとに音読する。

T　今日は、第５場面を読んでいきます。この場面ではどんなことが起こっていますか。

・ごんは、お念仏が終わるのをずっと待っていた。
・兵十と加助の話を聞くために、ごんは２人の後をついて行った。
・加助が、兵十の家に食べ物を届けているのは神様だと言った。
・ごんは、神様のしわざだと思われて「つまらない。」と思った。

2 兵十と加助の会話を聞いているごんの心情を読み取る 〈20分〉

T　兵十と加助の話を聞いているごんの気持ちを考えましょう。

・２人の話の続きが気になるな。
・さっき、兵十の家の話をしていたから、おれのやっていることに気付くかな。
・おれが届けてるのに、神様のせいだと思われたら引き合わないなあ。
・よし、おれがやっていることに気付くまでくりや松たけを届けよう。

ごんぎつね

新美南吉

兵十と加助の会話を聞いているごんの気持ちを読み取ろう。

2 かげぼうしをふみふみ行きました。

・ゆっくりついていっている。

・気づかれないように、けれど声は聞こえるきょりにいる。

○加助

「神様のしわざだぞ。」

3 本時を振り返る 〈5分〉

○学習感想を書く。

○「今日の授業で学んだこと」「友達の発表を聞いて、自分の考えが変わったか、同じだったか」などについてノートに学習感想を書く。

・ごんは、自分が兵十の家にとどけていることに気づいてほしいのだと思った。だから、きけんなのに2人についていったんじゃないかな。

・「おれは引き合わないなあ。」とごんが思っているのだから、やっぱりゆるしてほしいのだと思う。

・加助は、どうして神様のおかげだと思ったんだろう。

よりよい授業へのステップアップ

叙述のおもしろさを知る

第5場面には「兵十のかげぼうしをふみふみ行きました。」とある。このような叙述から、登場人物の行動を具体的に想像できるようになるとよい。「かげぼうしって何だろう？」「ふみふみってどういうこと？」と、子供がつぶやくかもしれない。「ふみふみ」と「ふみながら」では、何が違うのだろうと投げ掛け、実際にやってみる活動を取り入れてもよい。

本時案

ごんぎつね

8/12

本時の目標

・兵十に撃たれたごんの心情を読み取ることができる。

本時の主な評価

❸登場人物の気持ちの変化や性格について、場面の移り変わりと結び付けて具体的に想像している。【思・判・表】
❹文章を読んで感じたことや考えたことを共有し、一人一人の感じ方などに違いがあることに気付いている。【思・判・表】

資料等の準備

・P.27〜29の挿絵を拡大したもの

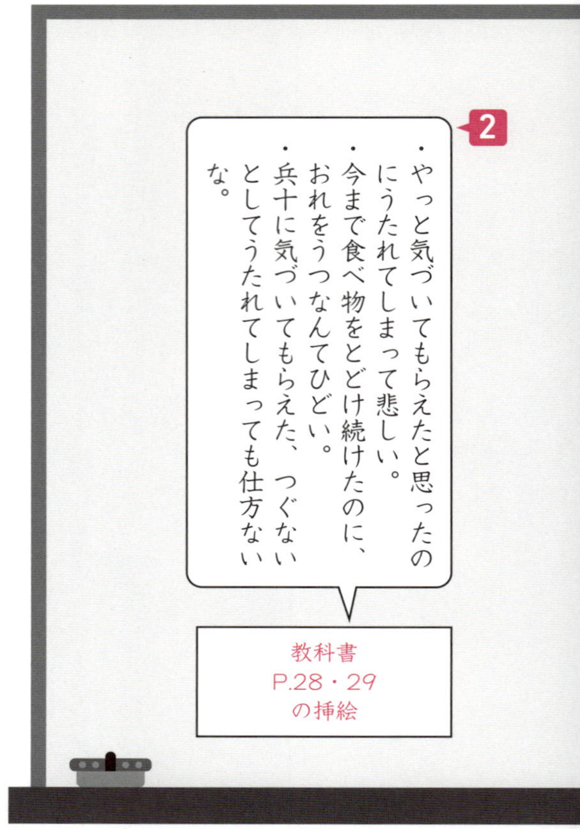

2
・やっと気づいてもらえたと思ったのにうたれてしまって悲しい。
・今まで食べ物をとどけ続けたのに、おれをうつなんてひどい。
・兵十に気づいてもらえた、つぐないとしてうたれてしまっても仕方ないな。
教科書 P.28・29 の挿絵

授業の流れ ▷▷▷

1 第6場面の様子を読み取る 〈20分〉

○句点ごとに音読する。
T　今日は、最後の第6場面を読んでいきます。この場面ではどんなことが起こっていますか。
・兵十と加助の話を聞いた明くる日も、ごんは、くりを持って兵十のうちへ出かけた。
・兵十が物置で縄をなっていたから、ごんは、裏口からこっそり中へ入った。
・ごんに気付いた兵十が、火縄銃でごんを撃ってしまう。
・今まで食べ物を届けてくれたのは、ごんだったことに兵十は気付く。
・ごんは、ぐったりと目をつぶったまま、うなずく。

2 兵十に撃たれたごんの気持ちを読み取る 〈20分〉

T　兵十に撃たれたときの、ごんの気持ちを考えましょう。
・やっと気付いてもらえたと思ったのに撃たれてしまって悲しい。
・今まで食べ物を届け続けたのに、おれを撃つなんてひどい。
・兵十に気付いてもらえた、つぐないとして撃たれてしまっても仕方ないな。

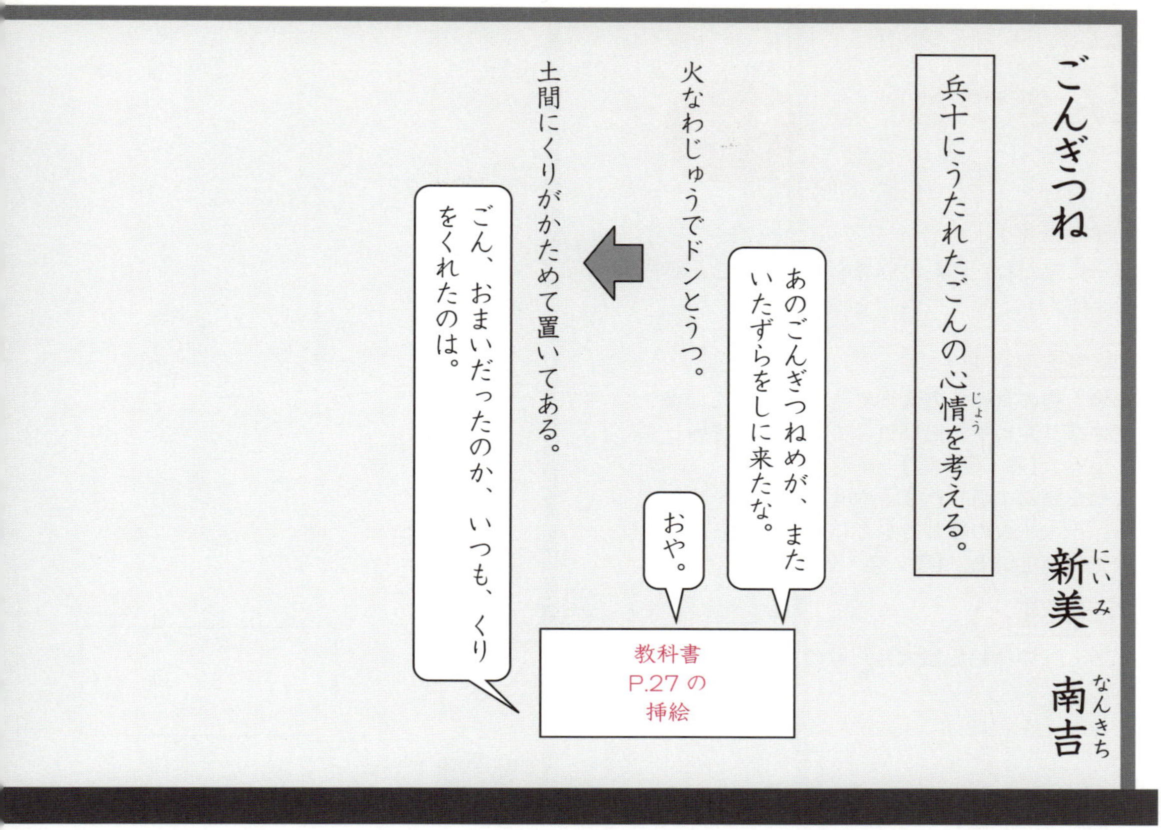

ごんぎつね
新美南吉
兵十にうたれたごんの心情を考える。
あのごんぎつねめが、またいたずらをしに来たな。
おや。
教科書
P.27 の
挿絵
火なわじゅうでドンとうつ。
土間にくりがかためて置いてある。
ごん、おまいだったのか、いつも、くりをくれたのは。

3 本時を振り返る 〈5分〉

○学習感想を書く。

○「今日の授業で学んだこと」「友達の発表を聞いて、自分の考えが変わったか、同じだったか」などについてノートに学習感想を書く。

・やっぱり、ごんがうたれてしまうのはなっとくがいかない。兵十はうつべきじゃなかった。

・わたしは、兵十が完全に悪いと思っていたけれど、ごんがうたれるのは仕方ないという考えもあるのだなと思った。

・ごんは、うたれてしまったとき、悲しかったのかな、うれしかったのかな。

よりよい授業へのステップアップ

自分と違う意見を知る

「ごんぎつね」の最後の場面では、子供の意見が分かれることがある。兵十が悪いという意見と、ごんがうたれるのは仕方がないという意見である。

このように、自分と違う意見を聞いたときに、最初から否定するのではなく、なぜそのように考えるのか、考えの根拠を互いに聞き合うことも、学びを深めるために必要である。

本時案

ごんぎつね

9/12

本時の目標

・兵十に撃たれたごんの心情を読み取ることができる。

本時の主な評価

❸登場人物の気持ちの変化や性格について、場面の移り変わりと結び付けて具体的に想像している。【思・判・表】
❹文章を読んで感じたことや考えたことを共有し、一人一人の感じ方などに違いがあることに気付いている。【思・判・表】

資料等の準備

・P.28・29の挿絵を拡大したもの

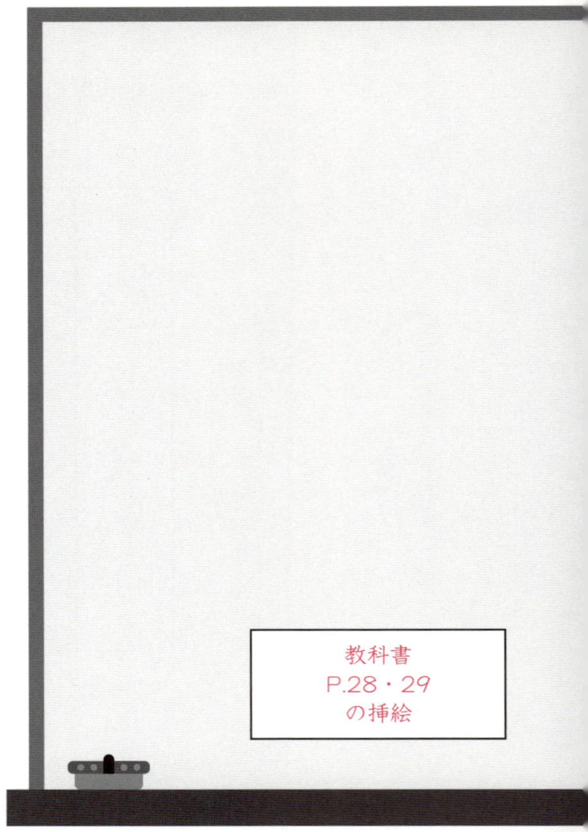

授業の流れ ▷▷▷

1 第６場面の様子を読み取る 〈10分〉

○句点ごとに音読する。
T　今日は、前の時間の続きで、ごんの気持ちを読んでいきます。兵十に撃たれたときの、ごんの気持ちについて考えましたね。
・やっと気付いてもらえたと思ったのに撃たれてしまって悲しい。
・今まで食べ物を届け続けたのに、おれを撃つなんてひどい。
・兵十に気付いてもらえた、つぐないとして撃たれてしまっても仕方ないな。
○前時に出た発言を、あらかじめ板書しておくか、模造紙に書いて提示するとよい。

2 兵十に撃たれたごんの気持ちを読み取る 〈30分〉

T　ぐったりと目をつぶったままうなずいたごんは、幸せだったのでしょうか。
○幸せだという意見
・最後に気付いてもらえたから満足して幸せだったと思う。
・兵十に思いが通じたのだから、幸せだったんじゃないかな。
○幸せではないという意見
・火縄銃でうたれているのだから、幸せなはずがない。
・結局、つぐないでやってきたことが報われなかったから、幸せじゃない。

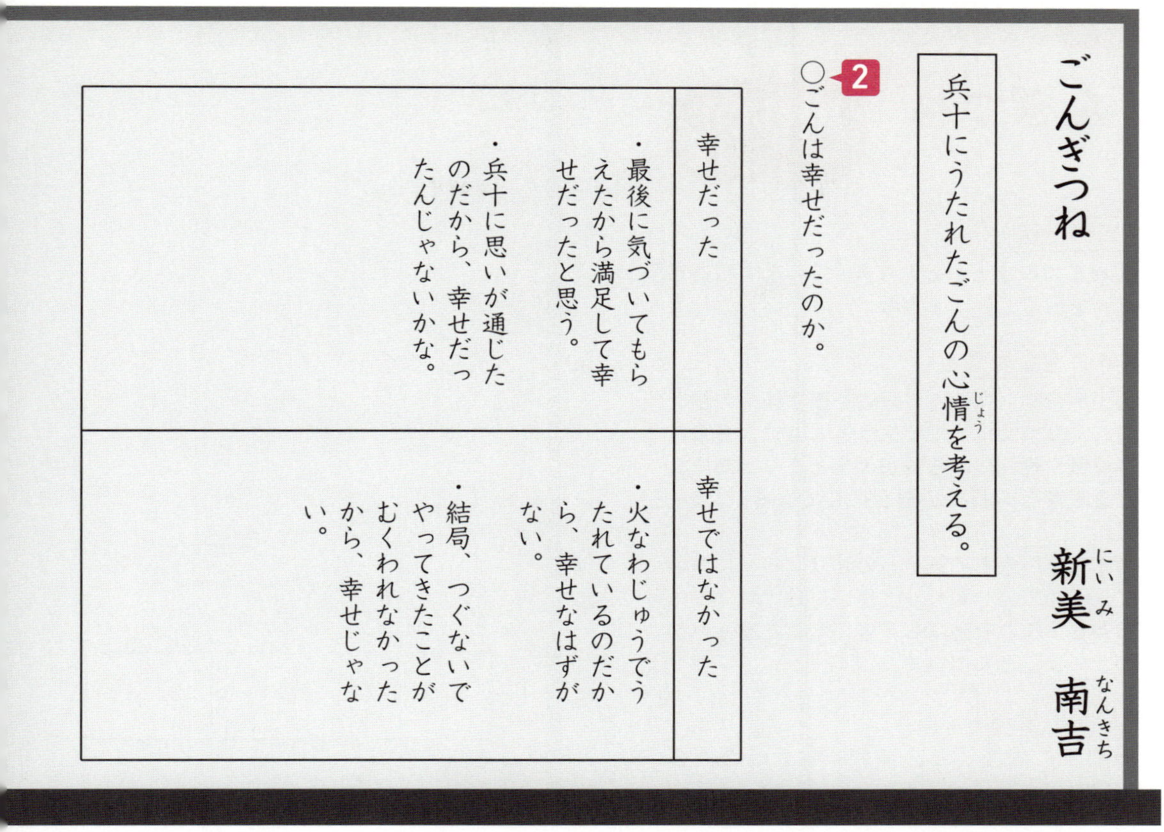
ごんぎつね
新美南吉
兵十にうたれたごんの心情を考える。
2
○ごんは幸せだったのか。
幸せだった
・最後に気づいてもらえたから満足して幸せだったと思う。
・兵十に思いが通じたのだから、幸せだったんじゃないかな。
幸せではなかった
・火なわじゅうでうたれているのだから、幸せなはずがない。
・結局、つぐないでやってきたことがむくわれなかったから、幸せじゃない。

3 本時を振り返る 〈5分〉

○学習感想を書く。

○「今日の授業で学んだこと」「友達の発表を聞いて、自分の考えが変わったか、同じだったか」などについてノートに学習感想を書く。

・ごんは幸せだったかそうでないかは、自分の中ではっきりと答えは出なかったけど、みんなの考えを聞くのが楽しかった。

・ごんは幸せではなかったと思う。だってじゅうでうたれるっていたいし、兵十はやりすぎだと思う。

・ごんは幸せだったと思う。最後にうなずいているから、兵十と心が通ったんじゃないかな。

よりよい授業へのステップアップ

2つの意見で話し合う

本時のように「ごんは幸せだったのか」という問いは、2つの意見に分かれる。自分の立場を明確にすると、話し合いにも参加しやすくなる。

ここで気を付けることは、考えの根拠をはっきりともっておくことである。想像したことも大事だが、どの叙述から自分は考えているのかも、表現できるようにしたい。

本時案

ごんぎつね 10・11/12

本時の目標

・これまでのまとめとして、「ごんぎつね感想文」を書くことができる。

本時の主な評価

❶様子や行動、気持ちや行動を表す語句の量を増し、話や文章の中で使うとともに、言葉には性質や役割による語句のまとまりがあることを理解し、語彙を豊かにしている。【知・技】

・進んで登場人物の気持ちの移り変わりについて、場面の移り変わりと結び付けて具体的に想像し、叙述を基にして考えたことを文章にまとめようとしている。

資料等の準備

・教科書の場面ごとの挿絵を拡大したもの（９枚）

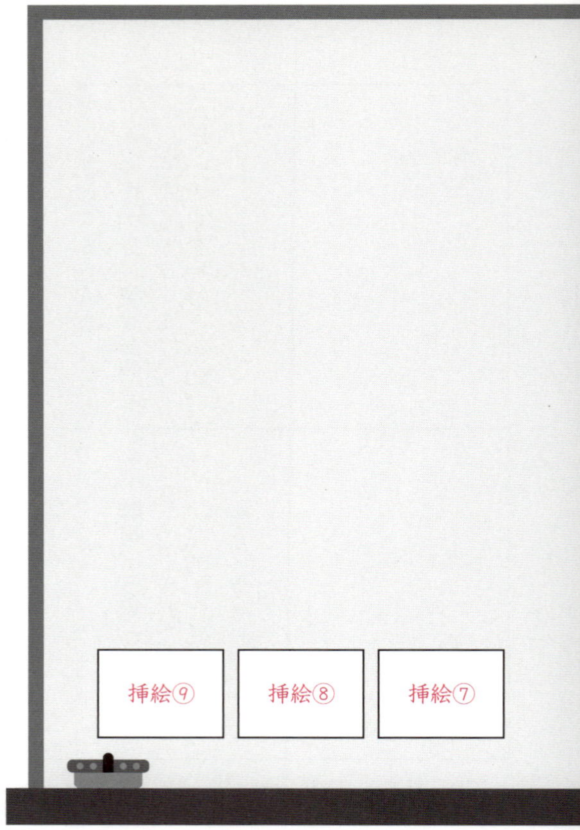

授業の流れ ▷▷▷

1 学びのまとめとして、「ごんぎつね感想文」を書く活動について確認する 〈５分〉

T　今までごんや兵十の気持ちについて読んできましたね。今日から学習のまとめとして「ごんぎつね感想文」を書きます。
　次の中から、自分がどの内容について書くのかを決めましょう。

・ごんの気持ちが変わっていったこと。
・おっかあが死んでからの兵十。
・ごんのつぐない。
・ごんがぐったりと目をつぶったまま、うなずいたこと。
・ごんの呼び方が変わったこと。　など

2 「ごんぎつね感想文」を書く 〈80分〉※２時間分

T　「ごんぎつね感想文」を書き始めましょう。読む人に分かりやすく、段落を工夫して書いていきましょう。

・ごんの気持ちが変わっていくことが心にのこりました。みんなの話を聞いて、気持ちが変わったきっかけは兵十も自分と同じひとりぼっちだとごんが気づいたことだと思います。
・第６場面でごんがうなずいたのは、兵十に気づいてもらえてうれしかったからだと思います。
・兵十とごんの心が少しだけ通じたから、「ごん」とよんだのだと思いました。

ごんぎつね

新美南吉

「ごんぎつね感想文」を書こう。

1 ○感想文に書く内容

・ごんの気持ちが変わっていった。
・おっかあが死んでからの兵十。
・ごんのつぐない。
・ごんがぐったりと目をつぶったまま
うなずいたこと。
・ごんのよび方が変わったこと。　など

2 ○感想文を書くときのコツ

・題名の工夫
・段落の工夫
・読み手に分かりやすいかどうか
・今までのノートを見ながら、内容を考える。

挿絵①　挿絵②　挿絵③　挿絵④　挿絵⑤　挿絵⑥

3 次時の活動を知る 〈5分〉

T　次の時間は、みなさんが書いた「ごんぎつね感想文」を読み合います。読んだら感想を伝え合いましょう。

・前に書いたときより、分かりやすく書けた気がする。
・友達はどんな感想文を作ったかな。
・私は、ごんが最後にうなずいたのは嬉しかったからだと思うけど、悲しくてうなずいたという意見もあるかもしれない。

よりよい授業へのステップアップ

学習のまとめとして感想文を書く

単元の終末にどのような学習のまとめを行うか、授業のねらいや学級の実態に応じて、適切なものを選ぶのがよい。「新聞・リーフレット・紹介文・感想文・登場人物になりきってスピーチ」と、様々な学習活動が考えられる。

感想文の場合、観点を示すことで子供も見通しをもつことができる。その観点は、これまでの学びを自分なりにまとめられるものにするとよい。

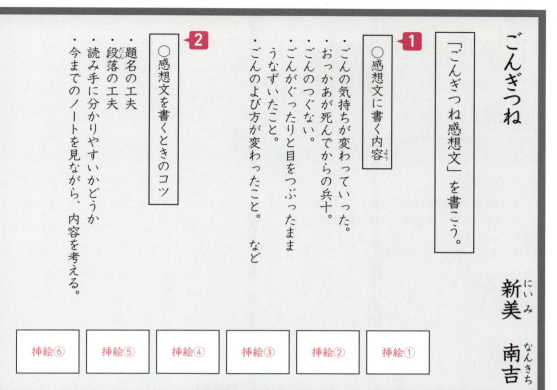

本時案

ごんぎつね

12/12

本時の目標

・「ごんぎつね感想文」を読み合うことができる。

本時の主な評価

❺進んで登場人物の気持ちの移り変わりについて、場面の移り変わりと結び付けて具体的に想像し、叙述を基にして考えたことを文章にまとめようとしている。【態度】

資料等の準備

・特になし

授業の流れ ▷▷▷

1 「ごんぎつね感想文」を読み合うときの観点を考える 〈５分〉

T 「ごんぎつね感想文」を読み合います。どこに気を付けて読んだらよいでしょうか。

・自分の考えと同じところや違うところがないかを探しながら読む。

・いいところやアドバイスを伝える。

○誹謗中傷をしてはいけないことを伝えておく。

2 「ごんぎつね感想文」を読み合う 〈30分〉

T 「ごんぎつね感想文」を、生活班の中で読み合いましょう。

○時間があったら、他の班の友達と読み合う時間を取るとよい。

・ごんの気持ちの変化が分かりやすく書いてあるのがいいと思う。

・「ごんぎつね」の魅力が書いてあってとてもいい。

・私は、ごんが最後にうなずいたのは、悲しい気持ちもあったからだと思う。

ごんぎつね

新美（にいみ）南吉（なんきち）

「ごんぎつね」感想文を読み合おう。

1 感想文を読み合うときに気をつけること

・自分の考えと同じところやちがうところがないかをさがしながら読む。
・いいところを伝える。
・アドバイスを伝える。

3 感想文を読み合ってふり返り

・ノートを見直しながら書くと、今までの学習をふり返ることができた。
・「ごんぎつね」は、最初は悲しい話だと思ったけどごんにとってはうれしいこともあったと気づいた。
・新美南吉さんは、ごんに幸せになってほしかったのではないか、と思った。

3 本時を振り返る 〈10分〉

T 「ごんぎつね感想文」を読み合って、考えたことや思ったことはなんでしょうか。

・みんなから出た疑問をもう一度振り返ることができてよかった。
・今まで学習したことが感想文に書いてあったのがよかった。自分も「ごんぎつね」の学習を思い出した。
・「ごんぎつね」の魅力がたくさんあることが分かった。何十年も前から教科書に載っていることを知ってびっくりした。
・「ごんぎつね」は奥が深いと感じた。

よりよい授業へのステップアップ

感想文を読み合い、感想を伝える

作成した感想文を見せ合い、考えを共有することが大切である。自分が気が付かなかったことを知ることで視野が広がる。また、自分と同じ考えに触れれば自信をもつこともできる。

感想の伝え方は、例えば付箋にコメントを書いて渡し、感想文の裏に貼っていけば記録として残すこともできる。自然と子供同士で共有できる雰囲気をつくることも学習環境を整えるうえで重要である。

秋の楽しみ　2時間扱い

〔知識及び技能〕(1)オ　関連する言語活動例B(2)イ

単元の目標

・秋の楽しみなことについてのスピーチ原稿を書くことを通して、様子や気持ちを表す語句について理解を深めることができる。

評価規準

知識・技能	❶様子や行動、気持ちや性格を表す語句の量を増し、言葉には性質や役割による語句のまとまりがあることを理解し、語彙を豊かにしている。(〔知識及び技能〕(1)オ)
主体的に学習に取り組む態度	❷粘り強く関心をもって秋に関わる言葉を基にしたスピーチ原稿を書こうとしている。

単元の流れ

時	主な学習活動	評価
1	学習の見通しをもつ 秋という言葉から連想することを共有し、秋の楽しみを見つけるという学習の見通しをもつ。 教科書P.34・35を見て、自分たちが連想したこととの共通点や相違点を話し合う。 自分の秋の楽しみなことについて発表し合う。	❶❷
2	朝の会に「ぼくの・わたしの○○の秋」という題材でスピーチを行っていくことを確認し、スピーチ原稿を書くめあてをもつ。 秋のイメージや教科書を参考にして、自分にとっての秋の楽しみを考え、理由や事例をつけてスピーチするための原稿を書いたり、スピーチの練習に取り組んだりする。 学習を振り返る 学習を振り返る。	

授業づくりのポイント

〈単元で育てたい資質・能力〉

本単元のねらいは、秋についての様子や気持ちを表す語句についての理解を深めさせることである。

そのために、秋に楽しみなことについて選んで、「○○の秋」とする。どのようなところが好きで○○を選んだのか、秋の季節や行事と関係付けてスピーチすることが目的である。そのために、まずは子供自身が秋という季節や秋の行事、それに関わる様々なものについてどのようなイメージをもっているかを出させたい。そのうえで、どのような理由や事例を組み立てれば、秋の楽しみなことをスピーチできるのかをつかませるために、モデル文を提示したり、様子を表す語句の例を示したりするとよい。

具体例

○秋と言えば

- 行事（秋分の日、文化の日、体育の日、お墓参り、運動会、稲刈り　等）
- 食べ物（栗、柿、ぶどう、りんご、松たけ、秋刀魚　等）
- ◇◇の秋（食欲、読書、スポーツ、実り、芸術、夕焼け、真っ赤　等）

○秋の付く言葉

- 秋晴れ、秋分の日、秋刀魚、秋の夜長、一日千秋　等

〈言語活動の工夫〉

上巻「春の楽しみ」は、その行事について短く説明する文章を書く活動であった。下巻「秋の楽しみ」も系統としては同じ学習である。自分にとっての「○○の秋」を朝学習のモジュールや朝の会等を活用してスピーチをすることが目的であり、ゴールとなる。時数が 2 時間と限られており、本時でできることは限られるため、この時間だけで完結するのではなく、秋の期間、繰り返し行っても、1 回目とは異なる話題が出てきて楽しいものになる。

また、秋の行事については、子供がすでに知っている行事だけでなく、辞書や図鑑を調べさせ、新たに知った行事や情報について書かせるのもよい。

具体例

○私は、「オレンジの秋」にしました。理由の 1 つ目は、オレンジ色のくだものがたくさんできるからです。私はみかんが好きなのですが、みかんはもちろんオレンジ色です。同じくだものでは、柿も秋のくだものだと思います。私が学校に来る途中には、大きな柿の木のある家があります。オレンジ色のきれいな柿がたくさんなっていて、秋を感じさせてくれます。
「オレンジの秋」の 2 つ目の理由は、夕焼けがとてもあざやかなオレンジ色に見えるからです。なんで秋の夕焼けがきれいなオレンジ色に見えるのかを調べてみると、大気中のほこりが少なくて、空気が澄んでいるからだそうです。私は、「オレンジの秋」が大好きな季節です。
（1 分）

本時案

秋の楽しみ

1・2/2

本時の目標

・秋の楽しみなことについてのスピーチ原稿を書くことを通して様子や気持ちを表す語句について理解を深めることができる。

本時の主な評価

❶秋についての様子や気持ちを表す語句について理解を深めている。【知・技】

❷粘り強く関心をもって秋に関わる言葉を基にしたスピーチ原稿を書こうとしている。【態度】

資料等の準備

・特になし

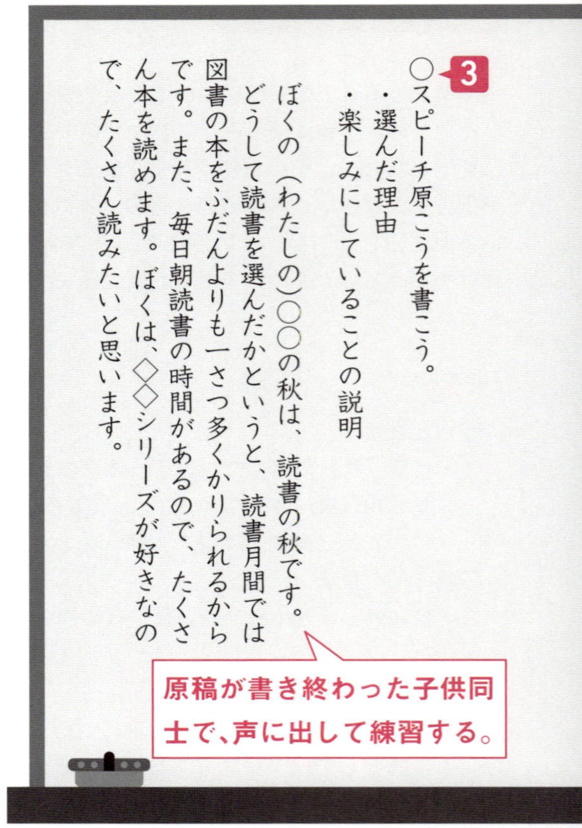

3
○スピーチ原こうを書こう。
・選んだ理由
・楽しみにしていることの説明
ぼくの（わたしの）○○の秋は、読書の秋です。
どうして読書を選んだかというと、読書月間では図書の本をふだんよりも一さつ多くかりられるからです。また、毎日朝読書の時間があるので、たくさん本を読めます。ぼくは、◇◇シリーズが好きなので、たくさん読みたいと思います。
原稿が書き終わった子供同士で、声に出して練習する。

授業の流れ ▷▷▷

1 「秋」で思い浮かんだことを発表する 〈第1時〉

○「秋」で思い浮かぶことをノートに書き、発表する。

T　秋と言えば、どんなことを思い浮かべますか。ノートに3つほど書いてみましょう。

・秋と言えば、もみじかな。

・低学年の頃に、秋祭りをやったなぁ。

T　それでは、「秋」で思い浮かんだものを1つ発表していきましょう。

○発表し、関連するものをマッピングかグループ分けする。

○思い浮かばない子供には、教科書を参考にさせてもよい。

2 自分の「○○の秋」を見つける 〈第1時・第2時〉

○朝の会のスピーチで、自分が楽しみにしている秋について「○○の秋」という題で、スピーチをするという目的をもつ。

T　たくさんの秋が見つかりましたね。これを機会に、朝の会の日直のスピーチで自分が楽しみにしている秋を「○○の秋」として発表してみましょう。

T　それでは、自分が楽しみにしている秋を見つけましょう。

・何にしようかな、秋で楽しみにしていることは、栗ご飯かな。

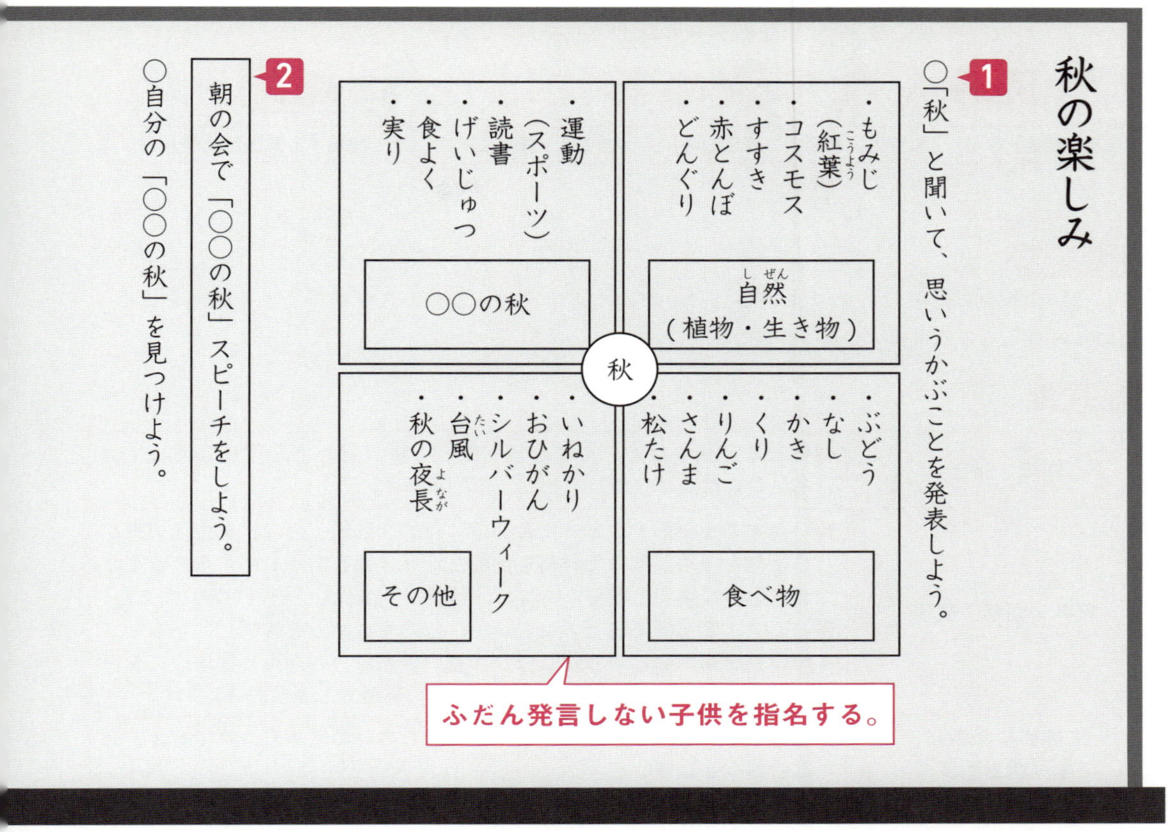

3 「○○の秋」のスピーチ原稿を書いたり、練習したりする〈第２時〉

○「○○の秋」のスピーチ原稿を書く。

T　自分が楽しみにしている秋が決まった人は、スピーチ原稿を書きます。「○○の秋」だけ言うのでは、スピーチになりませんね。どんなことを付け足していけばよいでしょうか。

・どうしてそのことを選んだのか理由は必要だと思います。

・楽しみにしていることについての説明もあるといいと思います。

T　みなさんから出た意見を黒板に整理しますね。

よりよい授業へのステップアップ

実の場への活用

２時間の授業時間だけで、秋という季節に関わる言葉の学習が終わってしまうのはもったいない。そこで、教科書にあるように手紙を書くというのも１つの実の場への活用であるが、スピーチ原稿を書くという言語活動を設定して、朝の会のスピーチ等で発表したり、歌集から秋の言葉集めをして「秋を表す言葉短冊」を作ったという活動に拓いていく。そうすることで、自分だけで秋という季節の言葉を学習するのではなく、みんなの秋に関わる言葉から、言葉を習得していく学習になる。

クラスみんなで決めるには　8時間扱い

〔知識及び技能〕(2)イ　〔思考力、判断力、表現力等〕A話すこと・聞くことア、オ　関連する言語活動例A(2)ウ

単元の目標

・話し合いの役割に応じた、よりよい話し合いの進め方を考え、多くの人が納得できる結論を目指して話し合うことができる。

評価規準

知識・技能	❶比較や分類の仕方、必要な語句などの書き留め方を理解し使っている。（〔知識及び技能〕(2)イ）
思考・判断・表現	❷「話すこと・聞くこと」において、目的を意識して、日常生活の中から話題を決め、集めた材料を比較したり分類したりして、伝え合うために必要な事柄を選んでいる。（〔思考力、判断力、表現力等〕A ア） ❸「話すこと・聞くこと」において、目的や進め方を確認し、司会などの役割を果たしながら話し合い、互いの意見の共通点や相違点に着目して、考えをまとめている。（〔思考力、判断力、表現力等〕A オ）
主体的に学習に取り組む態度	❹話し合いの役割に応じた、よりよい話し合いの進め方ついて考え、話し合おうとしている。

単元の流れ

次	時	主な学習活動	評価
一	1	学習の見通しをもつ 学習の見通しをもつ。	
	2	役割を決め、議題と目的を確かめる。	
二	3	役割に応じて、話し合いの準備をする。	❸
	4 5	クラス全体で話し合う。	❷
	6	話し合いを振り返る。	
三	7	役割に応じた話し合いの仕方について考え、「みんなで話し合いブック」にまとめる。	❶
	8	学習を振り返る 「みんなで話し合いブック」を読み合い、学習を振り返る。	❹

授業づくりのポイント

〈単元で育てたい資質・能力〉

本単元のねらいは、話し合いの役割に応じた、よりよい話し合いの進め方を考え、多くの人が納得できる結論を目指して話し合うことである。結論を急ぐのではなく、４年生なりに熟議を尽くして、納得できる結論をクラスみんなで出し、その経験を生かして学習の振り返りをまとめたい。

具体例

司会には、話し合いを運ぶためのポイントを押さえ、多様な意見が出されるよう心掛けさせたい。記録係には、上巻「聞き取りメモのくふう」において学習した、話の中心を聞き取ってメモを取る経験を生かしながら記録させたい。提案者は、提案内容とその背景や理由を述べるようにする。参加者は、自分の考えや立場を端的に、また穏やかに述べるようにする。

〈教材・題材の特徴〉

話し合いを成立させ、かつ、多くの人が納得できる結論を導き出すことは、学校生活においても、社会生活においても、大切なことである。多くの子供たちが経験している話し合いがうまくいかない経験は、意見が出ない、出た意見がすぐに否定される、力のある発言者の意見で決まってしまう、など数あることであろう。ふだんの学級づくりと人間関係づくり、ふだんの学習での話し合いの際の教師の言葉掛けの積み重ね、子供たちが本当に話し合いたい議題の設定など、話し合いを成立させるための要素は数多い。その中で、本単元は、話し合いの役割に焦点を絞っている。

話し合いなどの音声言語の学習においては、タブレット型端末・ボイスレコーダー等での録音・録画を適宜活用して、後から子供たちが振り返りできるようにしたい。

具体例

○意見の対立があるとき、「どうしてそう考えるのですか」「もう少し教えてください」と引き出す質問や投げ掛けを司会や参加者ができるようになるとよい。その意見の背景や理由を尋ねてみると、新たな方向性が見えてくることがあるからである。例えば、意見そのものには賛成ではなくても、意見の背景や理由には納得できる場合や、意見は真反対でも、意見の背景や理由は同じである場合に、改めて共通して認識している背景の課題を解決できるようにするにはどうしたらよいかを改めて話し合うことで、双方が納得する新たな考えをつくり出すことができる。

〈言語活動の工夫〉

司会、提案者、参加者の話し合いの役割という視点からよりよい話し合いの進め方を考え、多くの人が納得できる結論を目指して話し合う。振り返って「みんなで話し合いブック」にまとめる。

具体例

○司会の話の運び方であれば、場面と目的、具体例で工夫を示すようにする。

はじめ　議題を確かめる。「今日は～で何をするかを決めます。」
　　　　話し合いの進め方を示す。「まず、～について、次に～について意見を出し合います。」

話し合い中　時間の管理をする。「話し合いの時間はあと５分です。」
　　　　　　考える時間を取る。「２分取りますので、考えてみてください。」
　　　　　　考えを少人数で話し合うことを提案する。「班で相談する時間を５分取ります。」

結論　決まったことを確認する。「今日は～について話し合いました。決まったことは～です。」

本時案

クラスみんなで決めるには 1・2/8

本時の目標

・話し合いの経験を思い出し、話し合いの役割に応じたよりよい話し合いの進め方に関心をもつことができる。

本時の主な評価

・話し合いの経験を具体的に想起し、よりよい話し合いの進め方に関心をもっている。

資料等の準備

・なし

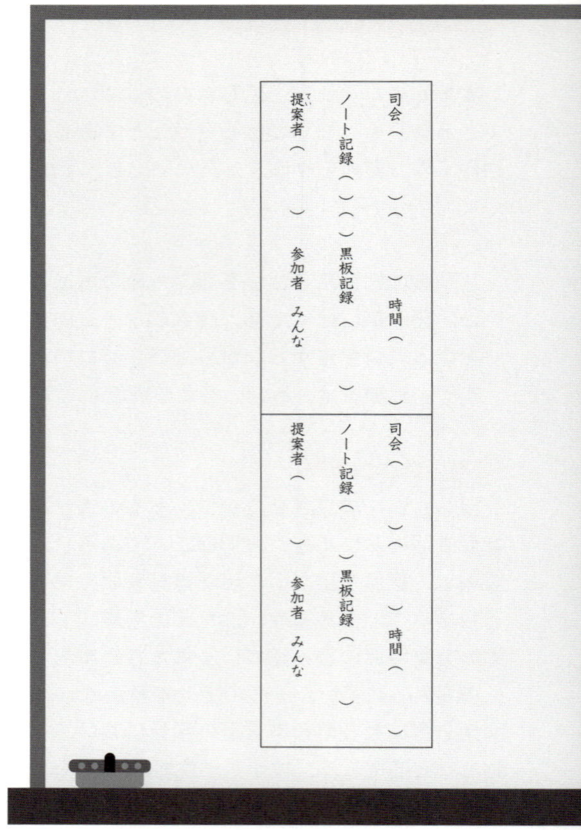

授業の流れ ▷▷▷

1 話し合った経験を思い出し、学習の見通しをもつ〈第1時〉

T　話し合いをするとき、困っていることや「こんなふうに話し合えたらよいのに」と思っていることはありますか。

・時間がなくて、決まらなかった。

・意見の強い人の考えで決まってしまった。

〇学習の見通しを掲示し、提案する。

T　困っていることが解決するように、話し合いをするときの役割に注目して、話し合いのこつを考えていきましょう。分かったことや気付いたことを「みんなで話し合いブック」にまとめていきましょう。

2 議題と目的を確かめる〈第2時〉

T　議題を決めましょう。

・「ちいきの学習でお世話になった方へのお礼の会で、何をするか」にしたいです。

T　どんな目的で話し合いますか。

・感謝の気持ちを伝えるためにどうすればいいかという観点で話し合いたいです。

・私たちが、地域の方々のおかげで学べたということが伝わるといいな。

〇願いを出し合い、目的を適切に定めると、話し合いの観点が明らかになる。司会が話し合いを運ぶに当たっての拠り所ができ、話し合いが散漫になることを避けることができる。

役わりをいしきしながら話し合おう

クラスみんなで決めるには

1

○話し合うときに、こまっていること

・時間がなくて、決まらなかった。
・意見の強い人の考えで決まってしまった。
・参加している人と参加していない人がいた。
・意見が出なかった。
・板書が間に合わない。
・どうしたらよいか分からない。

〈学習の見通し〉

□話し合いの経験を思い出す。
□議題と目的をたしかめる。役わりを決める。
□話し合いのじゅんびをする。
□話し合いをふり返る。
□話し合いのしかたのこつを考え、「みんなで話し合いブック」にまとめる。

議題と目的をたしかめ、役わりを決めよう。

2

議題　ちいきの学習でお世話になった方へのお礼の会で、何をするか。

3 役割を決める　〈第２時〉

T　役割を決めましょう。この学習は、これからのみなさんの話し合いに生かされる大事なものです。ぜひ、積極的に立候補しましょう。

・この間、少し話しましたが、みんなに考えてほしいことがあるので、提案者になります。

○今までの経験の有無、議題に関する学習への関わりなどを考慮して、役割を決める。

○クラスの人数や実態に応じて、２～４グループほどに分かれ、それぞれ役割を決める。

よりよい授業へのステップアップ

議題を決める

議題を決めることは、話し合いの成功を左右する大事な事柄である。したがって、本時の中で１から決めるのではなく、総合的な学習の時間や朝の時間などを使って、クラスの子供たちの学習や生活に即した、子供たちが話し合いたい議題、話し合う必然がある議題を全員で練り上げていく必要がある。具体的に誰もが意見を言える議題であることに留意したい。また、クラスの実態に応じて、それらの中からグループごとに異なる議題を選んでもよい。

本時案

クラスみんなで決めるには　3/8

本時の目標

・役割に応じて、話し合いの準備をすることができる。

本時の主な評価

❸目的を意識して、集めた材料を比較したり分類したりして、話し合うための準備をしている。【思・判・表】

資料等の準備

・「話し合いメモ」ワークシート　03–01

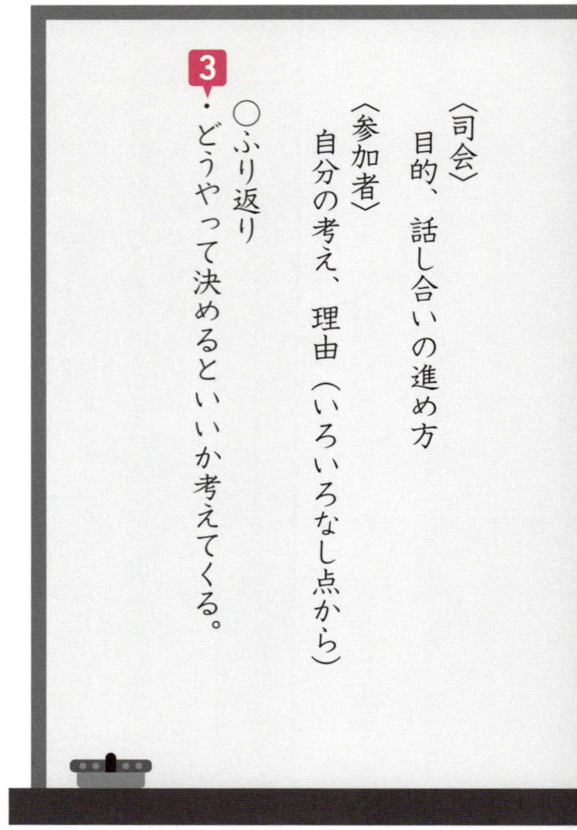

〈司会〉
目的、話し合いの進め方
〈参加者〉
自分の考え、理由（いろいろなし点から）
○ふり返り
3
・どうやって決めるといいか考えてくる。

授業の流れ ▷▷▷

1 話し合いのこつを考える 〈20分〉

T　司会、提案者、参加者の役割を意識しながら、次の話し合いを聞きましょう。話し合いのこつとして、どのようなことがあるでしょうか。

・司会が、何をするかということを区切りごとに初めにはっきり示しています。

・「考える時間を１分取ります」というのが先生みたいでいいなと思います。

・それまでの話をまとめています。

○教科書の CD や記述、その他の子供たちにとって身近な話し合いの音声または記録を教材に使い、具体的にこつに気付けるようにする。

2 話し合いの準備をする 〈20分〉

T　司会、提案者、参加者の役割を意識しながら、話し合いメモやノートを使って、話し合いの準備を進めていきましょう。

・自分の考えは〜。理由は〜。

○考えを複数挙げておくこと、理由もいくつかの視点から考えることを助言する。

・提案理由は〜。

・もし、意見が出なかったら〜。

・対立が解消しなかったら〜。

○２つ以上のグループを設けた場合は、司会と提案者は役割ごとに集まらせ、考えたことを交流する時間を設ける。

役わりをいしきしながら話し合おう

クラスみんなで決めるには

話し合いのじゅんびをしよう。

1 ○話し合いのこつは何だろう。

〈司会〉
・議題と目的をたしかめる。
・どうやって決めるかを考える。
・どれにするかを考える。
・まとめる。

〈提案者〉
・議題と提案理由をかんけつに言う。

〈参加者〉
・意見を出し合う。
　いろいろな意見が出るといい。
　理由もいろいろあるといい。

2 ○話し合いのじゅんび

〈提案者〉
　議題、提案理由

3 振り返る 〈5分〉

T　気付いたことや思ったことを振り返りに書きましょう。

・「どうやって決めるか」というのは、どんな意見が出るかな。どうやって決めるか考えておいてくださいとよびかけたい。
・話し合いがうまくいくといいな。

○振り返りの積み重ねが「みんなで話し合いブック」を作っていくことを意識させる。

よりよい授業へのステップアップ

実感しながら積み上げる

　話し合いの学習は、子供たちが実際に話し合いを経験しながら、感じ、考えたことを基に、つくり上げていく。教師は、話し合いの形を整えることや話し合いがうまくいくことに捉われ過ぎずに、実際の話し合いの中で起こる、混沌、食い違い、沈黙なども教材と考え、それを打開するものは何なのか、子供たちが発見する手助けをしたい。

本時案

クラスみんなで決めるには 4・5/8

本時の目標

・それぞれの役割を果たしながら話し合うことができる。

本時の主な評価

❷目的や進め方を確認し、司会などの役割を果たしながら話し合い、互いの意見の共通点や相違点に着目して、考えをまとめている。【思・判・表】

資料等の準備

・ビデオ、またはタブレット型端末など（映像撮影用）

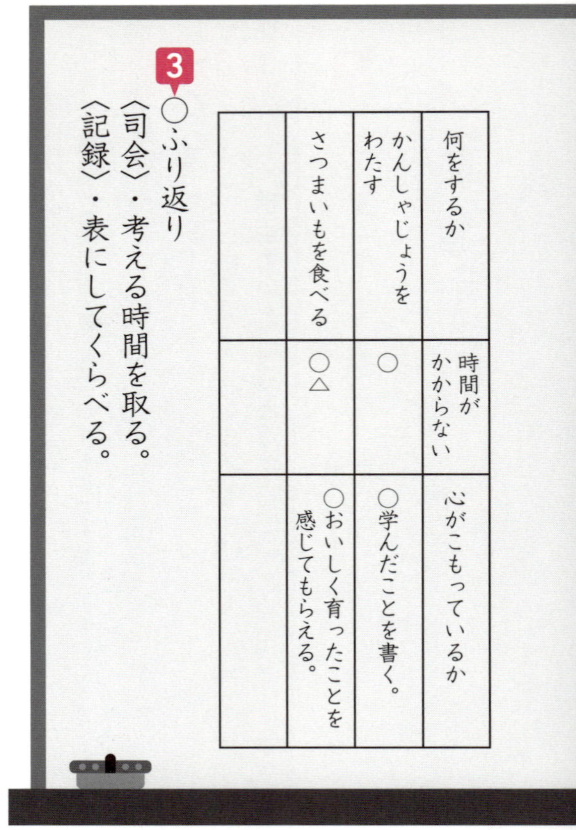

何をするか
時間がかからない
心がこもっているか
かんしゃじょうをわたす
○
○学んだことを書く。
さつまいもを食べる
○△
○おいしく育ったことを感じてもらえる。
3
○ふり返り
〈司会〉・考える時間を取る。
〈記録〉・表にしてくらべる。

授業の流れ ▷▷▷

1 自分の役割や考えを確認する 〈第４時〉

T　今日は、いよいよ話し合いましょう。自分の役割と考えを確認して始めましょう。

・考えと理由の準備はばっちり。

○前時までにまとめた、話し合いのこつを掲示しておく。

2 話し合う 〈第４時・第５時〉

T　見ている人は、司会、提案者、記録、時間、参加者の役割を意識しながら、よいところを見つけましょう。

・司会の役割が気になるな。

○グループの１つが話し合い、それ以外のグループの子供たちは、話し合いを観察する。その際、話し合っている子供たちの役割を意識しながらよいところを見つけ、メモすることとする。交代して、同様のことを行う。

役わりをいしきしながら話し合おう

クラスみんなで決めるには

それぞれの役わりを果たしながら話し合おう。

議題 1 ちいきの学習でお世話になった方への
お礼の会で、何をするか。

目的 ちいきの方のおかげで学ぶことができた
という、かんしゃの気持ちを伝える。2

〈司会〉
・議題と目的をたしかめる。
・どうやって決めるかを考える。
・どれにするかを考える。
・まとめる。

〈提案者〉
・議題と提案理由をかんけつに言う。
〈参加者〉
・意見を出し合う。

3 振り返る 〈第５時〉

T　実際に、話し合って、どうでしたか。振り返ってノートに書きましょう。

・意見が出なかったときに、司会の〇さんが「近くの人と話し合う時間を２分取ります」と言ったことで、頭の中が整理できてよかった。
・１つに決めなくてはと思っていたけれど、〇さんが組み合わせてやることを提案してくれて、自分は思いつかなかったからいいなと思った。

〇話し合いを振り返って、落ち着いてから日常に戻るようにする。

よりよい授業へのステップアップ

視点を絞る

観察する立場の子供たちには、「役割を意識して」、「よいところを見つける」などの視点を示す。また、それらの気付きが、「みんなで話し合いブック」につながることを伝えておく。そうすることで、発見することに意欲をもたせ、建設的な意見として発表することにつなげる。また、相手を尊重しながら考えを示す風土をつくることで欠点を見つけた際に、発言の前に「アドバイスでもいいですか」などと述べる意識が育つ。

本時案

クラスみんなで決めるには 6/8

本時の目標

・話し合いの役割という視点から話し合いを振り返って、前時の話し合いのよい点と改善すべき点に気付くことができる。

本時の主な評価

・話し合いの役割に応じた、よりよい話し合いの進め方について考え、話し合おうとしている。

資料等の準備

・ノート記録のプリント
・撮影した映像

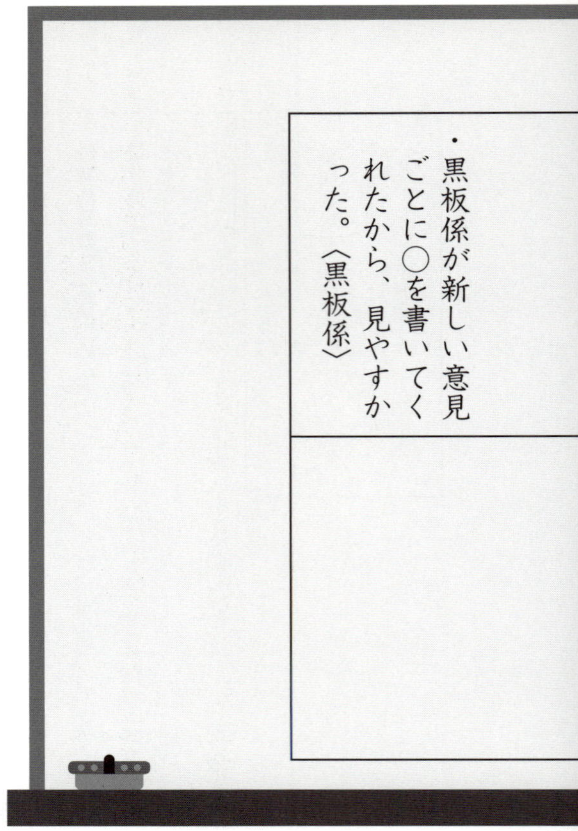

・黒板係が新しい意見ごとに○を書いてくれたから、見やすかった。〈黒板係〉

授業の流れ ▷▷▷

1 話し合いを文字と映像で改めて振り返る 〈20分〉

T　前回の話し合いを、ノート記録してもらったものを配ります。自分のグループの話し合いを、役割に注目しながら、映像と合わせて見て、よかったところや、次に気を付けたいことをメモしましょう。

・ノート記録の表が一目で見やすく工夫されている。

○話し合いのグループごとに映像が見られるように、場を設定する。

2 話し合いについて、気付いたことを交流する 〈20分〉

T　改めて話し合いを振り返って、どうでしたか。気付いたことを交流しましょう。

・ノート記録係さんが整理してくれた、意見の表が分かりやすかったです。黒板記録係さんも黒板に意見を書いてくれていたけれども、話し合いのときにみんなでこの表を見ることができたら、比べるとどうかというのが分かってよりよく話し合えたと思います。

○模造紙などを黒板に貼って板書し、次時に参考として使えるようにする。

役わりをいしきしながら話し合おう

クラスみんなで決めるには

1 話し合いをふり返ろう。

話し合いの役わりに注目して
・よかったこと
・次に気をつけたいこと

よかったこと	次に気をつけたいこと
・意見を整理した表くらべるとどうかというのが分かる。〈ノート記録係〉 ・ところどころで、そこまでに出た意見をまとめると、参加者が考えを整理しやすい。〈司会〉	・意見を整理した表をみんなで見る。 ・話が速すぎると、ついていけない。

3 本時の学習を振り返る　〈5分〉

T　話し合いを振り返って、どうでしたか。ノートに書きましょう。

・話し合っているときは、しっぱいしたなと思っていたけど、えいぞうを見たら意外に分かりやすく話せていると思ったし、意見を整理できていたと言ってもらえてよかったです。

〇振り返りを記述することで、自分や仲間の話し合いについて、考えをまとめられる。

よりよい授業へのステップアップ

多様性を認める環境としての教師

話し合う学習を行うにあたっては、日頃から学級で多様性を認める話し合いが行われているかを改めて見直したい。意見の対立をないものとしていないか、多数派の意見を十分な議論がないままに結論としていないか、あらかじめ決まった結論に導かせる形式的な話し合いをしていないか、教師の在り方も含めて、振り返る。“普通”と異なると感じられる意見の背景を聞く。表現力不足で誤解をされやすい子供の話を丁寧に引き出す。そうした教師の姿勢から、子供たちは多くを学んでいく。

本時案

クラスみんなで決めるには 7/8

本時の目標

・話し合いの振り返りを生かして、「みんなで話し合いブック」をまとめることができる。

本時の主な評価

❶比較や分類の仕方、必要な語句などの書き留め方を理解し、「みんなで話し合いブック」に使おうとしている。【知・技】

資料等の準備

・「みんなで話し合いブック」メモ用紙 03–02

・画用紙

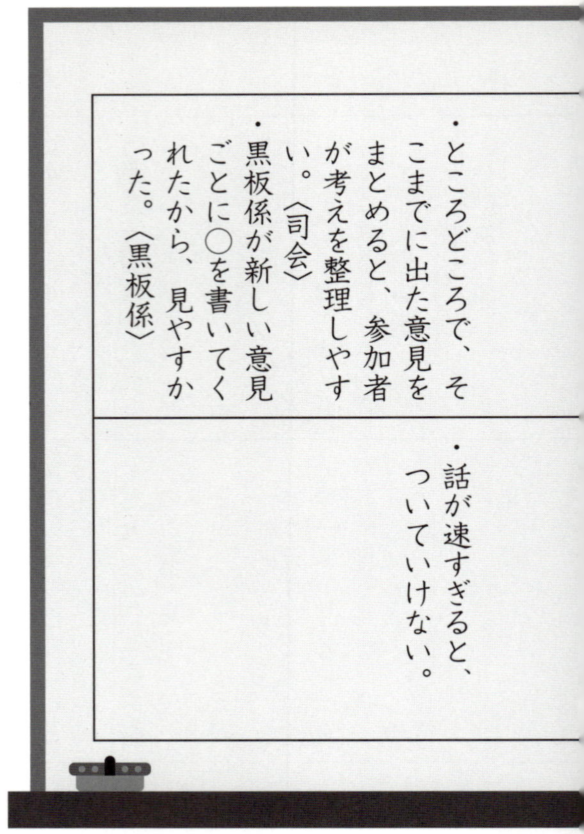
・ところどころで、そこまでに出た意見をまとめると、参加者が考えを整理しやすい。〈司会〉
・黒板係が新しい意見ごとに○を書いてくれたから、見やすかった。〈黒板係〉
・話が速すぎると、ついていけない。

授業の流れ ▷▷▷

1 「みんなで話し合いブック」を作るイメージをもつ 〈５分〉

T　話し合いのこつのメモを見直して、「みんなで話し合いブック」にまとめましょう。

・具体例が入っていると、後で使いやすいね。

・色鉛筆やカラーペンを使ってもいいですか。

○本時までの学習においての、「話し合いのこつ」を掲示しておく。

2 「みんなで話し合いブック」を作る 〈35分〉

T　どのように、まとめますか。

・はじめ、話し合い中、終わりの場面で分けて書いてみたい。

・司会、参加者、提案者の役割に注目して書いてみたい。

・イラストを入れて分かりやすく、楽しくしてみたい。

○自分がこの先使う「みんなで話し合いブック」となるように声掛けしていく。

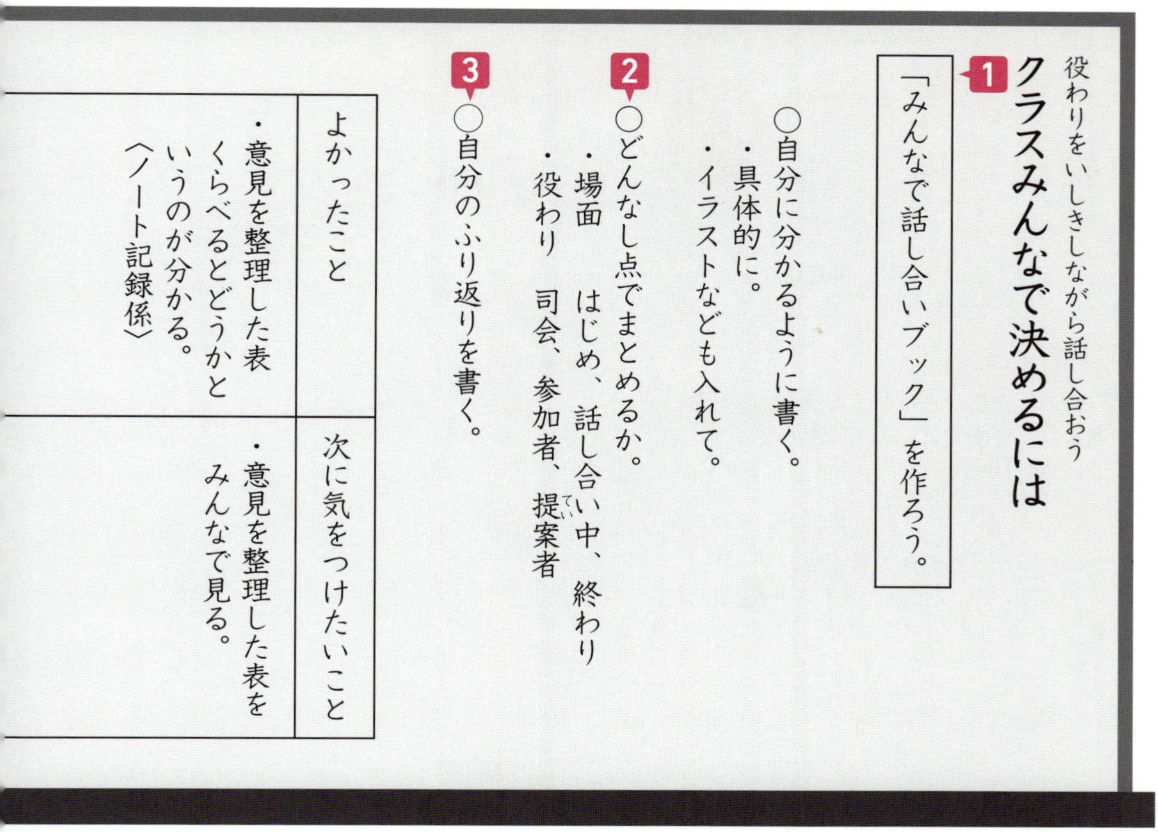

役わりをいしきしながら話し合おう
1
クラスみんなで決めるには
「みんなで話し合いブック」を作ろう。
○自分に分かるように書く。
・具体的に。
・イラストなども入れて。
2
○どんなし点でまとめるか。
・場面　はじめ、話し合い中、終わり
・役わり　司会、参加者、提案者
3
○自分のふり返りを書く。
よかったこと
・意見を整理した表くらべるとどうかというのが分かる。
〈ノート記録係〉
次に気をつけたいこと
・意見を整理した表をみんなで見る。

3 振り返る 〈5分〉

T　話し合いのこつを考えてきて、分かったことや思ったことを「みんなで話し合いブック」の最後に書きましょう。

・わたしは司会をするたびに、とてもきんちょうしていました。特に、話し合いが進まないとき、どうしたらいいだろうと思っていました。「相談する時間を2分取ります」「話し合いの時間はあと5分です」と言うと、みんな安心したりもう一度集中し直したりすることが分かったので、これから司会をするとき、使ってみたいです。

○話し合いの前後や振り返りの前後での変化を見取り、評価の記述に加えていく。

よりよい授業へのステップアップ

話を運ぶ役割

司会は、話し合いを進める役割をもつ。何について話し合うのか確認する、多くの意見が出るように考える時間を設けたり発言を促したりする、などの働きに、子供たちがよさを見いだしてほしい。

また、同時に、運んでいるのは、参加する全員でもあるという認識も必要であろう。意見を言う人に関心を向けて反応しながら聞く、分からないことを質問する、違う視点から考えて発言するといった一つ一つの前向きな参加が話し合いをよりよくしている。

本時案

クラスみんなで決めるには 8/8

本時の目標

・話し合いのこつについて、仲間のまとめから学び、考えを新たにすることができる。

本時の主な評価

④話し合いの役割に応じた、よりよい話し合いの進め方を考えていくことに関心をもとうとしている。【態度】

資料等の準備

・前時に作った「みんなで話し合いブック」 03-02
・付箋

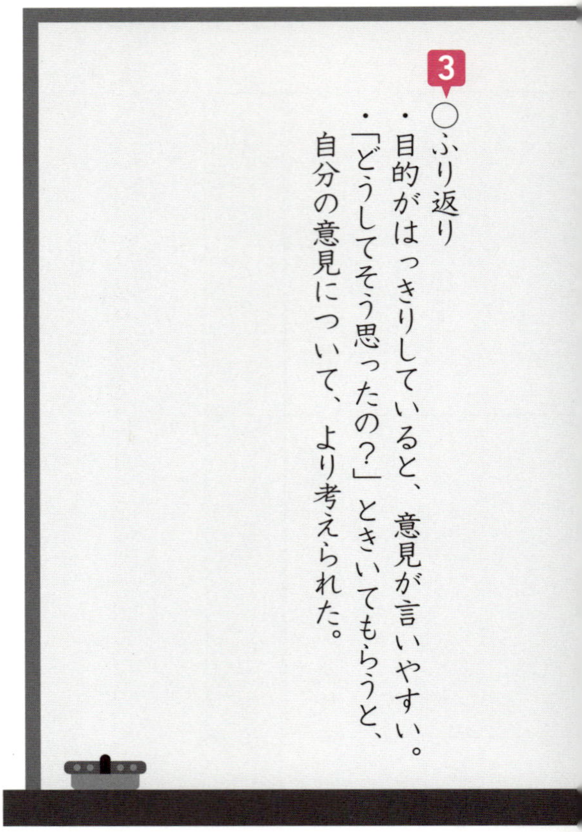

3
○ふり返り
・目的がはっきりしていると、意見が言いやすい。
・「どうしてそう思ったの？」ときいてもらうと、自分の意見について、より考えられた。

授業の流れ ▷▷▷

1 読み合う視点を確認する 〈５分〉

T　共通するところ、自分の「みんなで話し合いブック」にはないところ、アドバイスはないかという視点で、仲間の「みんなで話し合いブック」を読みましょう。伝えたいことを具体的に丁寧に付箋に書いて、相手のノートに貼ります。

・学習班以外の人のも読んでいいのですか。

○自分の机に「みんなで話し合いブック」と開いたノートを用意する。全員が自分の名前を書いた付箋を持って、読んで回り、よかったところを具体的に書く。同じ学習班の子には必ず書くなどのルールをあらかじめ伝える。

2 「みんなで話し合いブック」を読み合う 〈35分〉

T　よいところをたくさん見つけましょう。

・出てきた意見を司会がまとめるときに、種類やテーマに分類して示すというのをやってみたいと思った。
・具体例があって、使いやすそう。
・役割ごとに分かりやすくまとめている。
・参加者も話を運んでいるというのが自分にはなかった。
・絵があると、読みやすい。ずっと、持っていたくなる。

○付箋の言葉は、相手に敬意をもって書くことを促す。

役わりをいしきしながら話し合おう

クラスみんなで決めるには

1 「みんなで話し合いブック」を読み合おう。

・共通（きょう）するところ
・自分の「みんなで話し合いブック」にはないところ
・アドバイス

例

名前
出てきた意見を司会がまとめるときに、分類してしめすというのがおもしろい。わたしもやってみたいと思った。

3 「クラスみんなで決めるには」の単元を振り返る 〈5分〉

T　この学習を振り返って、思ったことや気付いたこと、次の話し合いに生かしたいことなどを書きましょう。

・目的がはっきりしていると、話し合いの方向が決まって、意見が言いやすいと感じた。
・「どうしてそう思ったの？」ときいてもらうと、自分の意見について、より考えられた。

○具体的に表せるように支援する。

よりよい授業へのステップアップ

振り返りを次に生かす

子供たちが今、話し合いたい議題を選んで、「みんなで話し合いブック」を作る目的をもって話し合いの学習をすることで、子供たちが主体的に学習に取り組めるようにしてきた。

「みんなで話し合いブック」をまとめたり読み合ったりする中で、話し合いを振り返り、言葉で表した。まとめたものを手元に置いて、時々見返し、次の話し合いに生かしてほしい。

資料

1 第3時　ワークシート 03-01

クラスみんなで決めるには

話し合いメモ

年　組　名前（　　　　）

ふり返り	自分の考え	目的	議題・提案理由

2 第７時 「みんなで話し合いブック」メモ用紙 03-02

クラスみんなで決めるには
みんなで話し合いブック

年　組　名前（　　　　）

場面 役わり							
目的							
具体例							

ふり返り

漢字の広場④　2時間扱い

〔知識及び技能〕(1)エ　〔思考力、判断力、表現力等〕B書くことエ

単元の目標

・教科書の挿絵を見て、自分たちの学校生活を紹介するための文章を書くことができる。

評価規準

知識・技能	❶第３学年及び第４学年の各学年においては、学年別漢字配当表の当該学年までに配当されている漢字を読むこと。また、当該学年の前の学年までに配当されている漢字を書き、文や文章の中で使うとともに、当該学年に配当されている漢字を漸次書き、文や文章の中で使うこと。(〔知識及び技能〕(1)エ)
思考・判断・表現	❷「書くこと」において、間違いを正したり、相手や目的を意識した表現になっているかを確かめたりして、文や文章を整えること。(〔思考力、判断力、表現力等〕Bエ)
主体的に学習に取り組む態度	❸読み手に伝わるように、正確な漢字を用いて文章を書こうとしている。また、漢字を使った言葉の組み合わせを工夫し、見通しをもって文章を書こうとしている。

単元の流れ

次	時	主な学習活動	評価
一	1	学習の見通しをもつ 教科書に載っている漢字を使い、学校の様子を紹介するというめあてを確認する。 教科書に示された漢字の読み方を確認する。 教科書の挿絵を見て、学校の様子を漢字を用いて文章にして書く。	❶❷
二	2	学習を振り返る ３年生に向けて、自分たちの学校を紹介するための文章を書く。 書いた学校の紹介文を学級内で共有する。 ３年生に見せることを考え、よりよい文章にするにはどのようにしたらよいかを考える。	❸

授業づくりのポイント

〈単元で育てたい資質・能力〉

「3年生で習った漢字を正確に書けること」が本単元のねらいである。漢字を用いて文章を書くことに慣れるためにも、楽しく漢字を学べる工夫が必要である。また、3年生に紹介するという活動を取り入れることで、読み手に分かりやすいような文章を書くという目的意識をもつこともできる。3年生がこれから学習する漢字に興味をもてるような表現ができるようにしたい。

具体例

本単元は、これまでに学習した漢字を思い出しながら、学校生活を振り返ることのできる構成になっている。まずは、教科書に載っている挿絵を見ながら文章を考える。その発展として、自分たちの学校生活の様子を表現し、3年生に向けて発表する。「3年生がこれからの学校生活に興味をもつためには、どんな文章を作ればよいでしょう」といった声掛けも有効である。

〈教材・題材の特徴〉

ここでの文章作りは、「学校生活」がテーマとなっている。学びの対象が身近なものであるとき、子供は学習に意欲をもつ。「学校」は、子供たちにとって身近なものであり、イメージもしやすい。日頃の生活を思い返しながら文章を作ることができる。教科書の挿絵を見て文章を考えることから発展して、自分たち自身の「学校生活」を文章化していく活動を設定できる。

具体例

挿絵の中に「算数」や「体育」の学習をしている場面がある。本単元を学習する際に、算数や体育でちょうど取り組んでいる内容を文章化することが有効である。このことにより、他教科の学びを振り返ることもできる。

例：「長方形の面積をもとめる公式は、たて×横です。」
　「校庭で50m 走の記録をとりました。ぼくのタイムは7秒58でした。」
　「5年生になると委員会活動が始まります。わたしは図書委員になりたいです。」

〈言語活動の工夫〉

子供にとって身近な「学校」がテーマであり、内容面でも興味をもてるようになっている。それに加え、「3年生に学校のことを紹介する」活動を行うことで、文章を作る目的がはっきりする。「漢字の広場」は3年生の漢字の復習ができる構成となっている。クイズ等も取り入れながら、3・4年生が楽しみながら交流できる場にしたい。縦割り活動の一環としても、本単元での学びを生かすことができるだろう。

具体例

子供の文章例として、以下のようなものが考えられる。

○4年生の算数では、どんなことを学ぶと思いますか。

○この間のそう合の時間に、4年生は遊びについて学びました。昭和や平成初期の遊びについて、ちいきの方へインタビューした内ようをしょうかいします。

○体育では、リレーをやっています。4年生でも大縄に取り組んでいます。八の字とびのコツは、ならんでいるときに前の人と間を空けないことと、次の人がとびやすいように気をつけながらとぶことです。

本時案

漢字の広場④

1/2

本時の目標

・３年生までに学習した漢字を用いて、条件に合った文章を書くことができる。

本時の主な評価

❶既習の漢字を書き、文や文章の中で使っている。【知・技】
❷間違いを正したり、相手や目的を意識した表現になっているかを確かめたりして、文や文章を整えている。【思・判・表】

資料等の準備

・教科書 P.42の挿絵を拡大したもの

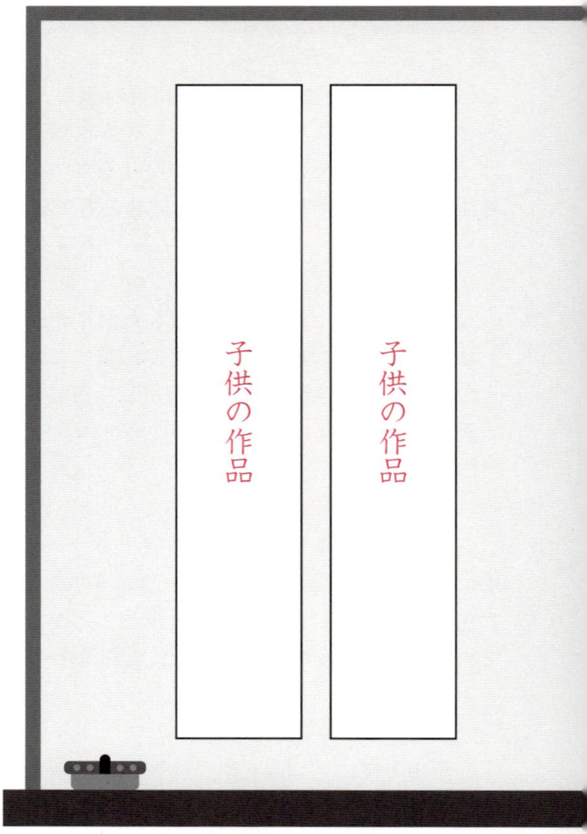

授業の流れ ▷▷▷

1 本時のめあてと学習活動を確認する〈５分〉

T　教科書に載っている学校の様子を紹介する文章を書きます。
○教科書の挿絵を見て、学校の様子を紹介する文章を作る。
○３年生までに習った漢字を用いて書く。

2 漢字の読み方を確認する〈10分〉

○教科書に載っている漢字の読み方を確認する。
T　ここに載っているのは３年生までに習った漢字です。読み方を確認していきましょう。
○学級の実態に応じて教科書では示されていない読み方も確認する。

神（かみ）	神話（しんわ）
問（と）い	問題（もんだい）
庭（にわ）	校庭（こうてい）

など

漢字の広場④

学校の様子をしょうかいしよう。

1

教科書P.42の挿絵

2

神　かみ　　神話　しんわ

問い　とい　　問題　もんだい

庭　にわ　　校庭　こうてい

3

【例】

○図書室には、神話や童話などの物語だけではなく、伝記や図かんなど、たくさんの種類の本があります。

○ちいきの人がゲストティーチャーとして来校なさいました。昭和の遊びについて教えていただきました。

3　3年生までに学習した漢字を用いて文章を書く　〈30分〉

T　教科書に載っている学校の様子を紹介する文章を漢字を使って書きましょう。

・図書室には、神話や童話などの物語だけではなく、伝記や図かんなど、たくさんの種類の本があります。

・ちいきの人がゲストティーチャーとして来校なさいました。昭和の遊びについて教えていただきました。

よりよい授業へのステップアップ

教科書には載っていない漢字も用いて書く

本時では、教科書の挿絵を見て文章を作ることになっている。挿絵には3年生までに学習した漢字がいくつか載っているが、1・2年生で学習した漢字や4年生ですでに学習している漢字を用いて文章を書いてもよい。

パソコンで文章を作ることの多い時代であるが、漢字を知らなければ誤った言葉で文章を作ってしまうこともある。

漢字を学習する意義についても、本単元で触れておくとよい。

本時案

漢字の広場④

2/2

本時の目標

・書いた文章を互いに読み、感想を伝え合うことができる。

本時の主な評価

❸読み手に伝わるように、正確な漢字を用いて文章を書こうとしている。【態度】

資料等の準備

・教科書 P.42の挿絵を拡大したもの

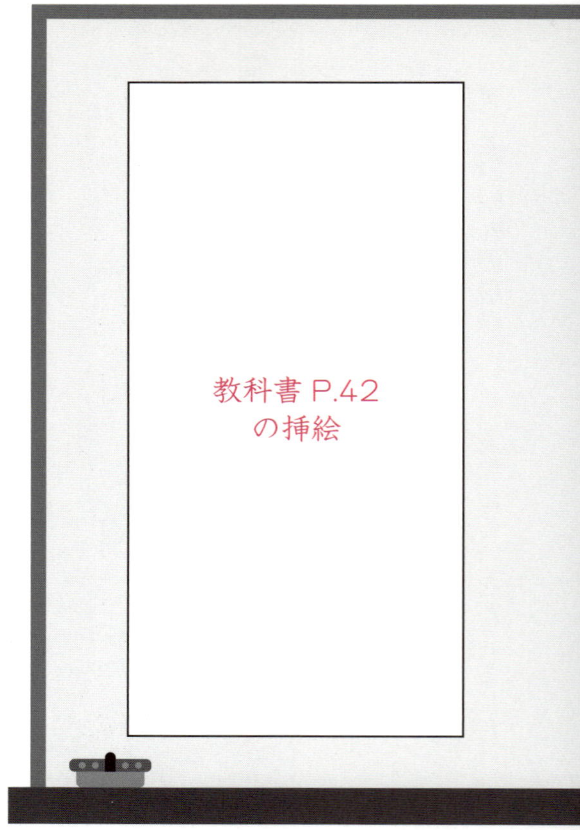

授業の流れ ▷▷▷

1 自分たちの学校を紹介する文章を書く 〈20分〉

T　前の時間は教科書に載っている学校を紹介する文章を書きました。今日は、自分たちの学校を紹介する文章を書きます。教科書に載っていない漢字を使って書いてもよいですよ。

・図書室には、司書の先生がいらっしゃいます。読みたい本をさがしてくれることもあります。
・体育館は広いです。体育のじゅ業や全校朝会のときに使います。
・コンピュータ室には、最新のパソコンが置いてあります。

2 互いの文章を読み、感想を伝え合う 〈20分〉

T　自分たちの学校を紹介する文章を読んで、感想を伝え合います。相手の文章のよいところを伝えましょう。また、正しく漢字が書けているかも確認してあげましょう。

・私たちの学校のことがよく分かる文章だと思う。
・たくさん漢字を使っている。
・保健室に、心の本があるのは知らなかったな。

漢字の広場④

自分たちの学校のしょうかい文を発表しよう。

2 ☆読み合うときのポイント

・おたがいのよいところを伝える。
・漢字が正しく書けているかをかくにんする。

☆発表の手順

・生活はんの中で、自分の書いた文章をしょうかいする。
・はんの代表者を決める。
・はんの代表者が、みんなに発表する。

子供の作品

子供の作品

3 学習の振り返りをする 〈５分〉

T　前の時間も含めて、３年生の漢字を使って文章を作った感想をノートに書きましょう。

・学校のことをしょうかいするのはおもしろい。
・漢字を使って書くのは意外とむずかしい。けれど、こうやって文章の中で使っていると、漢字をわすれずにいられると思う。
・学校だけじゃなくて、他のことをしょうかいする文章を書くのもいいかもしれない。

よりよい授業へのステップアップ

３年生に向けて学校紹介をする

本単元で書いた学校紹介文は、総合的な学習の時間や縦割り活動等の時間を活用して、３年生に紹介できるとよい。「３年生に学校紹介をする」という明確な目的をもつことで、漢字を学ぶことにも意欲をもてるようにしたい。

2 中心となる語や文を見つけて要約し、調べたことを書こう

世界にほこる和紙／【じょうほう】百科事典での調べ方／伝統工芸のよさを伝えよう （16時間扱い）

〔知識及び技能〕(2)イ　〔思考力、判断力、表現力等〕B書くことウ、C読むことア、ウ　関連する言語活動例B(2)ア

単元の目標

・引用の仕方や出典の示し方、辞書や事典の使い方を理解し使うことができる。
・調べたことから自分の考えをもち、考えを支える理由や事例との関係を明確にして、書き方を工夫することができる。
・筆者の考えが分かるように、文章の組み立てを捉え、中心となる語や文を見つけて要約することができる。

評価規準

知識・技能	❶調べたことを文章に書くために、引用の仕方や出典の示し方、辞書や事典の使い方を理解して使っている。(〔知識及び技能〕(2)イ)
思考・判断・表現	❷「書くこと」において、調べたことから自分の考えをもち、考えを支える理由や事例との関係を明確にして、書き方を工夫して書いている。(〔思考力、判断力、表現力等〕B(1)ウ) ❸「読むこと」において、段落相互の関係に着目しながら、筆者の考えとそれを支える理由や事例との関係などについて叙述を基に捉えている。(〔思考力、判断力、表現力等〕C(1)ア) ❹「読むこと」において、筆者の考えが分かるように、中心となる語や文を見つけて要約している。(〔思考力、判断力、表現力等〕C(1)ウ)
主体的に学習に取り組む態度	❺地域や国の伝統工芸についてまとめるという学習の見通しをもちながら取り組んでいる。

単元の流れ

次	時	主な学習活動	評価
一	1～5	学習の見通しをもつ 様々な無形文化遺産を紹介し、「世界にほこる和紙」を読んで、感想をもつ。 自分たちが、和紙を作るという伝統工芸に対してどのように思ったか話し合ったり、筆者がどのような和紙に対する思いをもっているかを読み取ったりする。 和紙のよさについて要約し、読み合い、よいところや問題点を出し合う。	❸❹
二	6	地域や日本の無形文化遺産や伝統工芸の中から、自分が関心をもったものを調べて、書いてまとめるという学習の見通しをもち、自分が調べるものを決める。	❺
	7～10	実際に調べたことの引用の仕方や出典の示し方、辞書や事典の使い方を理解し、調べたことを記録・保存する。 地域や日本の無形文化遺産や伝統工芸の中から、自分が関心をもったものを調べる。	❶❺

	11 〜 15	調べたことを文章にまとめるための構成を考える。 調べたことから自分の考えをもち、考えを支える理由や事例との関係を明確にして書き方を工夫して書く。※書き方の工夫には、リーフレット、新聞形式、レポート形式等を選択することも含む。 書いたものを読み返して、伝えたいことが伝わるかどうか等を確かめたり、修正したりする。	❶❷ ❺
三	16	**学習を振り返る** 書いたものを読み合って、感想を伝え合い、自分の文章のよいところを見つける。	❷

授業づくりのポイント

〈単元で育てたい資質・能力〉

本単元のねらいは、読むことと書くことの複合単元であり、読むことを支えにして、書く能力を身に付けることに重点を置く。

そのために、文章の中で、筆者の考えや中心となる語や文を見つけて読むという能力が必要である。本教材は、「筆者がどんなところを誇りに思っているか」という発問をすることによって、筆者の和紙に対する思いと和紙のよさの両面が関係付けられて読めるようになる。さらに、書くこととしては、調べて書くためには、辞書や事典等を読む必要がある。インターネットによる情報にも頼る必要が出てくる。インターネットの情報にも確かなものや不確かなものはあるが、４年生の力でそこを見分けることは能力以上を要求することになる。本単元では、引用の仕方や出典を明らかにするということを重視したい。

また、国の無形文化遺産について知ることも必要であるが、４年生という発達段階を考慮すると、地域（区市町村及び都道府県）の伝統工芸に関心をもたせることも大切である。

> 無形文化遺産について
> 　文化庁ホームページを参照にすることができる。(www.bunka.go.jp)

〈言語活動の工夫・他教材との関連〉

要約に関しては、上巻「思いやりのデザイン」や「アップとルーズで伝える」でも学習しているので、想起させたい。書き方を工夫するというところで、形式を選択させるという方法がある。教科書では、リーフレットが紹介されている。リーフレットは、「２つ折りていどのかんたんなもの」とあるので、それほど分量はない。ただ、調べていくうちに、情報が多くなってしまい、要約が難しいという場合も想定できる。また、調べたことをたくさん書きたいという子供もいる。そのため、引用や出典のことをきちんと押さえたうえで、新聞形式やレポート形式（横書き）でも構わないというように、選択肢を広げることも考えて指導したい。

> **具体例**
> ・上巻「新聞を作ろう」、「パンフレットを読もう」を参考に新聞にすることやパンフレット及びリーフレットにすることを関連付けると、言語活動に取り組みやすい。
> ・基本的には、１人でまとめることになるが、模造紙などに大きく書くという活動にして、同じテーマの友達と数人での共同作業も可能である。

本時案

世界にほこる和紙／【じょうほう】百科事典での調べ方／伝統工芸のよさを伝えよう

1/16

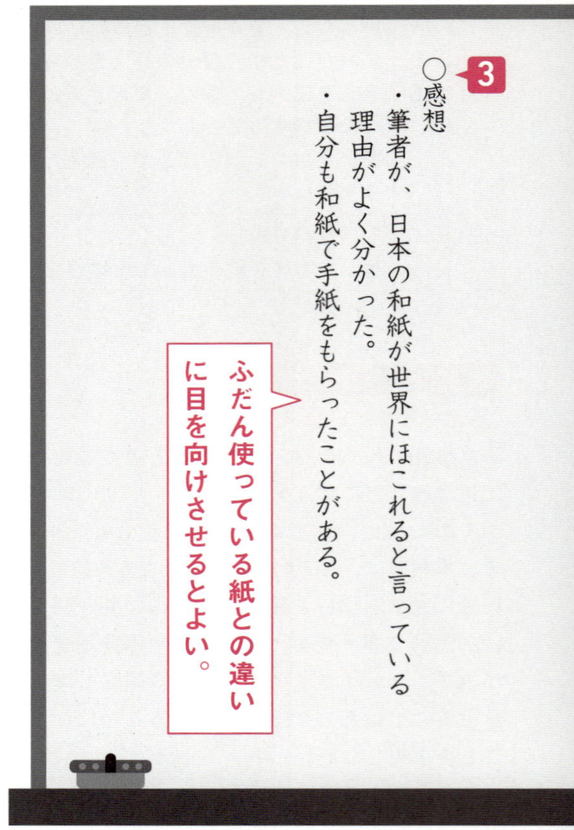

3
○感想
・筆者が、日本の和紙が世界にほこれると言っている理由がよく分かった。
・自分も和紙で手紙をもらったことがある。
ふだん使っている紙との違いに目を向けさせるとよい。

本時の目標

・「世界にほこる和紙」を読んで、初発の感想を書くことができる。

本時の主な評価

・「世界にほこる和紙」を読んで、初発の感想をもっている。

資料等の準備

・無形文化遺産の写真

授業の流れ ▷▷▷

1 無形文化遺産について知る 〈15分〉

○無形文化遺産の写真を提示して、無形文化遺産に関心をもつ。

T　この写真、何が写っているか分かりますか（無形文化遺産のロゴや歌舞伎、日本料理、和紙等）。

T　無形文化遺産です。教科書44ページに詳しく説明がありますので、読んでみましょう。

・日本にも無形文化遺産がたくさんあるんだ。

・昔から作られているものが価値を認められるってすごいことだな。

2 「世界にほこる和紙」を読む 〈20分〉

○「世界にほこる和紙」を読んでみましょう。

T　先生が読みます。段落の初めに番号を振っていきましょう。また、読み方が分からない漢字には読み仮名を振りましょう。

○段落に番号を振っていく。

T　いくつ段落がありましたか。

○新出漢字や意味の分からない語句を確かめる。

T　次に、自分のペースで声に出して読んでみましょう。

世界にほこる和紙

増田（ますだ） 勝彦（かつひこ）

1 ○写真に写っているものは何だろう。

無形文化遺産
（むけいぶんかいさん）

世界的に価値のある無形の文化。伝統工芸や芸能が対象となる。

2 「世界にほこる和紙」を読んで、感想を書こう。

○段落に番号をふる。
十段落

○新しい漢字や分からない語句には線を引く。

新しい漢字
芸（ゲイ）、無（ム）、械（カイ）、
以（イ）、博（ハク）、管（カン）、
便（ビン）、孫（まご）

あまり時間をかけない。

3 初発の感想を書く 〈10分〉

○「世界にほこる和紙」を読んだ感想を発表する。

T 「世界にほこる和紙」を読んで、どんな感想をもちましたか。

・筆者の増田さんが、どうして日本の和紙を世界に誇れるものとして認めているのかが分かりました。

・私も誕生日におばあちゃんから和紙のはがきでお祝いのメッセージをもらったことがあります。今でも大切にとってあります。

よりよい授業へのステップアップ

「本物」に触れる

　できれば、実物の和紙を準備して、洋紙との違いを比べてみて、感想をもたせることをしたい。筆者の感じ方と自分の感じ方を比較して、筆者の考え方をどう思うか考えることで、筆者の考え方に寄り添って文章を読むことが期待できる。

感想の観点を選択する

　文章を読んだ率直な感想を書くことも大切である。一方で、①和紙についての感想、②筆者の考え方についての感想など、観点を選択して書くことで、何に着目しているかが分かる。

本時案

世界にほこる和紙／【じょうほう】百科事典での調べ方／伝統工芸のよさを伝えよう

2/16

本時の目標

・「世界にほこる和紙」を読んで、筆者の思いを読み取ることができる。

本時の主な評価

❸「世界にほこる和紙」を読んで、筆者の思いとその理由を叙述を基に読み取っている。【思・判・表】

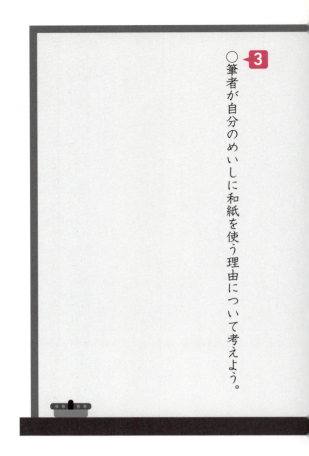

資料等の準備

・特になし

3 ○筆者が自分のめいしに和紙を使う理由について考えよう。

授業の流れ ▷▷▷

1 筆者の思いに着目して文章を読む 〈15分〉

○筆者の思いに着目して、文章を読む。

T　昨日の感想で、筆者の増田さんがどんな思いで、和紙を世界に誇っているかが分かったという感想がありました。どの段落に書いてあるのかに気を付けて、もう一度本文を読んでみましょう。

・全員で音読したり、グループで段落ごとに音読したりする。

2 筆者の思いを読み取る 〈20分〉

○筆者の思いが分かる叙述を発表する。

T　筆者の増田さんが、和紙のどんなところを世界に誇れると書いてあるか分かりましたか。分かるところを発表してください。

・２段落で和紙を誇りに思うと言っています。

・和紙のよさについて、やぶれにくく、長持ちするということについて、3、4、5、6段落で述べています。

・今から1300年も前から和紙が使われていることも、誇りに思っていると思います。

世界にほこる和紙

増田（ますだ）勝彦（かつひこ）

1 筆者の和紙に対する思いに着目して読もう。

2 ○筆者の和紙に対する思い

①ほこりに思っている。

理由
・作っているところが二百か所ほどある。
⇔
・ヨーロッパでは、一か国に一、二か所。

★なぜ、今も二百か所ほどのこっているのか。

筆者の考え
・わたしたちが（日本人が）、和紙の風合いを美しいと感じ、自分の気持ちを表す方法として和紙を選んでいるから。

②多くの人によさを知ってもらいたい。

理由
・洋紙とくらべるとやぶれにくい。
・長もちする。

★なぜ、やぶれにくく長もちするのか。

筆者の考え
・せんいの長さのちがい
（糸のようなもの）
・作り方のちがい

①と②の間はあけておき、理由の考えが入るようにする。

3 筆者が名刺に和紙を使う理由を読み取る 〈10分〉

○筆者が名刺に和紙を使う理由を読み取る。

T　筆者が和紙について誇りに思っていること、やぶれにくく長持ちするから多くの人に知ってもらいたいことやその理由について、分かりましたね。他にはありませんか。

・筆者は、自分の名刺にも和紙を使っています。

T　そのことから、筆者のどんな思いが伝わりますか。考えてノートに書いてみましょう。

よりよい授業へのステップアップ

筆者が和紙の歴史を述べる理由を問う

筆者は、やぶれにくく長持ちする事例として、正倉院の文書や平安時代の短歌にも使われていたことを挙げている。6段落や8段落がなくても、文章の組み立てとしてはつながるが、より自分の考えを確かなものとして伝えたい場合に、このような事例を出して説得力をもたせていることを指導することも必要である。

ただ、歴史を学習する以前の段階であるため、「およそ1300年前」や「1万点以上ものこっている」という数字に着目させていけばよい。

本時案

世界にほこる和紙／【じょうほう】百科事典での調べ方／伝統工芸のよさを伝えよう 3/16

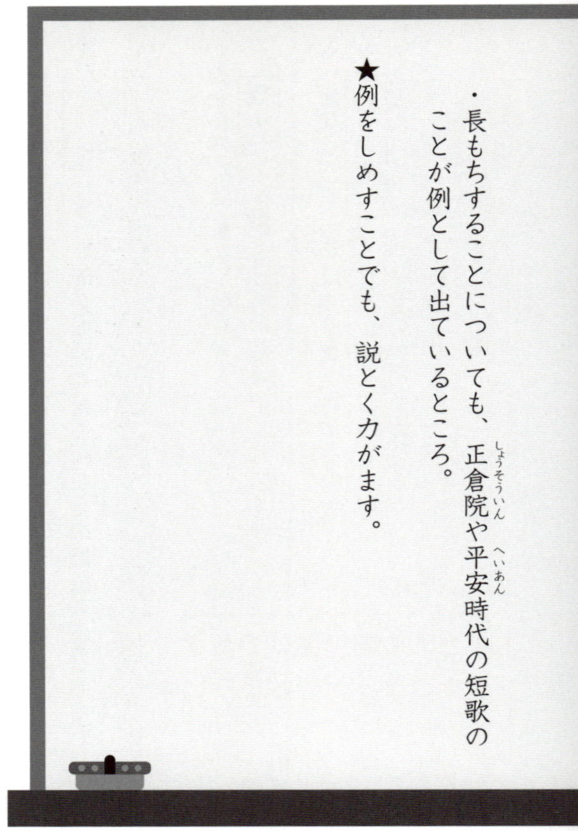

・長もちすることについても、正倉院（しょうそういん）や平安（へいあん）時代の短歌の
ことが例として出ているところ。
★例をしめすことでも、説とく力がます。

本時の目標

・「世界にほこる和紙」を読んで、筆者の思いと伝え方の工夫を読み取ることができる。

本時の主な評価

❸「世界にほこる和紙」を読んで、筆者の思いとその理由を叙述を基に読み取っている。【思・判・表】

資料等の準備

・特になし

授業の流れ ▷▷▷

1 筆者が名刺に和紙を使う理由を確かめる 〈10分〉

○筆者の思いを伝えるための工夫に着目して文章を読む。

T　昨日のまとめで、筆者の増田さんが自分の名刺に和紙を使っている理由を書きましたね。発表してもらいましょう。

・出会いを大切にしたいという気持ちを込めている。

・お年玉袋にも使って、孫にもぬくもりや美しさを喜んでもらおうと思っている。

T　そうですね。自分も使っていることを示すことで、読み手にどんな効果がありますか。

2 筆者の思いを伝えるための工夫に着目して読む 〈20分〉

○筆者が和紙のよさや和紙に対する誇りを伝えるための工夫に着目して読む。

T　筆者が和紙を自分で使っていることを示して読み手に説得力があるという効果が分かりました。その他に書き方の工夫があるでしょうか。読んで見つけてみましょう。

○音読、黙読どちらでもよいが、できれば音読させたい。理由としては、読んでいるつもりになったり、筆者の言葉に耳を傾けたりするためである。

世界にほこる和紙

増田（ますだ）　勝彦（かつひこ）

1
○筆者が自分のめいしに和紙を使う理由についてたしかめよう。
・出会いを大切にしていることが伝わる。
・自分も使っていて、和紙のよさを実感していることが伝わる。
・孫のお年玉ぶくろにも使っている。
↓ぬくもりや美しさをよろこんでもらいたい。

★自分が使っていることをしめすことで、読み手により和紙のよさが伝わる。説とく力がある。

2
筆者の和紙に対する思いの伝え方の工夫を読み取ろう。

3
○筆者が思いを伝えるために工夫しているところ
・世界とくらべたり世界で使われたりしている例を出しているところ。

3 筆者が書き方を工夫しているところを確かめる 〈15分〉

○筆者が思いを伝えるために書き方を工夫したところを発表する。

T 筆者が和紙への思いを伝えるために書き方を工夫したところは見つかりましたか。

・見つかりました。世界と比べたり世界で使われたりしている例を出しているところです。

・長持ちすることについても、正倉院や平安時代の短歌のことが例として出ています。

T 筆者のように、例を示すことによって、自分の伝えたいことに説得力が増していきますね。

よりよい授業へのステップアップ

一人一人の意見を学級全体に共有する

本時のように、答える内容が叙述の中にあるときは、全員で答えが特定できたり、全員が答えを見つけられたりする。そのような授業場面で発表する際は、何ページの何行目かを言わせることで、自分と同じだったり叙述に着目する習慣が付いたりする。

要約につなげる

要約につなげるためには、要点を押さえる必要がある。筆者の思い、それを支える理由や事例に線を引いておくと段落相互の関係にも着目できる。

本時案

世界にほこる和紙／【じょうほう】百科事典での調べ方／伝統工芸のよさを伝えよう

4/16

本時の目標

・「世界にほこる和紙」を読んで、筆者の考えが分かるように、文章の組み立てを捉え、中心となる語や文を見つけて要約することができる。

本時の主な評価

❹「世界にほこる和紙」を読んで、筆者の考えが分かるように要約している。【思・判・表】

資料等の準備

・教師が要約したよい見本と悪い見本の文章（よいほうがA、悪いほうがB）　05-01

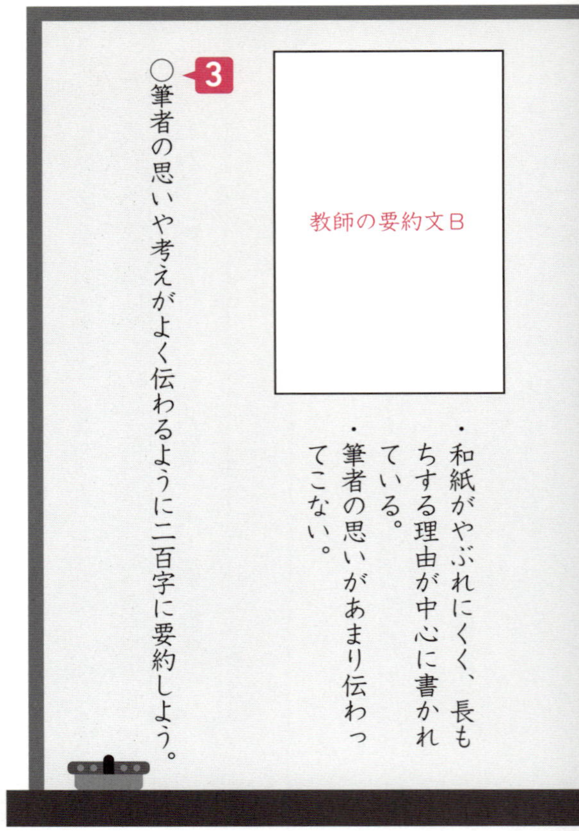

教師の要約文B
・和紙がやぶれにくく、長もちする理由が中心に書かれている。
・筆者の思いがあまり伝わってこない。
3
○筆者の思いや考えがよく伝わるように二百字に要約しよう。

授業の流れ ▷▷▷

1 要約で気を付けることを想起する 〈10分〉

○筆者の思いに寄り添って要約することをめあてにもつ。

T　これまで、筆者の和紙に対する思いに寄り沿って文章を読んできましたね。この文章を400字程度に要約した文章があります。どちらがよりよい要約した文章か考えてもらいます。その前に、要約するときに気を付けることは何だったでしょうか。

○上巻「思いやりのデザイン」を要約したときを想起する。

2 「世界にほこる和紙」を要約する課題を理解する 〈20分〉

○２つの要約した文章を比べて、どちらがよりよく要約できているかを話し合う。

T　先生がこの要約した文章を２つ準備しました。AとBのどちらの文章がよりよく要約できていると思うか、考えましょう。

・Aは、筆者が和紙のどこをよいと思っているかが中心に書かれているね。

・うん、そうだね。Bは、和紙がやぶれにくく長持ちする特徴や作り方の話が多いね。

○筆者の考えや思いに寄り添って要約することを確かめる。

世界にほこる和紙

増田（ますだ）勝彦（かつひこ）

1 ○要約するときに気をつけること
～思いやりのデザイン～

要約のポイント
・話題について明らかにする。
・大事なこと（話題の中心）は必ず書く。
・まとめの文がある。
＋
・分量に合わせて短くまとめる。
・文章全体も分かりやすい構成（こう）になっている。

「思いやりのデザイン」で学習した要約のポイント

2 二つの要約した文章をくらべて、よりよい要約の文章について考えよう。

教師の要約文Ａ

・筆者が和紙のどこがよいと思っているのかを中心に書いている。
・筆者が読み手に一番伝えたいことが書いてある。

3 「世界にほこる和紙」を200字に要約する 〈15分〉

○筆者の思いに寄り添って、文章を200字程度に要約する。

T　Ａのほうが、筆者の思いに寄り添っていて、よりよく要約されていることが確認できました。それでは、みなさんの力だけで、この文章を200字に要約できますか。

・先生の要約を参考にしてもいいのですか。

T　いいですよ。それは、400字ありますからその半分ということですね。

よりよい授業へのステップアップ

段落意識をもたせる

第１時に段落に番号を振っている。小見出しを付けることまではする必要はないが、文章の組み立てを捉えたり、中心となる文や語を見つけたりするためには、何段落に書いてあるかということを意識して読んだり、発言させたりすることが大切である。

教師も同じ言語活動をする

教師が同じ言語活動を行うことは、子供がどこでつまずくかを予測できるという利点がある。また、学習材として、教材をより目の前の子供に近づけることにも効果的である。

本時案

世界にほこる和紙／【じょうほう】百科事典での調べ方／伝統工芸のよさを伝えよう

5/16

本時の目標

・友達の要約の感想やよさを見つけて伝えることができる。

本時の主な評価

・友達の要約の感想やよさを見つけて伝え合っている。

資料等の準備

・前時の3の活動で子供が書いた要約文

05–02

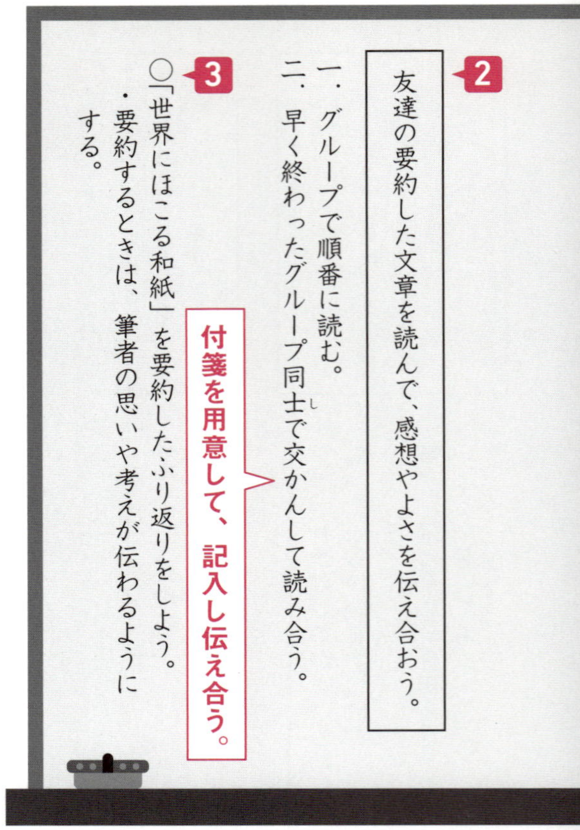

2
友達の要約した文章を読んで、感想やよさを伝え合おう。
一．グループで順番に読む。
二．早く終わったグループ同士で交かんして読み合う。
付箋を用意して、記入し伝え合う。
3
○「世界にほこる和紙」を要約したふり返りをしよう。
・要約するときは、筆者の思いや考えが伝わるようにする。

授業の流れ ▷▷▷

1 前時の3の活動で書いた要約文からよいものを見合う 〈15分〉

○前時の3の活動で要約した文章から教師が数点選び、よいところを伝え合う。

T　前回、200字に要約した文章の中から、3人の要約した文章を選びました。どんなところがよいか、みんなで読んで伝え合いましょう。

・①は、筆者がみんなに知ってもらいたい和紙のよさを３つ強調している。

・②は、文章は短いけれど、筆者が和紙を生活の中で使ってほしいことに注目している。

・③は、日本の和紙を作る技が、世界に認められたことが中心になっている。

2 それぞれの要約について感想を伝え合う 〈20分〉

○友達の要約文を読んで、感想を伝え合う。

T　見本で読んだ要約文は、それぞれによいところがありましたね。よく見つけました。今度は、友達の要約文を読んで、よいところを見つけて伝え合いましょう。

○グループを決めて輪読して伝え合ったり、自由にペアを組んで読み合わせたりするなど、学級の実態に合った読み合い方でよい。

世界にほこる和紙　増田（ますだ）勝彦（かつひこ）

1 ○三つの二百字要約文を読んで、よいところを見つけよう。

特長が明らかな文章を選んでおく。

要約文①

・筆者がみんなに知ってもらいたい和紙のよさを三つ強調している。

要約文②

・文章は短いけれど、筆者が和紙を使ってほしいことに注目している。

要約文③

・日本の和紙を作るわざが世界にみとめられたことが中心になっている。

3 「世界にほこる和紙」を要約した学習を振り返る 〈10分〉

○「世界にほこる和紙」を要約した学習を振り返る。

T　感想やよさの伝え合いがよくできていましたね。要約することのよい学習ができました。それでは、「世界にほこる和紙」を要約した学習を振り返ってみましょう。

○時間があれば、発言させてもよい。時間がない場合は、書かせる。書かせたものは、一覧にして配布する。

よりよい授業へのステップアップ

見本は複数準備する

1の活動では、３つの見本を読む設定になっている。見本は、複数準備しておいたほうがよい。理由は、選択するという意識が主体性につながったり、課題を自分事にすることになったりするためである。

振り返りは共有する

本時の最後に振り返りを発表したり書いたりする活動がある。本時で読む活動は終わりになるが、振り返りが共有されないことが懸念される。教師が読むだけでない工夫が必要である。

本時案

世界にほこる和紙／【じょうほう】百科事典での調べ方／伝統工芸のよさを伝えよう 6/16

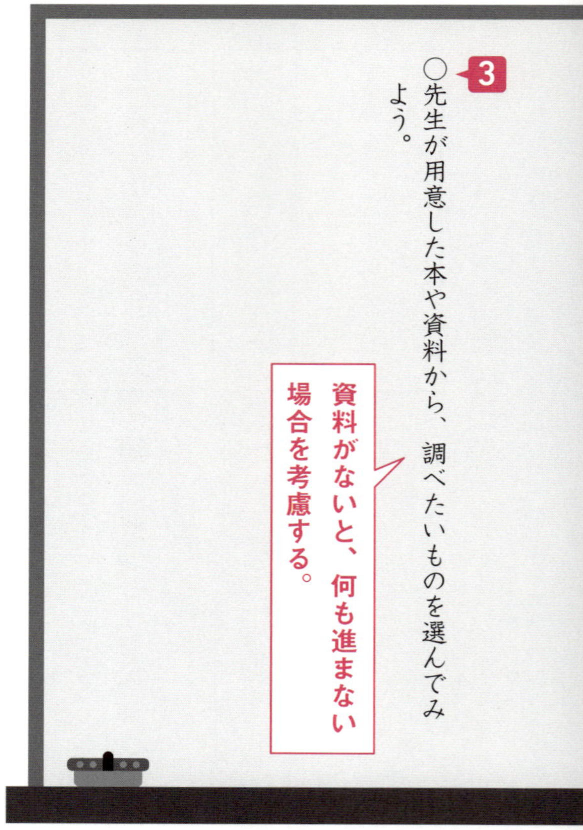

3
○先生が用意した本や資料から、調べたいものを選んでみよう。
資料がないと、何も進まない場合を考慮する。

本時の目標

・地域や国の伝統工芸についてまとめるという学習の見通しをもちながら取り組むことができる。

本時の主な評価

❺地域や国の伝統工芸についてまとめるという学習の見通しをもちながら取り組んでいる。【態度】

資料等の準備

・第1時に活用した無形文化遺産の写真等
・見通しワークシート 💿 05–03

授業の流れ ▷▷▷

1 伝統工芸のよさを伝える学習について確かめる 〈15分〉

○筆者のように伝統工芸のよさを伝える学習をすることを確かめる。
T　みなさんは、筆者のように世界に誇りに思える伝統工芸を知っていますか。
・今はよく分かりません。
・前に授業で写真を見ました。
○第1時で提示した写真を再び示す。
T　これらの他にも、国にはたくさんの伝統工芸があります。もちろん、この地域にもありますよ。

2 伝統工芸のよさを伝える見通しをもつ 〈15分〉

○地域や国の伝統工芸のよさを伝えるための見通しをもつ。
T　今はあまり伝統工芸については分かりませんが、みなさんだって興味をもてる伝統工芸のことを調べれば、よさを伝えられると思いますよ。
○伝統工芸のよさを伝えるための見通しと、手順を子供とともに確認する。
T　それでは、調べてまとめる学習です。どのように学習を進めていけばよいでしょうか。

1

伝統工芸のよさを伝えよう

第一時で見せた写真を提示する。

○他にはどんな伝統工芸があるかな。（ちいき・国）

・和紙や日本料理のように形で表されるもの

・歌舞伎のように形で表されないもの

2

ちいきや国の伝統工芸のよさを伝えるために、見通しをもとう。

一、自分が調べたい伝統工芸を決める。
二、調べ方を決める。
三、資料を集める。
四、資料から必要なじょうほうを選ぶ。
五、まとめ方を決める。
六、じょうほうを整理してまとめる。（書く。）
七、まとめたものを読み直す。
　　まとめたものをみんなで読み合う。

ワークシートを用意するが子供と確かめながらでもよい。

3 教師が準備した本や資料から興味を引く 〈15分〉

○教師が準備した本や資料から調べたい伝統工芸を見つける。

T いきなり調べなさいと言っても難しいと思いますので、先生がいくつかの本と資料を用意しました。その中から、「これおもしろそうだな」というものを見つけてみましょう。

・なまはげはテレビで観たことがあるな。これおもしろそうだな。

・だるまは、お正月に神社に売っていたな。どうやって作っているんだろう。

よりよい授業へのステップアップ

見通しと振り返りのある調べ学習

調べ学習では、子供が調べることに集中してしまい、どのくらいの時間でどのように調べるかが分からないで学習する場合がある。学習の時間配分や手順を確かめて進めることは、学習に見通しをもつうえで、大変重要である。

さらに、そのような時間配分や手順で調べ学習を進められているかということを自らが振り返られるように、見通しと振り返りが一体となったワークシートを準備して、主体的な学習を支援したい。

本時案

世界にほこる和紙／【じょうほう】百科事典での調べ方／伝統工芸のよさを伝えよう 7/16

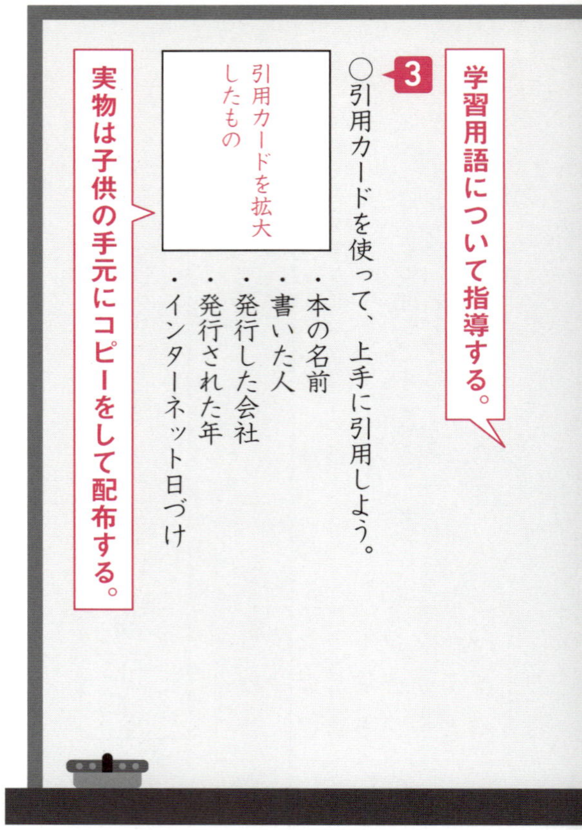

学習用語について指導する。
3
○引用カードを使って、上手に引用しよう。
・本の名前
・書いた人
・発行した会社
・発行された年
・インターネット日づけ
引用カードを拡大したもの
実物は子供の手元にコピーをして配布する。

本時の目標

・調べたことを文章に書くために、引用の仕方や出典の示し方、辞書や事典の使い方を理解することができる。

本時の主な評価

❶調べたことを文章に書くために、引用の仕方や出典の示し方、辞書や事典の使い方を理解している。【知・技】

資料等の準備

・見通しワークシート 05–03
・引用カード（拡大したものと配布用） 05–04
・前時に示した伝統工芸の資料
・教師の見本（教科書の見本でも可）

授業の流れ ▷▷▷

1 伝統工芸について調べるものを確認する 〈10分〉

○自分が調べようと思っている伝統工芸について確認する。

T　みなさんは、調べようとする伝統工芸について大体決まりましたか。

・おせち料理を調べようと思います。
・だるまについて調べようと思います。

○調べ方を確かめる。

T　どのように調べますか。

・本やインターネットで調べます。

2 教師のものを参考にして、引用や出典の示し方を知る 〈20分〉

○教師が事前に作成しておいた伝統工芸を調べてまとめたものを示す。

T　先生も、興味があった伝統工芸について調べてみました。これを見て、どんなことを載せているか参考にしてみましょう。

・なぜ、その伝統工芸に興味をもったのか書かれています。
・調べた本やインターネットについて詳しく書かれています。

T　そうだね。調べたことを文章に書くとき、資料のものをそのまま書き写すことを、「引用」と言います。

伝統工芸のよさを伝えよう

1 マグネット式のネームカードで手際よく確認する。

○自分が調べるもの

前時に教師が提示した資料A	前時に教師が提示した資料B
前時に教師が提示した資料C	前時に教師が提示した資料D

2

伝統工芸のよさを伝えるために、どんなじょうほうをのせているかを知ろう。

○調べ方

・図書　・インターネット　・インタビュー

○先生が用意したリーフレットにのっているじょうほう

・調べた理由
・調べた結果
・写真やくわしい説明

調べたことをそのまま書き写すことを「引用」と言う。
調べた本やじょうほうの元を「出典」と言う。

3 引用カードの使い方を理解する〈15分〉

○引用カードを示して、引用や出典の示し方や辞書や事典の使い方を理解する。

T　先生は、この「引用カード」を使って、調べたことの中から大切だなと思ったことを、記録しておきました。どんなことが書いてありますか。

・本の名前や書いた人の名前があります。
・インターネットで調べたものは、インターネットの検索先が載っています。
・調べた日付も書かれています。

よりよい授業へのステップアップ

教師が見本を示す

要約の学習でも、教師が文例を示したが、書くことの学習でも、教師が積極的に、見本を示すことを心掛けたい。理由としては、どの程度の時間がかかって完成するか、レイアウトはどのようなことに気を付ければよいか、写真や文章をどのような分量にするかなど、内容面に関することがある。一方で、支援が必要な子供に対しても参考になるという面がある。

本時案

世界にほこる和紙／【じょうほう】百科事典での調べ方／伝統工芸のよさを伝えよう 8・9・10／16

本時の目標

・地域や国の伝統工芸についてまとめるという学習の見通しをもちながら取り組むことができる。

本時の主な評価

❺地域や国の伝統工芸についてまとめるという学習の見通しをもちながら取り組もうとしている。【態度】

資料等の準備

・引用カード（拡大したものと配布用） 05–04
・見通しワークシート 05–03
・教師の見本（教科書の見本でも可）

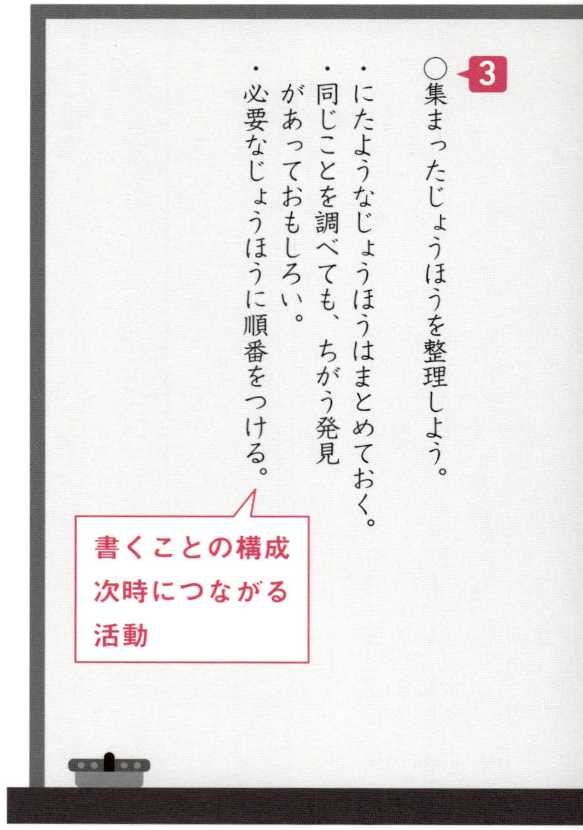

3
○集まったじょうほうを整理しよう。
・にたようなじょうほうはまとめておく。
・同じことを調べても、ちがう発見
があっておもしろい。
・必要なじょうほうに順番をつける。
書くことの構成
次時につながる
活動

授業の流れ ▷▷▷

1 引用カードの使い方を確認する〈第８時〉

○引用カードの使い方を確認する。

T　それでは、今回から、本やインターネットを使って、自分が興味をもった伝統工芸について調べていきますよ。引用カードの使い方は大丈夫ですね。

・引用するものは、そのまま書き写します。
・１枚の引用カードには、１つの情報だけを載せます。

2 各自、伝統工芸について調べる〈第８・９・10時〉

○各自、伝統工芸について、本やインターネットを使って調べる。

T　調べることが同じ人同士で、情報交換してもよいですから、たくさんのよい情報を集めましょう。

○同じ伝統工芸を調べる人同士で、情報が共有できるように、座席などを配慮する。
板書内の〇〇や◇◇には、調べるものが入る。

伝統工芸のよさを伝えよう

1 ○引用カードの使い方

引用カードを拡大したもの

・本の名前
・書いた人
・発行した会社
・発行された年
・インターネット日づけ

時間をかけずに行う。

2 伝統工芸のよさを伝えるために、調べて記録しよう。

○○グループ

◇◇グループ

△△グループ

☆☆グループ

教師の見本

手に取って見やすいように置く。

3 集まった情報について、整理する〈第10時〉

○自分が集めた資料や引用カードの情報を整理する。

T　自分が調べたい伝統工芸について、十分に資料が集まりましたか。自分が集めた資料や引用カードの情報から、必要な情報の順位を付けましょう。

・似ている情報については、まとめて書くことができそうだな。

・自分では見つからなかったけど、同じ伝統工芸を調べてもいろいろと情報があるな。

よりよい授業へのステップアップ

見通しワークシートで振り返る

調べ学習になると、調べっぱなしで授業が終わることもある。本単元では、引用カードがあるが、見通しワークシートを活用して、どのような情報がどのくらい集まっているかを時間ごとに振り返る時間をもちたい。

見通しワークシートでは、学習の進度を自分で管理して見通しをもって学習することが目的だが、例えば、「意欲的に取り組めたか」「前回調べたことをさらに詳しく調べることができたか」というような観点を示して行うのも、学びの連続性を意識させる。

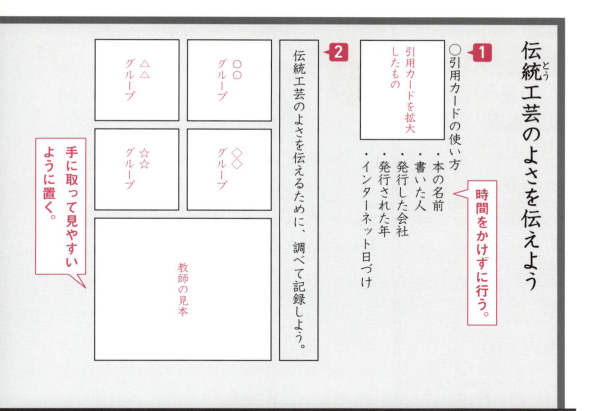

本時案

世界にほこる和紙／【じょうほう】百科事典での調べ方／伝統工芸のよさを伝えよう 11/16

本時の目標

・地域や国の伝統工芸についてまとめるという学習の見通しをもちながら取り組むことができる。

本時の主な評価

❺地域や国の伝統工芸についてまとめるという学習の見通しをもちながら取り組もうとしている。【態度】

資料等の準備

・構成表
・見通しワークシート 05-03
・教師の見本（教科書の見本でも可）の拡大

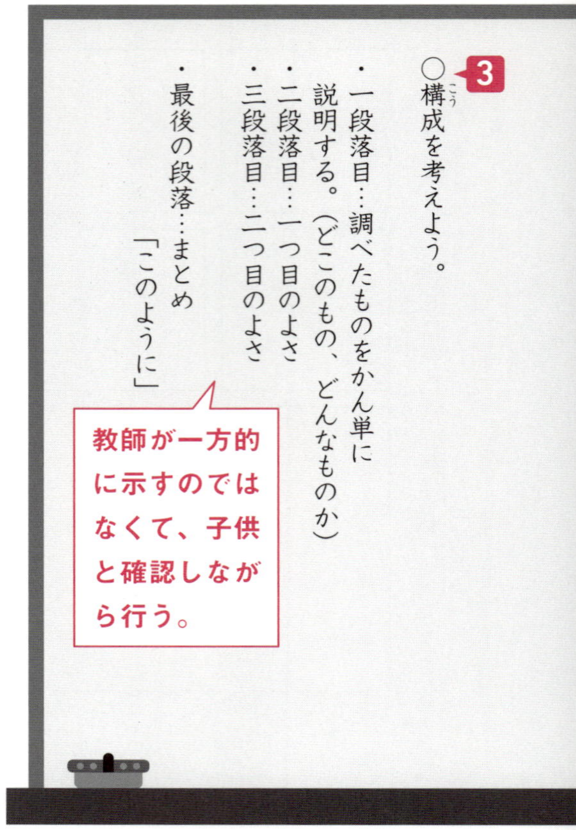

3
○構成を考えよう。
・一段落目…調べたものをかん単に説明する。（どこのもの、どんなものか）
・二段落目…一つ目のよさ
・三段落目…二つ目のよさ
・最後の段落…まとめ「このように」
教師が一方的に示すのではなくて、子供と確認しながら行う。

授業の流れ ▷▷▷

1 リーフレットにまとめるというめあてをもつ 〈5分〉

○リーフレットにまとめるというめあてをもつ。

T それでは、自分が調べた伝統工芸についてリーフレットにまとめていきますよ。引用カードや資料は手元にありますか。

T めあてを確認します。

2 教科書や教師の見本を参考にする 〈15分〉

○教科書や教師の見本を見て、どんな構成になっているかを参考にする。

T それでは、教科書56ページの「博多おり」や先生のリーフレットを参考にしてみます。どんな情報が載っているか、どんな順序で組み立てられているかに注目してみましょう。

・１段落目は、「博多おり」がどういうものかを簡単に説明している。
・「博多おり」の魅力を、使いやすさと美しさで、段落を分けて紹介している。
・最後に、〈参考〉を付けている。

伝統工芸のよさを伝えよう

1 伝統工芸のよさを伝えるために、リーフレットにまとめよう。

まとめ方は、クラスで統一しても、各自で決めてもよい。

見本に線を引いたり○をつけたりする。

2 ○見本を参考にしよう。

・一段落目は、「博多おり」が、どういうものか説明している。
・「博多おり」のみりょくを使いやすさと美しさで、段落を分けている。
・写真が四まいもあって、言葉だけでは分かりにくいところを分かりやすくしている。
・〈参考〉があって、引用したものの出典が明らかになっている。
・最後の段落は、「このように」を使って、まとめている。

教師の見本
もしくは
教科書の見本

3 構成を考える 〈25分〉

○段落の役割を確認する。

T 伝統工芸のよさを伝えるために、どのような構成にすればよいかを考えましょう。教科書の例では、使いやすさと美しさを段落を分けて伝えていますね。１段落目や最後の段落にも役割がありますね。

・１段落目は、紹介するものを簡単に説明する。
・よさを段落を分けて紹介する。
・最後の段落は「このように」を使ってまとめる。

○各自、構成を考える。

よりよい授業へのステップアップ

引用カードで構成する

構成では、文章を書かずに、どんなよさを伝えたいのか、どのような順序にするのかを考えるようにしたいため、引用カードを操作して考えるようにしたい。

順序を考える

例えば、「博多おり」は、なぜ使いやすさ、美しさの順番なのかを考えさせてもよい。「世界にほこる和紙」も丈夫で長持ちが最初に説明してあり、美しさは後ろであったことなども考えさせることで、漠然と構成するのではなく、意味を考えるようになる。

本時案

世界にほこる和紙／【じょうほう】百科事典での調べ方／伝統工芸のよさを伝えよう 12・13・14／16

本時の目標

・調べたことから自分の考えをもち、考えを支える理由や事例との関係を明確にして、書き方を工夫して書くことができる。

本時の主な評価

❷調べたことから自分の考えをもち、考えを支える理由や事例との関係を明確にして、書き方を工夫して書いている。【思・判・表】

資料等の準備

・記述用紙（罫線入りか無地）
・見通しワークシート 💿 05-03
・教師の見本（教科書の見本でも可）の拡大

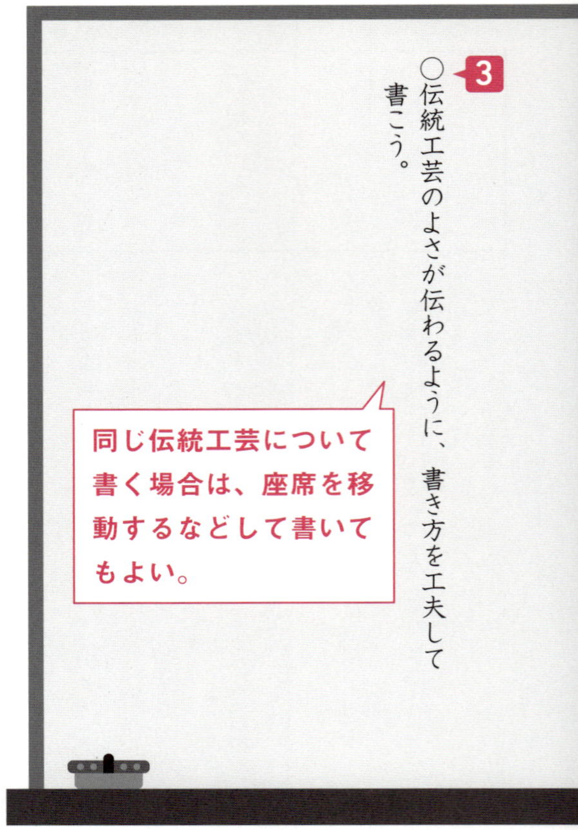

3
○伝統工芸のよさが伝わるように、書き方を工夫して書こう。
同じ伝統工芸について書く場合は、座席を移動するなどして書いてもよい。

授業の流れ ▷▷▷

1 リーフレットにまとめるというめあてをもつ 〈第12時〉

○書き方を工夫してリーフレットにまとめるというめあてをもつ。

T　それでは、自分が調べた伝統工芸について書き方を工夫してリーフレットにまとめていきましょう。書き方を工夫するというのはどういうことか分かりますか。

・教科書の例では、使いやすさの説明に、「例えば」という言葉を使って説明しています。
・写真のようにと書いたり、写真を（　　）の中に入れているやり方もあります。

2 どのようなリーフレットにしたいのか自分のめあてをもつ 〈第12時〉

○これまでの学習で、どのようなリーフレットが伝統工芸を紹介するのにふさわしいかを確かめて、自分のめあてをもつ。

T　自分はどんなリーフレットにしたいか考えてめあてをもちましょう。

・自分が感じたよさを強調したいな。
・今、どのように使われているかを写真入りで載せよう。
・○○の魅力を伝えられるような文章にしよう。

伝統工芸のよさを伝えよう

1

伝統工芸のよさを伝えるために、書き方を工夫して、リーフレットにまとめよう。

まとめ方は、クラスで統一しても、各自で決めてもよい。

2

○自分のめあてをもとう。

教師の見本
もしくは
教科書の見本

・一段落目…調べたものをかん単に説明する。（どこのもの、どんなものか）
・二段落目…一つ目のよさ
・三段落目…二つ目のよさ
・最後の段落…まとめ「このように」
・説明に合った写真を使う。

これまで学習してきたものを提示する。

3 教科書や教師の見本を参考にして書く 〈第12・13・14時〉

○教科書や教師の見本を参考にして、構成に気を付けて書き始める。

T それでは、前回の構成を生かして、リーフレットにまとめていきましょう。教科書や先生のものを参考にしてもよいですからね。

○各自、記述する。

よりよい授業へのステップアップ

これまでの学習を提示する

子供たちが、書き始めたら、教師は書くことを中断させて指導することを、できるだけ控えたい。そのために、書き方や学習の履歴、子供が見て分かるように提示したり、掲示したりしておくとよい。

柔軟な学習過程

書くことは、取材、構成、記述という学習過程が学習指導要領に示されているが、これは、一方通行な学習過程を促しているのではなく、取材が足りなければ、再度調べたり、構成をし直したりすることを想定しておく。

本時案

世界にほこる和紙／【じょうほう】百科事典での調べ方／伝統工芸のよさを伝えよう 15/16

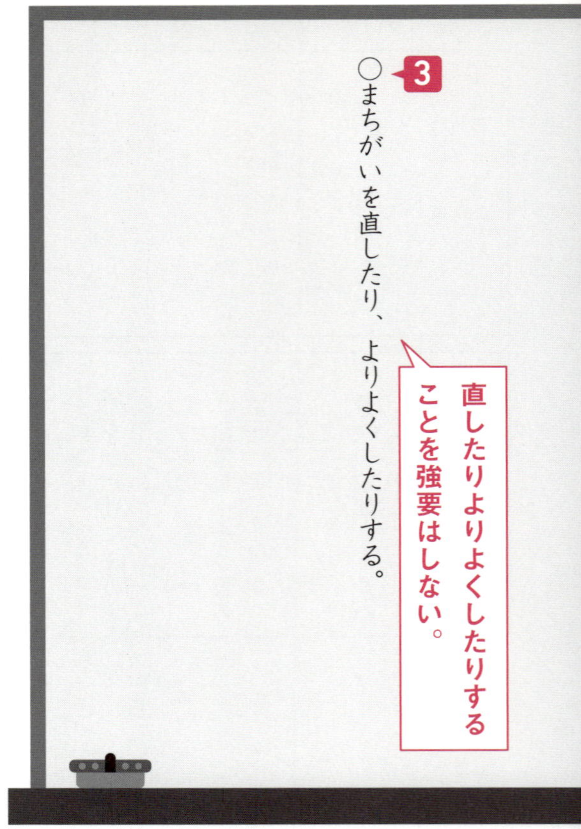

3
○まちがいを直したり、よりよくしたりする。
直したりよりよくしたりすることを強要はしない。

本時の目標

・調べたことから自分の考えをもち、考えを支える理由や事例との関係を明確にして、書き方を工夫して書くことができる。

本時の主な評価

❷調べたことから自分の考えをもち、考えを支える理由や事例との関係を明確にして、書き方を工夫して書いている。【思・判・表】

資料等の準備

・記述用紙（罫線入りか無地）
・見通しワークシート 05-03
・教師の見本（教科書の見本でも可）の拡大

授業の流れ ▷▷▷

1 自分が書いた文章を推敲する観点を確認する 〈10分〉

○自分が書いた文章を推敲する観点を確かめる。

T　リーフレットができ上がった人、もう少しででき上がりそうな人がいますね。まだ、でき上がっていない人も、自分が書いたものを推敲しながら進めていきます。推敲ってどんなことだか分かりますか。

・文章に間違いがないか読み直すことです。
・もっと、よい文章にできるところがないか探すことです。

T　よく分かっていますね。文字の間違いだけでなく、自分が伝えたいことが書かれているかも確かめるとよいですね。

2 自分が書いた文章やリーフレットを推敲する 〈10分〉

○自分の文章を推敲したり、リーフレット全体を読み直したりする。

T　リーフレットを書く前に、自分はどんなリーフレットにしたいかというめあてを考えましたね。そのようなリーフレットになっているかということもよく読み直してみましょう。

・こっちの写真のほうが、○○の魅力が伝わるかな。
・よさが２つあるけど、やっぱりこちらを強調しようかな。

伝統工芸のよさを伝えよう

1

伝統工芸のよさを伝える文章やリーフレットをすいこうしよう。

○すいこうするポイント

これまで学習してきたものを想起させる。

・文字にまちがいがないか。
・表現のおかしいところはないか。
・自分が伝えたいことが書かれているか。
・自分のめあては達成できているか。

2

○各自すいこうする。

3 文章やリーフレットをよりよくする〈25分〉

○文章やリーフレットをよりよくする。

T　推敲してみて、直したいところとか、もっとよくしたいところは見つかりましたか。

・はい、ありました。

・いいえ、ありませんでした。

T　それでは、直すところやよりよくしたいところがあった人は、直したりよくしたりしましょう。なかった人は、先生に見せてください。

よりよい授業へのステップアップ

教師が質問する

文章やリーフレットを推敲して、特に、直すところやよりよくしたいところがない子供もいる。そのような子供は、教師が評価するのではなく、質問をすることで、自分の書いた文章を見る目を耕してやる。質問の観点は、「自分がどんなめあてをもっていたか」や「そのめあては、どのように達成できたか」、「伝えたかったところは、どこに書かれているか」などがよい。また、書かれたものを褒めることも忘れてはいけない。

本時案

世界にほこる和紙／【じょうほう】百科事典での調べ方／伝統工芸のよさを伝えよう 16/16

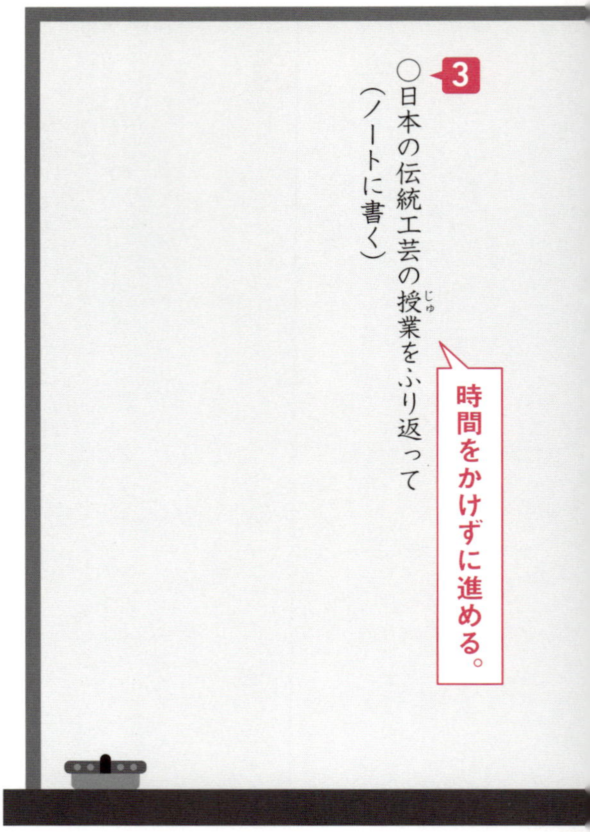

3
○日本の伝統工芸の授業をふり返って
（ノートに書く）
時間をかけずに進める。

本時の目標

・調べたことから自分の考えをもち、考えを支える理由や事例との関係を明確にして、書き方を工夫して書くことができる。

本時の主な評価

❷調べたことから自分の考えをもち、考えを支える理由や事例との関係を明確にして、書き方を工夫して書いている。【思・判・表】

資料等の準備

・見通しワークシート 05-03
・感想を伝え合う付箋かメモ用紙

授業の流れ ▷▷▷

1 リーフレットを読み合う観点を確かめる 〈5分〉

○友達が書いたリーフレットを読み合う観点を確かめる。

T　みなさん、リーフレットができましたね。自分が立てためあては達成できましたか。

・○○の魅力が伝わるようにできたと思います。

・説明と写真が合うようにできたと思います。

T　それは、よかったですね。今日は、友達が書いたリーフレットを読み合って、お互いによいところを見つけて感想を伝え合います。口頭でもよいのですが、せっかくだから記録に残るように、付箋に書いて渡しましょう。

2 リーフレットを読み合う 〈30分〉

○リーフレットを読み合う。

T　リーフレットを書く前に立てためあてや、自分が書き方を工夫したところを伝えて読み合いましょう。

・ぼくは、○○の使いやすさと丈夫さが伝わるように、文章を書きました。

・○○の使いやすさと丈夫さが分かるような資料を使っていて、よいと思います。

伝統工芸のよさを伝えよう

1
伝統工芸のよさを伝えるリーフレットを読み合って感想を伝え合おう。

2
○よいところを見つけよう。
・めあてを伝える。
・書き表し方で工夫したところを伝える。
○ふせんの使い方

・聞いたことをもとに、よいところを書いて伝える。
・アドバイスがあってもよい。

これまで学習してきたものを想起させる。

3 単元の振り返りをする 〈10分〉

○単元全体を振り返る。

T それでは、伝統文化を伝えるリーフレット作りに取り組んだ単元を振り返ってみて、自分は、どんな力が付いたと思いますか。

・私は、引用カードの使い方が分かって、自分が必要だなと思った資料を整理して、引用することができました。
・ぼくは、日本の伝統文化が、こんなにたくさんあることを知ることができてよかったです。
・私は、どうすれば分かりやすく魅力を伝えられるかを考えて書き表すことができました。

○発言できる人数は制限があるため、ノートに書くように指示する。

よりよい授業へのステップアップ

より多くの実の場を設定する

子供たちは、相手・目的意識が明確であると、書く意欲やよりよく書き表そうという態度が高まる。単元冒頭で、教示することも大切であるが、書き始める前や調べている最中に、調べたことをどのように発信したいかを確認しながら進めるとよい。通常考えられるのは、学友、保護者、学年、全校児童である。学校の外に向けて発信することはなかなか難しい。だが、学習の中で、それに従事している方に見てもらいたい等の要望が出ることも期待したい。

資料

1 第４時　教師が要約したよい見本と悪い見本の文章　05-01

教師の要約文Ａ

二〇一四年、和紙を作る日本の伝統的なぎじゅつが、ユネスコの無形文化遺産に登録された。筆者は、日本の和紙をほこりに思っていて、より多くの人によさを知ってもらいたいと考えている。

筆者は、和紙のよさを三つ挙げている。一つ目は、洋紙とくらべて、やぶれにくいということ、二つ目は長もちするという点である。例として、およそ千三百年前の和紙に書かれた文書がたくさんのこっていたり、日本だけでなく、世界の博物館や美術館などで、古くからある絵画や手紙の修復にも使われたりしていることを挙げる。三つ目は、風合いと美しさがある和紙は、自分の気持ちを表す方法の一つとして選んで使われてきたというよさを挙げる。およそ千年前の平安時代には短歌を書くときは、美しくかざられた和紙が使われていた。筆者も自分のめいしや孫にお年玉をあげるときなどに使っている。

筆者は、みんなにも世界にほこる和紙を、生活の中で使ってほしいと考えている。（３９９字）

教師の要約文Ｂ

二〇一四年、和紙を作る日本の伝統的なぎじゅつが、ユネスコの無形文化遺産に登録された。筆者は、日本の和紙が、無形文化遺産に登録されたことをほこりに思っている。

筆者は、和紙が無形文化遺産に登録された理由は、洋紙とくらべて、やぶれにくく、長もちするからだと書いている。紙のやぶれにくさは、せんいの長さのちがいが関係している。紙は、そこにふくまれるせんいが長いほど、よりやぶれにくくなる。和紙は、洋紙とくらべるととても長いせんいでできているので、やぶれにくいというとくちょうがある。和紙が長もちするのは、洋紙ほど高い温度にすることはなく、薬品もあまり使わない作り方だからである。よりおだやかなかんきょうで作られている和紙は、時間がたっても紙の成分が変化しにくいから長もちする。

日本には、人の手で和紙を作っている所が、今も、二百か所ほどあるので、これからも生活の中で、和紙を使ってほしいと考えている。（３９５字）

2 第５時　子供が書いた要約文　05-02

２００字要約文例①

筆者は、ユネスコの無形文化遺産に登録された日本の和紙をほこりに思っていて、より多くの人によさを知ってもらいたいと考えている。

筆者は、和紙のよさとして、一つ目は、洋紙とくらべて、やぶれにくいということ、二つ目は長もちすること、三つ目は、風合いと美しさがあり自分の気持ちを表す方法の一つとして選んで使われてきたというよさを挙げる。筆者は、みんなにも世界にほこる和紙を、生活の中で使ってほしいと考えている。

（２００字）

２００字要約文例②

筆者は、より多くの人に世界にほこる和紙を、生活の中で使ってほしいと考えている。

和紙のよさは、洋紙とくらべて、やぶれにくいことや長もちすることがある。他にも、風合いと美しさがあり、自分の気持ちを表す方法の一つとして使われてきた。筆者も自分のめいしや孫にお年玉をあげるときなどに使っている。（１４３字）

２００字要約文例③

和紙を作る日本の伝統的なぎじゅつは、無形文化遺産に登録された。筆者は、日本のわざが世界にみとめられたということで、和紙をほこりに思い、より多くの人に和紙のよさを知ってもらいたいと思っている。和紙は、洋紙とくらべて、やぶれにくく、長もちするため、昔の文書が読めたり、古くから絵画や手紙の修復にも使われたりしている。また、風合いと美しさは、自分の気持ちを表す方法の一つとして選んで使われてきた。（１９５字）

3 第6～16時　見通しワークシート 05-03

伝統工芸のよさを伝えよう　学習の見通しとふり返り

年　組　名前（　　　）

回	月／日	学習活動	学習のふり返り
一	／	自分が調べたい伝統工芸を決める。調べ方を決める。	
二	／	資料を集める。	
三	／	資料から必要なじょうほうを選ぶ。	
四	／	まとめ方を決める。	
五	／	じょうほうを整理してまとめる。（書く。）	
六	／	まとめたものを読み直す。	
七	／	まとめたものをみんなで読み合う。	

4 第7・8・9・10時　引用カード 05-04

引用カード　　（名前　　　　）

調べていること

本の名前

発行年

ちょ者（本を書いた人の名前）

発行した会社

インターネットのサイト名・調べた日づけ

分かったことを一つだけ引用（そのまま写す）します。

ページ（　　　）

慣用句　2時間扱い

〔知識及び技能〕(3)イ　〔思考力、判断力、表現力等〕B書くことア、オ

単元の目標

・慣用句の意味を理解し、正しく使うことができる。

評価規準

知識・技能	❶長い間使われてきたことわざや慣用句、故事成語などの意味を知り、使っている。(〔知識及び技能〕(3)イ)
思考・判断・表現	❷「書くこと」において、相手や目的を意識して、経験したことや想像したことなどから書くことを選び、集めた材料を比較したり分類したりして、伝えたいことを明確にしている。(〔思考力、判断力、表現力等〕Bア) ❸「書くこと」において、書こうとしたことが明確になっているかなど、文章に対する感想や意見を伝え合い、自分の文章のよいところを見つけている。(〔思考力、判断力、表現力等〕Bオ)
主体的に学習に取り組む態度	❹学習課題に沿って、慣用句を使うことや調べることに進んで関心をもとうとしている。

単元の流れ

時	主な学習活動	評価
1	学習の見通しをもつ 4年◯組の慣用句辞典を作ることを知り、慣用句の意味を調べ、例文を作る。	❶❷
2	学習を振り返る 作った慣用句辞典のページを読み合い、学習を振り返る。	❸❹

授業づくりのポイント

〈単元で育てたい資質・能力〉

本単元のねらいは、長い間使われてきた慣用句の意味を知り、慣用句の例文を作る活動を通して、慣用句を使うことに親しむことである。慣用句を使うことによって、表現したいことのイメージが相手に豊かに伝わる。また、同時に、慣用句の意味を知らないと、使った人の伝えたかったイメージが全く伝わらないことになる。慣用句を使うことの楽しさや豊かさを感じることで、慣用句の豊かな使い手になってほしい。

具体例

○慣用句であることを知らないと「あなたはお兄さんと、瓜二つね」「ぼくも兄さんも、瓜なんかじゃありません！」「えっ」
慣用句の意味を知っていたら「あなたはお兄さんと、瓜二つね」「よく言われます。違うのは、ほくろの位置だけなんじゃないかと兄とも言うくらいです」「本当によく似ているね」

〈教材・題材の特徴〉

慣用句には、現代の生活ではイメージしにくい言葉やなかなか使わない言葉もある。
慣用句辞典作りを契機に、学校生活の中で楽しんで使っていく意識をもちたい。

具体例

○「さようなら。道草を食わないで帰ってね」

〈言語活動の工夫〉

４年◯組の慣用句辞典の１ページを担当して例文を書くという言語活動を設定する。しかし、「わたしは頭をひねった。」というような一文では、どのような文脈で使ったのかが分からず、慣用句を理解しているかどうかも判断できない。そのため、簡単な起承転結のストーリー展開となるようにする。子供たちが書いた慣用句辞典の１ページには、子供たちそれぞれが挿絵を付けて、全員分をまとめて製本し、教室に置いて、いつでも手に取って読めるようにする。

具体例

○水に流す
意味　かこのもめごとなどを、いっさいなかったこととして、仲直りする。
例文「今日の給食のおかわりで牛にゅうがほしい人たちでじゃんけんをした。けいくんが後出しをして勝ったので、ぼくはとってもおこっていた。でも、けいくんが『ごめんね。』と言って、牛にゅうをぼくの席まで持ってきてあやまってくれた。だから、水に流して、昼休みはいっしょに校庭でドッジボールをした。」

本時案

慣用句

1・2/2

本時の目標

・慣用句の意味を理解し、正しく使うことができる。

本時の主な評価

❶慣用句を理解し、使っている。【知・技】
❷クラスの慣用句辞典を作ることを意識して、調べたことを用いて文を書いている。【思・判・表】
❸慣用句辞典を読み合い、感想を伝え合い、自分の文のよいところを見つけている。【思・判・表】
❹慣用句の意味を理解し、文の中で使おうとしている。【態度】

資料等の準備

・1人または2人に一冊の国語辞典
・慣用句辞典 06–01

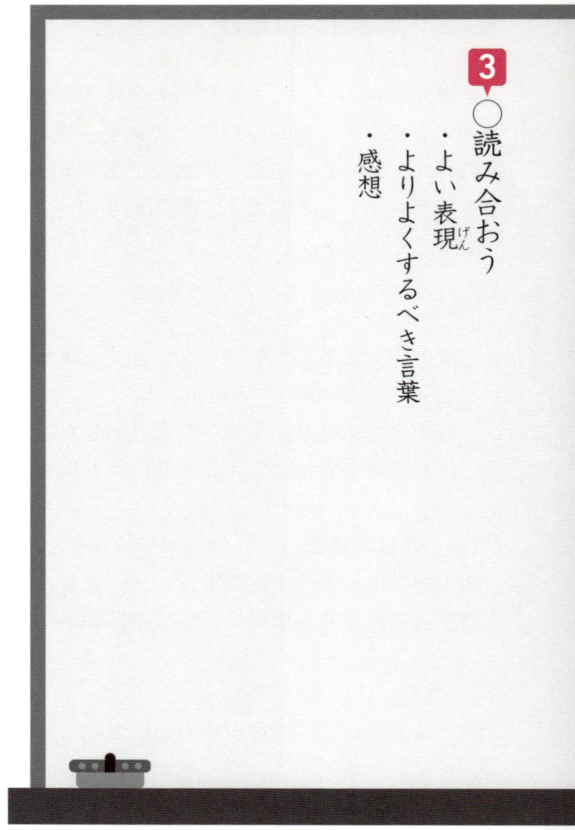

授業の流れ ▷▷▷

1 慣用句について確認し、慣用句辞典を作ることを知る〈第1時〉

T　慣用句とは、いくつかの言葉が組み合わさって、新しい意味をもつようになった決まり文句です。例えば、「頭をひねる」「借りてきたねこ」「瓜二つ」「エンジンがかかる」などがあります。どんな慣用句を聞いたり使ったりしたことがありますか。
・腕を振るう。　・道草を食う。
・実際には、そうじゃないけど、ということ？
○慣用句は、比喩が決まり文句になっていることに気付けるとよい。
T　自分で1つ慣用句を決めて、4年○組の慣用句辞典を作りましょう。

2 慣用句辞典の1ページを作る〈第1時・第2時〉

T　慣用句を使うことにふさわしい場面を想像して、例文を作りましょう。例文にぴったりのイラストも描きましょう。
○初めに、ペアでアイデアを話し合い、イメージをもつ。
○慣用句、意味、起承転結がある例文、イラストで構成されるようにする。
○文と1つのイラストのワークシートと、4コマ漫画のワークシートを選択できるようにする。

慣用句

四年○組の慣用句辞典を作ろう。

1 ○慣用句

いくつかの言葉が組み合わさって、
新しい意味をもつようになった決まり文句。

例
・体や心…頭をひねる　心がおどる　後ろがみを引かれる　うでをふるう
・動物…借りてきたねこ　馬が合う　ちょうよ花よ　つるの一声
・植物…うり二つ　実を結ぶ　雨後のたけのこ　いもづる式
・かたかな…エンジンがかかる　メスを入れる

元の言葉の意味がなくなっている。
まるで〜みたいに、ひゆが決まり文句になっている。

○慣用句辞典
・慣用句　一つ選ぶ
・意味
・起承転結がある例文

2
・イラスト

3 慣用句辞典のページを読み合い、学習を振り返る　〈第２時〉

T　書き上がったページを読み合って、感想を伝え合いましょう。

・私もこういうことあるなあ。
・イラストと言葉がぴったりで分かりやすいね。
・この使い方はちょっとずれていないかな。

○読み合う中で、よい表現やよりよくするべき言葉などに気付き、伝え合う。

○振り返りをノートに書く。

・慣用句とことわざのちがいって何？

T　慣用句辞典の１ページができましたね。１つの本に綴じて、「４年○組慣用句辞典」にしましょうね。

よりよい授業へのステップアップ

慣用句を身近に感じる期間を設ける

紙面の都合で、一続きになっているが、実際の指導においては、1と2の間には、数日から１週間ほどの間を取り、慣用句について日常的に考えたり感じたりする時間を設けたい。配布した慣用句一覧を参考に、実際の場面を発見したり、自分が関心のある慣用句を調べたりする時間を保証することで、子供自身が本当に書きたい慣用句を選び、１ページを仕上げるようにする。

短歌・俳句に親しもう（二）　1時間扱い

〔知識及び技能〕(3)ア

単元の目標

・短歌や俳句を声に出して読み、文語調の言葉の響きやリズムに親しむことができる。

評価規準

知識・技能	❶易しい文語調の短歌や俳句を音読したり暗唱したりするなどして、言葉の響きやリズムに親しんでいる。（〔知識及び技能〕(3)ア）
主体的に学習に取り組む態度	❷進んで繰り返し音読し、学習課題に沿って短歌や俳句の言葉の響きやリズムに親しもうとしている。

単元の流れ

時	主な学習活動	評価
1	学習の見通しをもつ 短歌三首を声に出して読む。 大意を参考に情景を思い浮かべ、それぞれの歌の表現の工夫を見つける。 気に入った短歌を選び、音読したり暗唱したりして楽しむ。 俳句三句を声に出して読む。 大意を参考に情景を思い浮かべ、作者の感動の中心を想像する。 気に入った俳句を選び、音読したり暗唱したりして楽しむ。 学習を振り返る 三首・三句の中から最も気に入ったものを選び、選んだ理由について発表し合う。	❶❷

授業づくりのポイント

〈単元で育てたい資質・能力〉

本単元のねらいは、上巻の「短歌・俳句に親しもう（一）」と同様に、短歌や俳句を声に出して読むことを通して、国語の美しい響きやリズムを感じ取り、文語調の調子に親しむ態度を育むことである。

そのために、本単元でも、繰り返し音読したり、気に入ったものを暗唱したりする。また、言葉に着目して情景を思い浮かべることで、子供なりに作者の視点や感動をつかませ、昔の人のものの見方や考え方には、今を生きる自分たちに通じるものがあることに気付かせたい。

具体例

○短歌三首、それぞれの作者の目に映った景色はどのようなものか、言葉に着目して想像を膨らませる。「表現の工夫」を見つけさせる。

【見つけさせたい「表現の工夫」】

「晴れし空仰げばいつも
口笛を吹きたくなりて
吹きてあそびき」→表記の工夫（三行詩）

「金色のちひさき鳥のかたちして銀杏ちるなり夕日の岡に」→描写の工夫（色彩豊かな語句）

「ゆく秋の大和の国の薬師寺の塔の上なる一ひらの雲」→リズムの工夫（「の」の繰り返し）

○俳句三句についても、それぞれの作者の目に映った景色はどのようなもので、感動の中心となるものは何か、言葉に着目して想像を膨らませる。

【季語・着目させたい言葉】

「柿くへば鐘が鳴るなり法隆寺」（秋の季語「柿」）

「桐一葉日当たりながら落ちにけり」（秋の季語「桐一葉」）

「外にも出よ触るるばかりに春の月」（春の季語「春の月」）

〈教材・題材の特徴〉

本単元の短歌・俳句は、作品に描かれた情景が想像しやすく、分かりやすいものが選ばれている。「あそびき」「ちるなり」「触るるばかりに」などのような文語調の表現、「大和の国」「一ひらの雲」「桐一葉」などのような難解な語句については、大意を捉えたり情景を想像したりするための一助として、必要に応じて図や写真などで解説するとよいだろう。文法指導に偏らないよう留意しつつも、短歌・俳句を味わうためには理解・解釈も重要であるため、必要な知識は確実に習得させたい。

具体例

○馴染みのない言葉について、他の表現と合わせて意味を想像する。言葉の正確な意味を知ることではなく、短歌や俳句の全体から、情景とともに言葉の意味も想像することを目的とする。

例

「大和の国」

「桐一葉」

本時案

短歌・俳句に親しもう（二）

1/1

本時の目標

・短歌や俳句を声に出して読み、文語調の言葉の響きやリズムに親しむことができる。

本時の主な評価

❶易しい文語調の短歌や俳句を音読したり暗唱したりするなどして、言葉の響きやリズムに親しんでいる。【知・技】

❷進んで繰り返し音読し、学習課題に沿って短歌や俳句の言葉の響きやリズムに親しもうとしている。【態度】

資料等の準備

・特になし

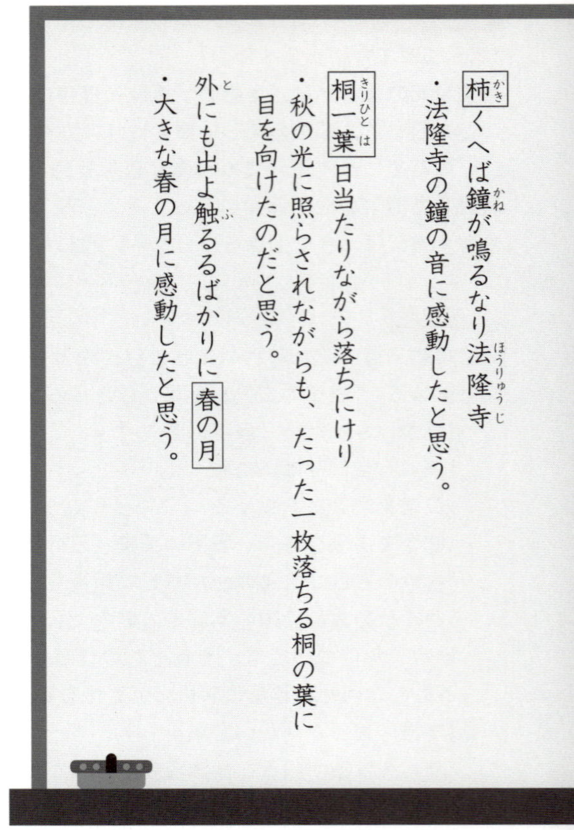

柿くへば鐘が鳴るなり法隆寺
・法隆寺の鐘の音に感動したと思う。
桐一葉日当たりながら落ちにけり
・秋の光に照らされながらも、たった一枚落ちる桐の葉に目を向けたのだと思う。
外にも出よ触るるばかりに春の月
・大きな春の月に感動したと思う。

授業の流れ ▷▷▷

1 短歌三首を読み味わう 〈15分〉

T 短歌三首を音読しましょう。

○五・七・五・七・七を確認する。

T 大意を参考に情景を思い浮かべて、それぞれの歌の表現の工夫を見つけましょう。

・「晴れし空～」は、三行に分けて書かれている。

・「金色の～」は、色を表す語句が使われている。

・「ゆく秋の～」は、「の」が繰り返されている。

T 一番気に入った短歌を暗唱しましょう。

2 俳句三句を読み味わう 〈15分〉

T 俳句三句を音読しましょう。

○五・七・五を確認する。

T 大意を参考に情景を思い浮かべて、作者の目に映った景色はどのようなもので、感動の中心となるものは何か、言葉に着目して想像を膨らませましょう。

・法隆寺の鐘の音に感動したと思う。

・秋の光に照らされながらも、たった１枚落ちる桐の葉に目を向けたのだと思う。

・大きな春の月に感動したと思う。

T 一番気に入った俳句を暗唱しましょう。

短歌・俳句に親しもう（二）

短歌や俳句を声に出して読み、文語調の言葉のひびきやリズムを楽しもう。

1【短歌三首】

★それぞれの歌の表現の工夫を見つけよう。

晴れし空仰げばいつも
口笛を吹きたくなりて
吹きてあそびき
｝三行詩

・三行に分けて書かれている。

金色のちひさき鳥のかたちして銀杏ちるなり夕日の岡に

・色を表す語句が使われている。

ゆく秋の大和の国の薬師寺の塔の上なる一ひらの雲

・「の」がくり返されている。

2【俳句三句】

★作者の目にうつったけしきはどのようなもので、感動の中心となるものは何か、言葉に着目して想像をふくらませよう。

3 三首・三句の中から最も気に入ったものを選び、理由について発表し合う〈15分〉

T　短歌三首と俳句三句の中から、一番気に入ったものを選び、その理由を交流しましょう。

○ペアやグループで交流する。選んだ短歌や俳句を暗唱してから、気に入った理由を話すようにする。

よりよい授業へのステップアップ

色々な短歌・俳句に触れさせる

教科書に取り上げられている短歌・俳句の他にも、同じ作者の作品や同じ季語を扱った作品などを紹介することで、子供の興味・関心をより一層、広げさせたい。

色々な言葉に触れさせる

上巻「夏の楽しみ」で俳句を作ったことを想起させ、改めて自分の作品を読み返したり、教科書巻末の「言葉の宝箱」を見たりすることで、「言葉」の大切さを感じさせたい。

漢字の広場⑤　（2時間扱い）

〔知識及び技能〕(1)エ　〔思考力、判断力、表現力等〕B書くことエ

単元の目標

・教科書の挿絵を見て、漢字を使って休日の計画を立てることができる。

評価規準

知識・技能	❶第３学年及び第４学年の各学年においては、学年別漢字配当表の当該学年までに配当されている漢字を読むこと。また、当該学年の前の学年までに配当されている漢字を書き、文や文章の中で使うとともに、当該学年に配当されている漢字を漸次書き、文や文章の中で使うこと。(〔知識及び技能〕(1)エ)
思考・判断・表現	❷「書くこと」において、間違いを正したり、相手や目的を意識した表現になっているかを確かめたりして、文や文章を整えること。(〔思考力、判断力、表現力等〕Bエ)
主体的に学習に取り組む態度	❸読み手に伝わるように、正確な漢字を用いて文章を書こうとしている。また、漢字を使った言葉の組み合わせを工夫し、見通しをもって文章を書こうとしている。

単元の流れ

次	時	主な学習活動	評価
一	1	**学習の見通しをもつ** 教科書に載っている漢字を使い、休日の予定を立てるというめあてを確認する。 教科書に示された漢字の読み方を確認する。 教科書の挿絵を見て、休日の様子を漢字を用いて文章にして書く。 次の休日の計画を立てるための文章を書く。	❶❷
二	2	**学習を振り返る** 前時に書いた休日の予定を学級内で共有する。 互いの予定を読み合い、正しい漢字を使っているかどうかを確認し合う。	❸

授業づくりのポイント

〈単元で育てたい資質・能力〉

既習の漢字を確実に書けるように復習することが本単元での目標である。目的なく文章を書こうとしても子供は意欲をもちづらい。そこで、教科書の挿絵を基にして休日の様子を紹介する活動の発展として、「休日の予定を立てる」という活動を設定した。この活動によって「見通しをもって文章を考える」力を養うこともできる。

具体例

まずは、教科書に載っている挿絵を見ながら休日の様子を紹介する文章を書く。その発展として、次の休日の予定を立てる文章を書く。その際には、教科書に載っていない漢字、例えば４年生で習った漢字を使うようにすると、３・４年生の漢字を復習する機会ともなる。ねらいを明確に、より発展的に漢字の学習をする言語活動を設定していきたい。

〈教材・題材の特徴〉

「休日」をテーマに既習の漢字を用いた文章を書く活動を行う。子供たちはそれぞれの休日を過ごしており、日常に即した文章作りをすることができる。挿絵には、休日の様子を表す熟語がたくさん載っており、組み合わせることによって文章作りを楽しめる構成となっている。一文だけ書いて終わりではなく、できるだけ長い文章を書けるようにしたい。

具体例

「お客様が手帳を持って、目的地をさがしていたので、道案内をした。」
「身長がどのくらいのびたかをはかるために、柱に印をつけた。」
「新しくできた道路をわたるために、信号待ちをしている人たちがいる。」

〈言語活動の工夫〉

「休日の計画を立てる」ことは、子供にとってもイメージをもちやすく、意欲的に漢字の学習に臨むことができる。挿絵から想像を膨らませ、自分の休日の予定を立てられるようにしたい。教科書に載っている漢字だけでなく、すでに学習している他の漢字も積極的に使うようにしたい。子供の実態に応じて、「予定を立てる」だけでなく、「先週の休日にやっていたこと」を文章で表すことも考えられる。

具体例

○次の土曜日に、ボランティアで美化活動を行う。
○日曜日は、家族でころもがえをすることにした。わたしは洋服を整理しようと思う。
○公園に新しい遊具ができたので、休みの日に友達と遊びに行くつもりだ。
○漢字の勉強が終わったので、お湯をわかしてこう茶をいれた。

本時案

漢字の広場⑤

1/2

本時の目標

・３年生までに学習した漢字を用いて、条件に合った文章を書くことができる。

本時の主な評価

❶既習の漢字を書き、文や文章の中で使っている。【知・技】
❷間違いを正したり、相手や目的を意識した表現になっているかを確かめたりして、文や文章を整えている。【思・判・表】

資料等の準備

・教科書 P.62の挿絵を拡大したもの

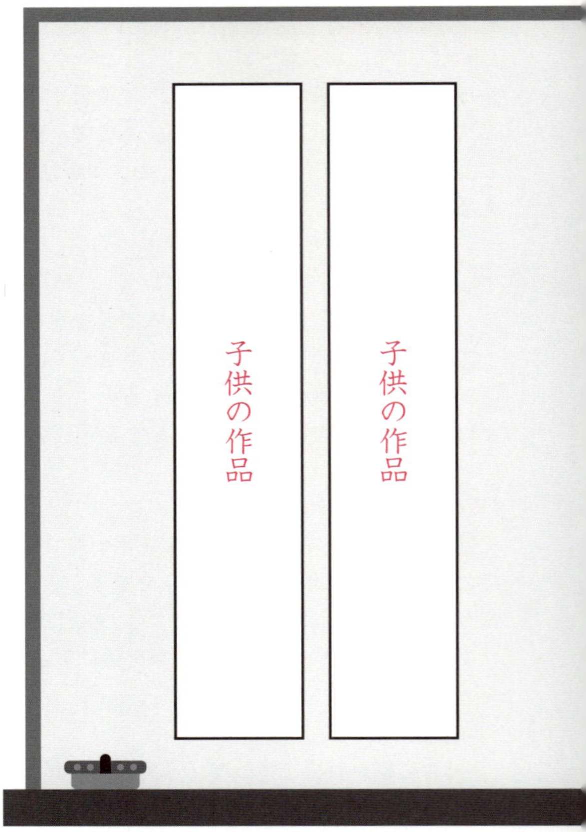

授業の流れ ▷▷▷

1 本時のめあてと学習活動を確認する〈５分〉

T　教科書に載っている休日の様子を紹介する文章を書きます。
○教科書の挿絵を見て、休日の様子を紹介する文章を作る。
○３年生までに習った漢字を用いて書く。

2 漢字の読み方を確認する〈10分〉

○教科書に載っている漢字の読み方を確認する。
T　ここに載っているのは３年生までに習った漢字です。読み方を確認していきましょう。
○学級の実態に応じて教科書では示されていない読み方も確認する。

美（うつく）しい　美化（びか）
住（す）む　住所（じゅうしょ）
消（け）す　消化（しょうか）

など

漢字の広場⑤

1 休日の様子をしょうかいしよう。

教科書P.62の挿絵

2
美しい　うつくしい　美化　びか
住む　すむ　住所　じゅうしょ
消す　けす　消化　しょうか

3 【例】
○ボランティアとして美化活動に参加します。公園のごみを拾います。
○おじいちゃんに身長をはかってもらいました。柱に印をつけてくれました。
○道にまよわないように、目的地の住所を手帳にメモしてきました。

3　3年生までに学習した漢字を用いて文章を書く　〈30分〉

T　教科書に載っている休日の様子を紹介する文章を漢字を使って書きましょう。

・ボランティアとして美化活動に参加します。公園のごみを拾います。
・おじいちゃんに身長をはかってもらいました。柱に印をつけてくれました。
・道にまよわないように、目的地の住所を手帳にメモしてきました。

よりよい授業へのステップアップ

音読みと訓読み

「音読み」と「訓読み」の違いを、子供たちはなんとなく分かっているが、その意味についても触れておくとよい。

音読みは「中国語としての漢字の発音に基づく読み方」、訓読みは「その漢字のもつ意味を日本語に翻訳したところから生まれた読み方」であることについても、改めて示すとよい。

本時案

漢字の広場⑤

2/2

本時の目標

・書いた文章を互いに読み、感想を伝え合うことができる。

本時の主な評価

❸読み手に伝わるように、正確な漢字を用いて文章を書こうとしている。【態度】

資料等の準備

・教科書 P.62の挿絵を拡大したもの

授業の流れ ▷▷▷

1 自分の休日を紹介する文章を書く〈20分〉

T　前の時間は教科書に載っている休日の様子を紹介する文章を書きました。今日は、自分が休日をどう過ごしているかを紹介する文章を書きます。教科書に載っていない漢字を使って書いてもよいですよ。

・ぼくは、写真をとることがしゅ味です。休みの日は、大きな公園に行って好きな風景をとります。
・来週、漢字のテストがあるので、勉強しようと思います。
・これから寒くなりそうなので、次の土曜日にダウンジャケットを買ってもらいます。

2 互いの文章を読み、感想を伝え合う〈20分〉

T　自分の休日を紹介する文章を読んで、感想を伝え合います。相手の文章のよいところを伝えましょう。また、正しく漢字が書けているかも確認してあげましょう。

・○○君の趣味を初めて知った。
・私も漢字のテストに向けて勉強しようと思っていた。
・一文が短いから分かりやすい。しかも、全ての文章に漢字が使われていて読みやすい。

漢字の広場⑤

自分の休日のしょうかい文を発表しよう。

☆読み合うときのポイント

2

・おたがいのよいところを伝える。
・漢字が正しく書けているかをかくにんする。

☆発表の手順

・生活はんの中で、自分の書いた文章をしょうかいする。
・はんの代表者を決める。
・はんの代表者が、みんなに発表する。

子供の作品

子供の作品

3 学習の振り返りをする 〈5分〉

T 前の時間も含めて、3年生の漢字を使って文章を作った感想をノートに書きましょう。

・いつも、休みの日はなんとなくすごしていたけれど、こうやって文章にすると、もっと時間を有こうに使いたいと思った。
・近所に住んでいる友達が、意外とたくさんのことをやっているんだなと思った。
・ボランティアをぼ集しているのは知らなかった。きょう味があるから行ってみようかな。

よりよい授業へのステップアップ

自分の生活経験を表現すること

課題が自分にとって身近なものであるとき、子供は学ぶことに対して意欲を感じる。

本単元では、自分の休日の様子を紹介する活動を設定している。改めて自分が休日にどんな過ごし方をしているか振り返る機会にもなるし、友達の意外な一面を知るきっかけにもなる。

3 登場人物の変化を中心に読み、物語をしょうかいしよう

プラタナスの木　8時間扱い

〔知識及び技能〕(1)オ　〔思考力、判断力、表現力等〕C読むことエ、オ　関連する言語活動例C(2)イ

単元の目標

・場面の移り変わりと結び付けて、マーちんの気持ちの変化を具体的に想像することができる。
・「『プラタナスの木』みりょくしょうかいブック」をまとめながら、登場人物の気持ちや性格を表す語句の量を増し、語彙を豊かにすることができる。

評価規準

知識・技能	❶様子や行動、気持ちや性格を表す語句の量を増し、言葉には性質や役割による語句のまとまりがあることを理解し、語彙を豊かにしている。(〔知識及び技能〕(1)オ)
思考・判断・表現	❷「読むこと」において登場人物の行動や気持ち、性格などについて叙述を基に捉え、具体的に想像している。(〔思考力、判断力、表現力等〕Cエ) ❸「読むこと」において文章を読んで理解したことに基づいて、感想や考えをもっている。(〔思考力、判断力、表現力等〕Cオ)
主体的に学習に取り組む態度	❹進んで登場人物の気持ちや性格について、場面の移り変わりと結び付けて具体的に想像しようとしている。

単元の流れ

次	時	主な学習活動	評価
一	1	学習の見通しをもつ 物語の魅力を紹介する「『プラタナスの木』みりょくしょうかいブック」を書くというめあてをもって「プラタナスの木」を読み、感想をまとめる。	
	2	場面ごとの様子や出来事をまとめる。	❶
二	3	物語の最初と最後で、「マーちん」がどのように変わったかをまとめる。	❷
	4	切りかぶの上に立った「マーちん」の気持ちについて、考えをまとめる。	❸
	5	「プラタナスの木」の魅力について、考えをまとめる。	❸
	6 7	「プラタナスの木」の魅力を伝える文章を書き、「みりょくしょうかいブック」をつくる。	❸ ❸
三	8	学習を振り返る 「『プラタナスの木』みりょくしょうかいブック」を読み合って、感想を伝え合う。	❸❹

授業づくりのポイント

〈単元で育てたい資質・能力〉

本単元のねらいは、登場人物の変化を中心に、物語の魅力を紹介する力を育むことである。

そのためには、まず場面ごとの出来事を大まかに捉えたうえで、その出来事を通して登場人物がどのように変化していったのかを読み取る必要がある。そして、その変化が起きるきっかけについて考え、そこからどうして、どのように気持ちが変化していったのかをまとめていく。

さらに、物語の魅力を文章にまとめることで、より具体的に登場人物の変化を想像できるようにする。

具体例

○「マーちん」はそれぞれの場面で少しずつ変化している。最初の変化はおじいさんから、木は「枝や葉をささえるために、土の中でそれと同じぐらい大きな根が広がって、水分や養分を送っている」という話を聞いた場面である。「マーちん」にとって初めて聞く話で、木の見方の変化が起こる。祖父母の家に帰省した際には、台風で揺れる森を見て、おじいさんの話を思い出している。そしてプラタナスの木が切られてしまったのを見て、その切り株に友達とともに乗って木の幹や枝になったような気持ちを体験する。このような「マーちん」の変化を丁寧に読み取っていくことで、自然とこの物語の魅力を感じていくようにする。

〈教材・題材の特徴〉

４年生の「マーちん」が主人公である。物語の舞台も、公園や祖父母の家など、子供にとっては親近感がわきやすい教材といえるだろう。といってもノンフィクションのような作品ではなく、おじいさんの存在が、物語にどこかファンタジーのような要素を与えている。

物語は、プラタナスの木の存在、そして消失が軸となって進められていく。それに伴うように「マーちん」にも少しずつ変化が見られる。場面の様子や出来事についてまとめていくことで、こうした変化に気が付いていけるだろう。初めは特段意識もしていなかったプラタナスの木に対して、おじいさんと出会うことによって「マーちん」にどのような変化が生まれていったのか、想像を膨らませながら読んでいきたい。

具体例

○例えば、台風が通り過ぎた後の森を見て、「マーちん」はおじいさんの言葉を思い出す。台風後のこうした自然の様子について、「マーちん」は初めて目にするわけではないだろうが、おじいさんの言葉と出合っていたことで、森を支える根まで思いをめぐらせている。このような「マーちん」の変化、そしてどうしてこのような変化が起きているのか捉えさせたい。

〈言語活動の工夫〉

中学年のまとめが近づく時期である。子供は、登場人物の気持ちや性格、情景について場面の移り変わりと結び付けながら読む学習を重ねてきている。そうした力を生かし、物語の魅力を伝える言語活動を設定している。「マーちん」の変化を読み取りながら、「プラタナスの木」がもつ魅力に迫っていく。

具体例

○本作品の魅力はいくつか考えられる。「マーちん」の木の根まで考えるようになった成長も１つであるし、どこか不思議な雰囲気をもつおじいさんの存在もまた魅力である。いずれにせよ、「マーちん」の変化を追うことでそうした魅力に気が付けるようにしていく。

本時案

プラタナスの木 1/8

本時の目標

・「プラタナスの木」を読んで感想をまとめ、学習の見通しをもつことができる。

本時の主な評価

・進んで物語を読んだ感想をまとめ、学習の見通しをもとうとしている。

資料等の準備

・プラタナスの写真

2 感想

・みんなでプラタナスの木になるところがいい。

・おじいさんと出会って、マーちんが変わっていくところがいい。

・おじいさんは、どこに行ったのかな。

3 見通し

・マーちんがどのように変わっていくかを読んで「『プラタナスの木』みりょくしょうかいブック」をまとめる。

授業の流れ ▷▷▷

1 これまでの学習を振り返り、プラタナスについて知る 〈10分〉

○４年生でどんな物語を学習したかを振り返る。

T　４年生になって、どんな物語の学習をしましたか。

・「白いぼうし」を読みました。

・「ごんぎつね」を読みました。

○それぞれの学習を振り返り、両作品の魅力に触れる。

○プラタナスについて知る。

T　みなさんは、プラタナスという木を知っていますか。

・公園で見たことがあります。

○葉の形や実の様子、成長が早く、大木になりやすいことを教える。

2 「プラタナスの木」を読んで、感想をまとめる 〈25分〉

○教師の範読を聞く。

T　これから「プラタナスの木」という、みなさんと同じ４年生が主人公の物語を読みます。読んだら、どんなところがいいなと思ったか、感想を書きましょう。

○教師の範読を聞く。

○感想をまとめる。

T　どんな感想をもちましたか。

・最後にみんなでプラタナスの木になるところがすてきだなと思いました。

・おじいさんはどこに行ったのかな。

・おじいさんと出会って、マーちんが変わっていくところがいいなと思いました。

四年生で学習した物語

1

・白いぼうし

→松井さんに注目して読んでいった。

←

松井さんのやさしさがいい。

不思議な世界もおもしろかった。

色やにおいを表す表現がよかった。

・ごんぎつね

→場面ごとにごんの気持ちを考えていった。

←

ごんがつぐないを通して変わっていったのがいい。

兵十に、最後ごんの思いが伝わったところがいい。

プラタナスって知ってる？

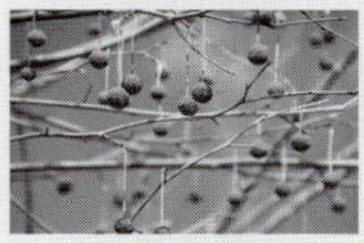

成長が早く、大木になりやすい。

プラタナスの木　椎名誠

読んで感想をまとめ、学習の見通しをもとう。

3 学習の見通しをもつ　〈10分〉

○学習の見通しをもつ。

T　みなさんは「プラタナスの木」からたくさんの魅力を発見していますね。友達の発表を聞いて、どんなことを感じましたか。

・もっとみんなと話し合いたいです。

・話し合ったら違う魅力に気付くかもしれません。

T　どんなことを話し合いたいですか。

・これまでの学習のように、人物の気持ちが変わっていくから、そのことをもっと考えていったらいいと思います。

T　それでは、一人一人が「プラタナスの木」の魅力をまとめた「『プラタナスの木』みりょくしょうかいブック」を作っていきましょう。

よりよい授業へのステップアップ

見通しをもたせるための工夫

中学年の学習も仕上げの時期である。これまでの物語の学習を振り返り、場面や人物の変化を読んでいきながら物語を深く読めることを思い出させ、学習の見通しをもてるようにしたい。

プラタナスについて知る工夫

プラタナスについて知ることで、物語をより身近に感じることができるだろう。葉っぱや実に特徴がある。学校の近くにあるならば、実際に見にいくのもよい。

本時案

プラタナスの木 2/8

本時の目標

・場面ごとの様子や出来事をまとめ、内容をつかむことができる。

本時の主な評価

❶様子や行動、気持ちや性格を表す語句に着目して、場面の様子や出来事をまとめ、内容をつかんでいる。【知・技】

資料等の準備

・ワークシート 💿 09-01

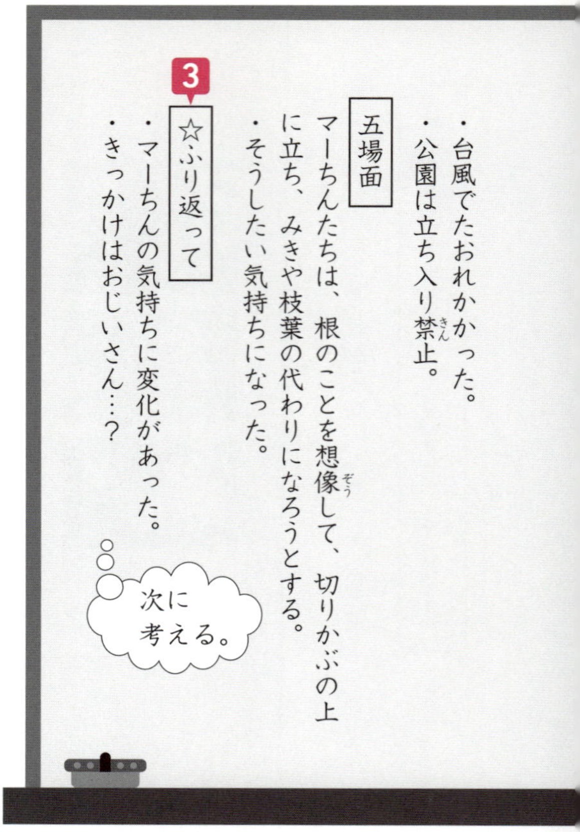

・台風でたおれかかった。
・公園は立ち入り禁止。
五場面
マーちんたちは、根のことを想像して、切りかぶの上に立ち、みきや枝葉の代わりになろうとする。
・そうしたい気持ちになった。
3
☆ふり返って
・マーちんの気持ちに変化があった。
・きっかけはおじいさん…？
次に考える。

授業の流れ ▷▷▷

1 各場面の様子や出来事をまとめる〈15分〉

○前時を振り返り、本時の見通しをもつ。

T 魅力を紹介し合うために、どんな話だったかを確かめましょう。内容をつかむためにはどんな方法がありますか。

・場面ごとにまとめるとよいと思います。

・場面の様子や出来事をみていきたいです。

○一行空きで５つの場面に分かれていることを確かめる。

○個人で場面の様子や出来事をまとめる。

T 場面ごとに様子や出来事をまとめましょう。

○内容をつかむことが目的なので、あまり細かくならないよう指導する。

2 各場面の様子や出来事を、全体で確かめる〈20分〉

○書いたことを基に、全体で確かめる。

T 全体でも確認しましょう。

・１場面では、最近マーちんたちはプラタナス公園でサッカーに熱中しています。

・２場面では、マーちんたちはおじいさんから、プラタナスの木の下で、木の根は、幹や枝葉と同じぐらいの大きさであることを聞きます。

・３場面では、マーちんは台風の後の森を見て、おじいさんの言葉を思い出します。

・４場面では、マーちんたちは台風の影響で、プラタナスの木が切りかぶだけ残して消えてしまったことを知ります。

・５場面では、マーちんたちは根のことを想像し、切りかぶの上に立ちます。

プラタナスの木

「プラタナスの木」みりょくしょうかいブックを作ろう。

↓話の内容をつかむには…

場面の様子や出来事をまとめて、内容をつかもう。

◎マーちんの変化を中心に読む（簡単に書く）。

2

一場面

マーちんたちはサッカーに熱中。

・仲間…花島君、クニスケ、アラマちゃん

・プラタナス公園で

二場面

マーちんたちは、おじいさんから、木の根は、みきや枝葉と同じぐらいの大きさであることを教えてもらう。

・おじいさん…プラタナスの木の下のベンチにいる。

・プラタナスの木が公園全体を守っている。

三場面

マーちんは、台風の後の森を見て、おじいさんの言葉を思い出す。

・ゴーゴー鳴りひびく台風の音→おじいさん

・マーちんには、なぜか今、それがはっきり見えるような気がする。

四場面

マーちんたちは、プラタナスの木が切りかぶだけを残して消えたことを知る。

3 学習を振り返る 〈10分〉

○内容をつかんでみて感じたことを話し合う。

T　内容をつかんでみて、どんなことを思いましたか。

・サッカーに熱中していたマーちんたちが、プラタナスの切りかぶの上に立っているから、気持ちに変化があったと思います。

・おじいさんとの出会いがきっかけかな。

○次時の見通しをもつ。

T　次の時間はどんなことを話し合いますか。

・マーちんの変化やきっかけについて考えてみたいです。

よりよい授業へのステップアップ

考えをまとめさせる工夫

内容をつかんでいるか評価するためにもワークシートにまとめさせたい。内容をつかむために必要な言葉は何か考えさせていくようにする。

2で単調にならないための工夫

個人→全体の一方通行の流れで学習を進めると、学習が単調になる可能性がある。1場面はやり方を確認するために全体で行うなど、実態に応じて個人と全体を行き来するような展開も考えられる。

本時案

プラタナスの木 3/8

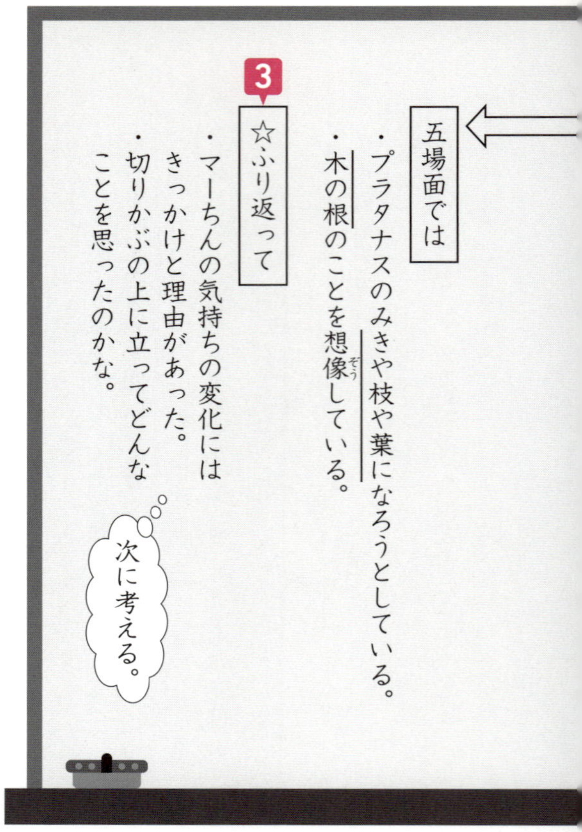

五場面では
・プラタナスのみきや枝や葉になろうとしている。
・木の根のことを想像している。
3
☆ふり返って
・マーちんの気持ちの変化にはきっかけと理由があった。
・切りかぶの上に立ってどんなことを思ったのかな。
次に考える。

本時の目標

・マーちんがどのように変わったのか、どうして変わったのかをまとめることができる。

本時の主な評価

❷マーちんの行動や気持ちの変化について叙述を基に捉え、変化の理由をまとめている。【思・判・表】

資料等の準備

・ワークシート 09-02

授業の流れ ▷▷▷

1 マーちんの変化をまとめる〈15分〉

○前時を振り返り、本時の見通しをもつ。

T　前回は、場面ごとの様子や出来事をまとめ、内容をつかみました。今日はどんな学習をしますか。

・マーちんの変化とその理由を考えます。

○マーちんの変化をまとめる。

T　マーちんは、１場面ではどんな様子ですか。

・最初はサッカーに夢中でした。

・木の根のことなんて考えていないです。

T　５場面ではどんな様子ですか。

・プラタナスの木の枝や葉の代わりになろうとしています。

・木の根のことも想像しています。

2 マーちんが変わった理由をまとめる〈20分〉

○変わるきっかけになった出来事を考える。

T　そもそも、マーちんが変わるきっかけになった出来事は何だと思いますか。

・木の根のことについて、話を聞いたことだと思います。

・おじいさんとの出会いが大きいと思います。

○変わった理由を考える。

T　では、どうしておじいさんから木の根の話を聞いたことで、マーちんは変わったのですか。

・根のことを考えるようになったからです。

・見えてはいないけど、木を支える大きなものがあることに気付いたからだと思います。

プラタナスの木

「プラタナスの木」みりょくしょうかいブックを作ろう。

マーちんの変化とその理由をまとめよう。

◎変化→一場面と五場面をくらべる。

2 一場面では

・マーちんたちはサッカーに熱中。
・木の根のことなんか考えていない。

きっかけは？

・木の根の話を聞いた。
・おじいさんとの出会い。

どうして変わったの？

・木の根のことを考えるようになったから。
→根はみきや枝葉と同じぐらい大きい。
プラタナスの木が公園を守っている。
見えていないものが、大きなものをささえていることに気がついたから。
・台風の後の森を見て、より強く思った。
→強い台風でも森はくずれなかったから。

3 学習を振り返る 〈10分〉

○学習を振り返る。

T　マーちんの変化とその理由を考えてみて、どんなことを感じましたか。

・マーちんの変化には、きっかけになった出来事と理由があったと分かりました。
・５場面で、マーちんが切りかぶの上に立って、どんなことを思っていたのか考えてみたくなりました。

○次時の見通しをもつ。

T　次の時間はどんなことを話し合いますか。

・マーちんが切りかぶの上に立って思っていたことを話し合いたいです。

よりよい授業へのステップアップ

本時の見通しをもたせる工夫

前時でまとめた各場面の様子や出来事の記録を見せながら学習に入ることで、マーちんの変化を考えようという意識をもたせやすくなる。

変わった理由を考えさせる工夫

理由を考えさせる前に、変わるきっかけになった出来事について考えさせたい。きっかけと理由を分けて考えさせることで、思考の流れが明確になり、読みの深まりが期待できる。

本時案

プラタナスの木 4/8

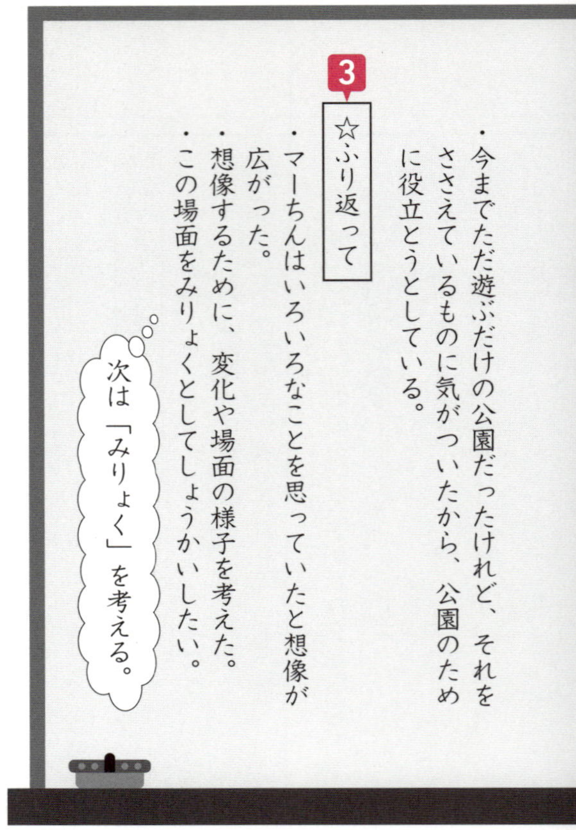

・今までただ遊ぶだけの公園だったけれど、それをささえているものに気がついたから、公園のために役立とうとしている。
3
☆ふり返って
・マーちんはいろいろなことを思っていたと想像が広がった。
・想像するために、変化や場面の様子を考えた。
・この場面をみりょくとしてしょうかいしたい。
次は「みりょく」を考える。

本時の目標

・切りかぶの上に立ったマーちんがどんなことを思っていたのか想像して話し合い、考えをまとめることができる。

本時の主な評価

❸文章を読んで理解したことを基に、切りかぶの上に立ったマーちんがどんなことを思っていたのかを想像して話し合い、考えをまとめている。【思・判・表】

資料等の準備

・ワークシート 💿 09-03

授業の流れ ▷▷▷

1 マーちんの思いを想像し、自分の考えをまとめる 〈15分〉

◯前時を振り返り、本時の見通しをもつ。

T 前回は、マーちんの変化とその理由を考えました。今日はどんな学習をしますか。

・マーちんが切りかぶの上に立って思っていたことを考えます。

◯マーちんの思いを想像する。

T マーちんは、どんなことを思っていたでしょうか。ヒントになりそうなことはありますか。

・前回学習した、マーちんの変化や理由をヒントにするといいと思います。

・その前に学習した、各場面の様子や出来事もヒントになるかもしれません。

2 マーちんの思いについて想像し、話し合う 〈20分〉

◯想像したことを話し合う。

T マーちんは、どんなことを思っていたと思いますか。想像したことを話し合いましょう。

・おじいさんのことを考えていたと思います。

・おじいさんに、ぼくたちがプラタナスの幹や枝葉の代わりになるよって伝えたいと思っていたと思います。

・「息をすって」とあるから、木に力を送りたいんじゃないかな。

・自分も木の一部になった気でいると思います。

・今まで木が公園を守ってくれていたから、これからはぼくたちが守ろうと思っているのかな。

◯もう一度マーちんの思いについて考えを書く。

T それでは、話し合った意見を基に、もう一度、マーちんの思いを書いてみましょう。

プラタナスの木

「プラタナスの木」みりょくしょうかいブックを作ろう。

切りかぶの上に立ったマーちんが思っていたことを想像し、自分の考えをまとめよう。

◎ヒント…マーちんの変化とその理由
各場面のマーちんの様子や出来事

2 おじいさんのことを思っていた。

・木の根のことを教えてくれたから。
・公園にすがたを見せないから。
・ぼくたちがみきや枝葉の代わりになると伝えたい。
→木を守る。

木のことを思っていた。

・木に力を送っている。←「息をすって」
・自分も木の一部になった気持ち。
・今までは木が公園を守ってくれたから
これからはぼくたちが公園を守る。

共通している言葉は…？
・ぼくたちが
・守る

⇦ もう一度自分の考えを書こう。

3 学習を振り返る 〈10分〉

○学習を振り返る。

T 切りかぶの上に立ったマーちんの思いを想像しました。どんなことを感じましたか。

・マーちんはいろいろなことを思っていたのかもしれないと、想像が広がりました。
・想像するためには、マーちんの変化や、他の場面の様子や出来事を思い出すことが大事だと思いました。
・私は、この場面を「みりょく」として紹介したいです。

○次時の見通しをもつ。

T 次の時間からは「プラタナスの木」の魅力を紹介する文章を書いていきましょう。

よりよい授業へのステップアップ

想像を広げるための工夫

第2時でまとめた各場面の様子や出来事の記録、マーちんの変化やその理由について想起させることで、根拠をもって想像を広げられるようにする。

話し合いを考えの形成に生かす工夫

話し合いの前後に自分の考えを書く時間を取ることで、子供にとっても教師にとっても、学習を通した変容が可視化されるようにする。話し合い後に、考えを深められるような板書を行っていきたい。

本時案

プラタナスの木　5/8

本時の目標

・「プラタナスの木」の魅力について自分の考えをまとめることができる。

本時の主な評価

❸文章を読んで理解したことを基に、「プラタナスの木」の魅力を考え、自分の考えを題名にまとめている。【思・判・表】

資料等の準備

・ワークシート　09–04

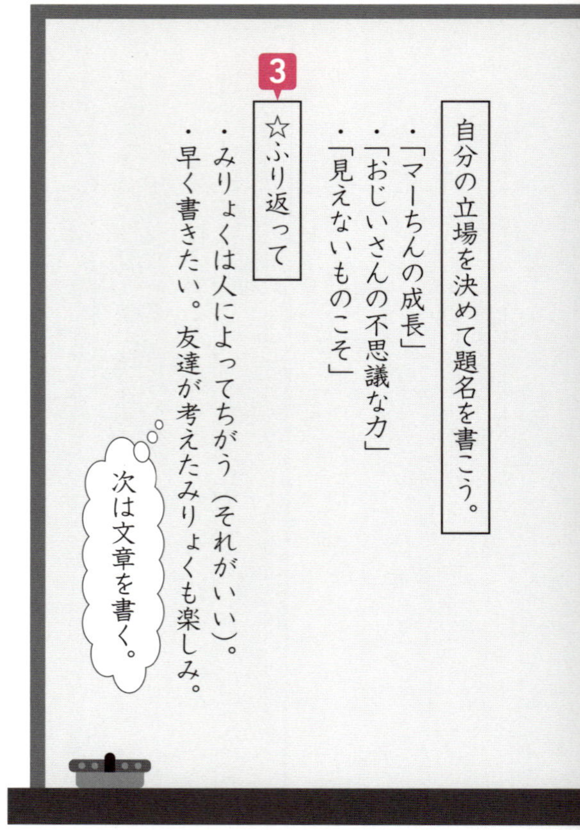

自分の立場を決めて題名を書こう。
・「マーちんの成長」
・「おじいさんの不思議な力」
・「見えないものこそ」
3
☆ふり返って
・みりょくは人によってちがう（それがいい）。
・早く書きたい。友達が考えたみりょくも楽しみ。
次は文章を書く。

授業の流れ ▷▷▷

1 「プラタナスの木」の魅力を出し合う〈15分〉

○前時を振り返り、本時の見通しをもつ。

T　今日は「プラタナスの木」の魅力を考えましょう。最終的には、一人一人、魅力を文章で書いて、それを集めて「しょうかいブック」にします。今日は「みりょくしょうかい」の題名を決めましょう。

○「プラタナスの木」の魅力を出し合う。

T　この作品のどこが魅力だと思いましたか。

・マーちんがおじいさんと出会って変わっていくところがすてきでした。

・おじいさんの存在も気になりました。この後おじいさんは戻ってくるのか考えてみたいです。

・見えないところで大きなものを支えていることを教えてくれたところが好きです。

2 「プラタナスの木」の魅力について、考えをまとめる〈20分〉

○自分の立場を決める。

T　話し合ってみて、自分はどこが魅力だと考えていますか。自分の立場を決めましょう。

○出された意見の中で、自分の立場に近いところに名前を書かせる等、それぞれの立場を可視化する。

○「みりょくしょうかい」の題名を決める。

T　それでは決めた立場に立って、「みりょくしょうかい」の題名を決めましょう。

・マーちんが変わっていくところが魅力だと思うから「マーちんの成長」にしようかな。

・おじいさんとのことを書きたいから「おじいさんの不思議な力」にしよう。

プラタナスの木

「プラタナスの木」みりょくしょうかいブックを作ろう。

2 「みりょくしょうかい」の題名を決めよう。

◎ヒント…今までの学習をふり返る。

マーちゃんが成長していくところ

・公園で遊ぶだけだったのに、公園のためにがんばろうとするようになった。
・おじいさんとの出会いが大きい。
・仲間がいたこともよかったと思う。
・台風の日にマーちゃんが考えていたことも書きたい。

おじいさんのそんざい

・不思議なそんざい。
・マーちゃんに根のことを教えてくれた。
・おじいさんはプラタナスの木と同じように公園を見守るそんざいだった。
・この後おじいさんがもどってくるのかも考えたい。

根のこと

・見えないけれど、大きなものをささえている。
→えんの下の力持ち
・なくてはならないもの。
・見えるものだけではなく見えないものも大切に。

3 学習を振り返る 〈10分〉

○学習を振り返る。

T　今日は「プラタナスの木」の魅力について、自分の考えを題名で表しました。どんなことを感じましたか。

・作品の魅力をどこに感じるかは、人によって違うのだなと思いました。
・題名が決まったので、早く文章に書きたいです。
・友達の「みりょくしょうかい」を読むのも楽しみです。

○次時の見通しをもつ。

T　次の時間は、今日決めた題名を基に「みりょくしょうかい」を書いていきましょう。

よりよい授業へのステップアップ

魅力を出し合うための工夫

「みりょくしょうかい」を書く前にどんなところが魅力だと思っているか、全体で話し合う時間を取ることで、考えをもてない子供への支援となる。自分が思う魅力を考えるために、これまでの学習を振り返らせるとよい。

考えを短くまとめるための工夫

書く前に自分の立場や考えを明確にさせたい。そのために、黒板に自分の立場に近いところに名前を書かせたり、題名を決めさせたりする。

本時案

プラタナスの木 6・7・8/8

本時の目標

・「プラタナスの木」の魅力を「みりょくしょうかい」としてまとめることができる。
・「みりょくしょうかい」を読み合い、「プラタナスの木」の魅力について考えを深める。

本時の主な評価

❸「みりょくしょうかい」を読んで、感じたことを共有し、考えを深めている。【思・判・表】
❹進んで登場人物の気持ちや性格について、場面の移り変わりと結び付けて具体的に想像するなどしようとしている。
・「プラタナスの木」の魅力について、自分の考えをまとめている。

資料等の準備

・特になし

4
☆ふり返って
・様々な感じ方がある。
・登場人物の変化に注目することで、作品のみりょくに気がつけた。
・マーちんとおじいさんとの関係に注目するのもおもしろかった。

授業の流れ ▷▷▷

1 「みりょくしょうかい」の書き方を知る 〈第6時〉

○前時を振り返り、本時の見通しをもつ。
T　今日は「プラタナスの木」の魅力を、「みりょくしょうかい」としてまとめます。でき上がったら友達と読み合います。どのように書いたらよいと思いますか。
・友達が読んで分かるように、初め、中、終わりの構成がいいと思います。
・初めには自分が魅力だと思うことを書いて、中にはその理由を書き、もう一度最後に魅力について書くといいと思います。

2 「みりょくしょうかい」を書く 〈第6時〜第7時〉

○題名を基に「みりょくしょうかい」を書く。
T　前回決めた題名を基に、「みりょくしょうかい」を書いていきましょう。
○中では、本文の引用や、学習を通して考えたことを書くようにさせる。
○書いてみて、題名と内容が合わない場合は、学習を振り返らせ、自分が書きたいことをはっきりさせる。
○書けない子供への配慮として、各段落の書き出しの言葉を板書する。
○実態に応じて、書く内容が似ている子供同士でグループをつくって書かせると、協力して書くことができる。

プラタナスの木

「プラタナスの木」みりょくしょうかいブックを作ろう。

「みりょくしょうかい」を書いて読み合おう。

↓友達に読んでもらう。

1 書き方は？

・初　め：みりょく
・中　：理由
・終わり：みりょく

↓友達にみりょくが伝わるように。

2 例

わたしが「プラタナスの木」のみりょくだと
思ったのは…
どうしてそう思ったかというと…
↓本文の言葉
学習を通して考えたこと
このように…

3 すいこう

①ご字だつ字のチェック
②内容のチェック
↓伝えたいみりょくは伝わってくるかな？

3 「みりょくしょうかい」を推敲する〈第７時〉

○でき上がった作品を推敲する。

T　でき上がったら読み直しましょう。まずは誤字脱字を確かめましょう。次に、内容をよく読み、自分が伝えたい魅力がこれで伝わるか、考えてみましょう。

○推敲を２段階で進めることで、思考の混同を防ぐことができる。

○実態に応じて、でき上がった子供同士で協働推敲をしてもよい。

○「プラタナスの木」の魅力を伝えるという目的を意識して読むよう、指導する。

4 「みりょくしょうかい」を読み合う〈第８時〉

○本時の見通しをもつ。

T　今日はでき上がった「みりょくしょうかい」を読み合って、学習をまとめていきましょう。読んだら、どうしたいですか。

・感想を友達に伝えたいです。

○「みりょくしょうかい」を読み合う。

○始めは隣同士で、次に班の中で、最後は自由等、学級の実態に応じて読む相手を決める。

○感想の伝え方は、口頭やメモ等のやり方が考えられる。

○学習を振り返る。

T　今回の学習では、物語の魅力を考えました。どんなことを感じましたか。

・様々な感じ方があるんだと思いました。

資料

1 第2時資料　ワークシート　09-01

プラタナスの木

年　組　名前（　　　　）

かく場面の様子や出来事をまとめて、内容をつかもう。

一場面	二場面	三場面	四場面	五場面
マーちゃんたちはサッカーに熱中。 ・仲間…花島君、クニスケ、アラマちゃん ・プラタナス公園で	マーちゃんたちは、おじいさんから、木の根は、みきや枝葉と同じぐらいの大きさであることを教えてもらう。 ・おじいさん…プラタナスの木の下のベンチにいる。 ・プラタナスの木が公園全体を守っている。	マーちゃんは、台風の後の森を見て、おじいさんの言葉を思い出す。 ・ゴーゴー鳴りひびく台風の音→おじいさん ・マーちゃんには、なぜか今、それがはっきり見えるような気がする。	マーちゃんたちは、プラタナスの木が切りかぶだけを残して消えたことを知る。 ・台風でたおれかかった。 ・公園は立ち入り禁止。	マーちゃんたちは、根のことを想像して、切りかぶの上に立ち、みきや枝葉の代わりになろうとする。 ・そうしたい気持ちになった。

2 第3時資料　ワークシート　09-02

プラタナスの木

年　組　名前（　　　　）

マーちゃんの変化とその理由をまとめよう。

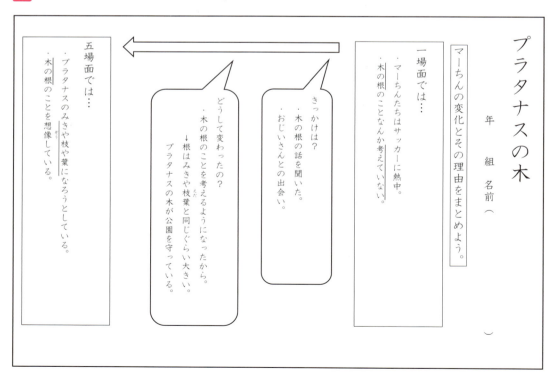

一場面では…
・マーちゃんたちはサッカーに熱中。
・木の根のことなんか考えていない。

きっかけは？
・木の根の話を聞いた。
・おじいさんとの出会い。

どうして変わったの？
・木の根のことを考えるようになったから。
→根はみきや枝葉と同じぐらい大きい。
プラタナスの木が公園を守っている。

五場面では…
・プラタナスのみきや枝や葉になろうとしている。
・木の根のことを想像している。

3 第４時資料　ワークシート 09-03

プラタナスの木

年　組　名前（　　　　）

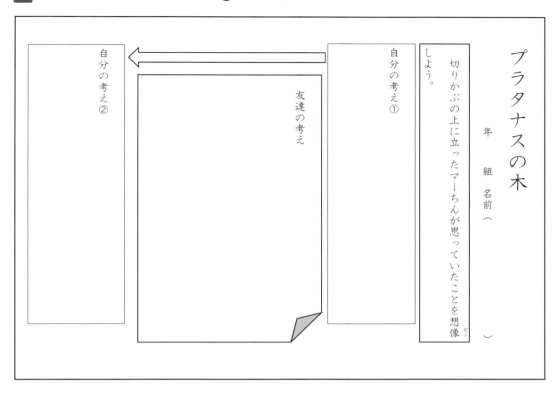

切りかぶの上に立ったマーちんが思っていたことを想像しよう。

自分の考え①

友達の考え

自分の考え②

4 第５時資料　ワークシート 09-04

プラタナスの木

年　組　名前（　　　　）

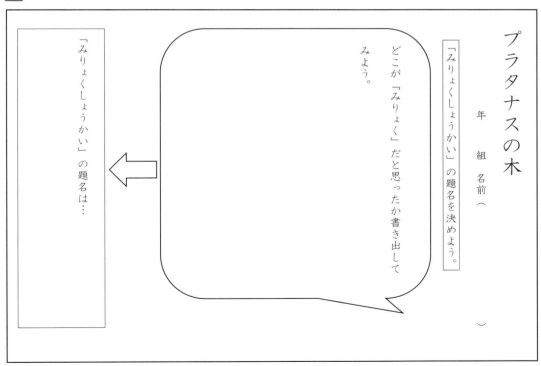

「みりょくしょうかい」の題名を決めよう。

どこが「みりょく」だと思ったか書き出してみよう。

「みりょくしょうかい」の題名は…

感動を言葉に　7時間扱い

〔知識及び技能〕(1)オ　〔思考力、判断力、表現力等〕B書くことア、ウ、エ　関連する言語活動例B(2)ウ

単元の目標

・毎日の生活の中で心を動かされたことについて、自分の気持ちが読み手に伝わるように詩を書き、友達と読み合って書き方の工夫を伝え合うことができる。

評価規準

知識・技能	❶様子や行動、気持ちや性格を表す語句の量を増し、詩の中で使っている。(〔知識及び技能〕(1)オ)
思考・判断・表現	❷「書くこと」において、相手や目的を意識して、経験したことから書くことを選び、集めた材料を比較したり分類したりして、伝えたいことを明確にしている。(〔思考力、判断力、表現力等〕Bア) ❸「書くこと」において、書き表し方を工夫して詩を書いている。(〔思考力、判断力、表現力等〕Bウ) ❹「書くこと」において、相手や目的を意識した表現になっているか確かめ、詩を整えている。(〔思考力、判断力、表現力等〕Bエ)
主体的に学習に取り組む態度	❺毎日の生活の中で心を動かされたことやそのときの気持ちを、詩に書こうとしている。

単元の流れ

次	時	主な学習活動	評価
一	1	教科書 P.77を読み、相手意識や目的意識をもつ。 **学習の見通しをもつ** これからの学習の進め方について見通しをもつ。	
二	2	心を動かされたことを思い出し、その中から、詩に書きたいこと（題材）を決める。	❷
	3	教科書 P.78の詩の作品例を読み、どんな工夫があるか考える。	❶
	4	選んだ題材をどのような詩にしたいか考える。題材について思い出し、言葉や短い文でたくさん書き出す。	❷
	5	前時で書き出した言葉や短い文を使って、詩を書く。	❸
	6	書いた詩を読み返し、心が動かされたときのことが伝わる表現になっているか確かめる。	❹
三	7	友達の詩を読み合い、書き方の工夫を伝え合う。 **学習を振り返る** 学習のまとめをする。	❺

授業づくりのポイント

〈単元で育てたい資質・能力〉

本単元のねらいは、書いた詩を読み返して、整える力を育むことである。

そのためには、まず、心を動かされたことやそのときの気持ちを詩に書き、最後に書いた詩を友達と読み合うという、相手や目的を意識することが必要である。そのうえで、心が動かされたときのことが読み手に伝わる表現になっているかを確かめて、文や文章を整える力が必要である。

言葉を選び直す、言葉の順序を入れ替える、改行するところを変える、比喩や反復といった表現の工夫をするなどして、詩を整えられるようにする。

具体例

○第1時に誰に、何のために、どのようなことを詩に書くのかを確認し、毎時間、教室に掲示するなどして意識できるようにする。

○書くことに必要な材料を集める、詩を書く、推敲するといった一連の学習過程を行ったり来たりしながら、表現を確かめたり、文や文章を整えたりすることができるようにする。

〈教材・題材の特徴〉

毎日の生活の中で、心を動かされたことやそのときの気持ちを詩に書く教材である。文章ではなく詩という短い文にすることで、伝えたいことを明確にし、表現を工夫することができる。

本教材では、考えたこと、見たこと、嬉しかったこと、悔しかったことなどが題材の例として挙げられている。また、ニンジンの色を「おふろあがり」と例えたり、不思議に思ったことについて同じ文を繰り返し書いたりするなど、表現の工夫に着目しやすい作品例を示している。

具体例

○題材の例に沿って、毎日の生活の中で、発見したことや感動したことを思い出す。1週間程度、思い出す時間をとる。

○題材が決まったら、ウェビングマップを使って詩を書くうえで必要な材料を集める。

○比喩や反復などの表現の工夫に着目したり、連に分けたりするなど、教科書の作品例を基に表現の工夫に着目して、詩を書くときに使うことができるようにする。

〈言語活動例〉

心を動かされたことついて表現を工夫して詩を書き、書いた詩を読み合い、書き方の工夫を伝え合う。

詩に書きたいことを決めるとき、詩を書くとき、読み返して詩を整えるときに、友達と対話的に学習を進められるようにする。また、詩を書くだけでなく、書き方の工夫に着目して友達と感想を伝え合うことで、本単元の学びが今後の学習につながるようにしたい。

具体例

○詩に書きたいことを決めるとき、題材を選んだ理由などを友達に質問してもらい、書きたいことを掘り下げられるようにする。

○友達と読み返すことで、自分の気持ちが読み手に伝わる詩になっているか確認することができる。また、友達に感想や質問を言ってもらうことで、詩を整えるときに生かすことができる。

○「この工夫がいいな」など、友達の詩を読んで書き方の工夫を見つけて付箋や感想カードに書いて渡すことで、書き手は自分の表現のよいところを見つけることができる。また、詩だけでなく、手紙など、気持ちを伝える文章を書くときに生かすことができる。

本時案

感動を言葉に

1/7

本時の目標

・毎日の生活の中で心を動かされたことやそのときの気持ちを、詩に書こうとする意欲をもつことができる。

本時の主な評価

・毎日の生活の中で心を動かされたことやそのときの気持ちを、詩に書こうとしている。

資料等の準備

・教科書 P.78の詩
（拡大コピーで使用できるもの）

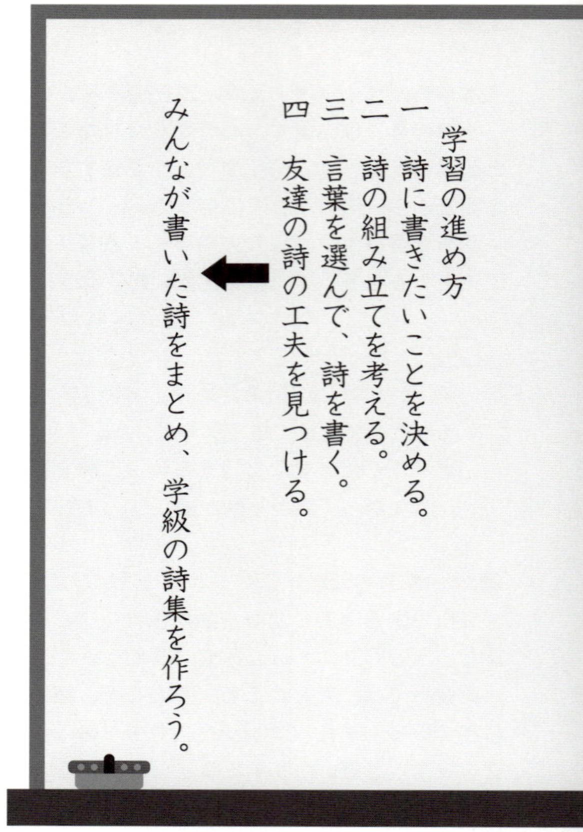

学習の進め方
一 詩に書きたいことを決める。
二 詩の組み立てを考える。
三 言葉を選んで、詩を書く。
四 友達の詩の工夫を見つける。
みんなが書いた詩をまとめ、学級の詩集を作ろう。

授業の流れ ▷▷▷

1 教科書の詩や児童詩などを読み、学習への興味・関心をもつ〈10分〉

○教科書 P.78の詩を読み、学習への興味を高める。

T　詩「ニンジン」、詩「およぐ」を読んで、どんな感想をもちましたか。思ったことはありませんか。

・お風呂に入って赤くなっている様子を、ニンジンと例えているのがおもしろいです。

・水が怖いって泣いたら、喉が渇いたのがおもしろいです。

○子供にも分かりやすい詩を紹介すると、学習への興味が高まるとともに、自分たちが詩を書くときの参考にもなる。

T　発見したこと、感動したことの様子やそのときの思いを、短い言葉で表現していますね。

2 相手意識、目的意識、学習の見通しをもつ〈30分〉

○教科書 P.77を読み、学習の見通しをもつ。

T　この学習では、毎日の生活の中での出会いや発見、感動を詩に書きます。詩は、短い文で、そのときの思いを言葉で表したものです。

・作文と比べて文が短いから、書きやすそう。

・「ニンジン」や「およぐ」みたいな詩を書くのかな。おもしろそう。

T　言葉や表現を工夫して、詩を書きます。学習の最後には、作った詩を友達と読み合って、感想を伝え合います。

・友達と書いた詩を読み合うのが、楽しみだな。

○単元のゴールは、学級で１つの詩集にまとめるなど、子供の意欲を高める工夫をしてもよい。

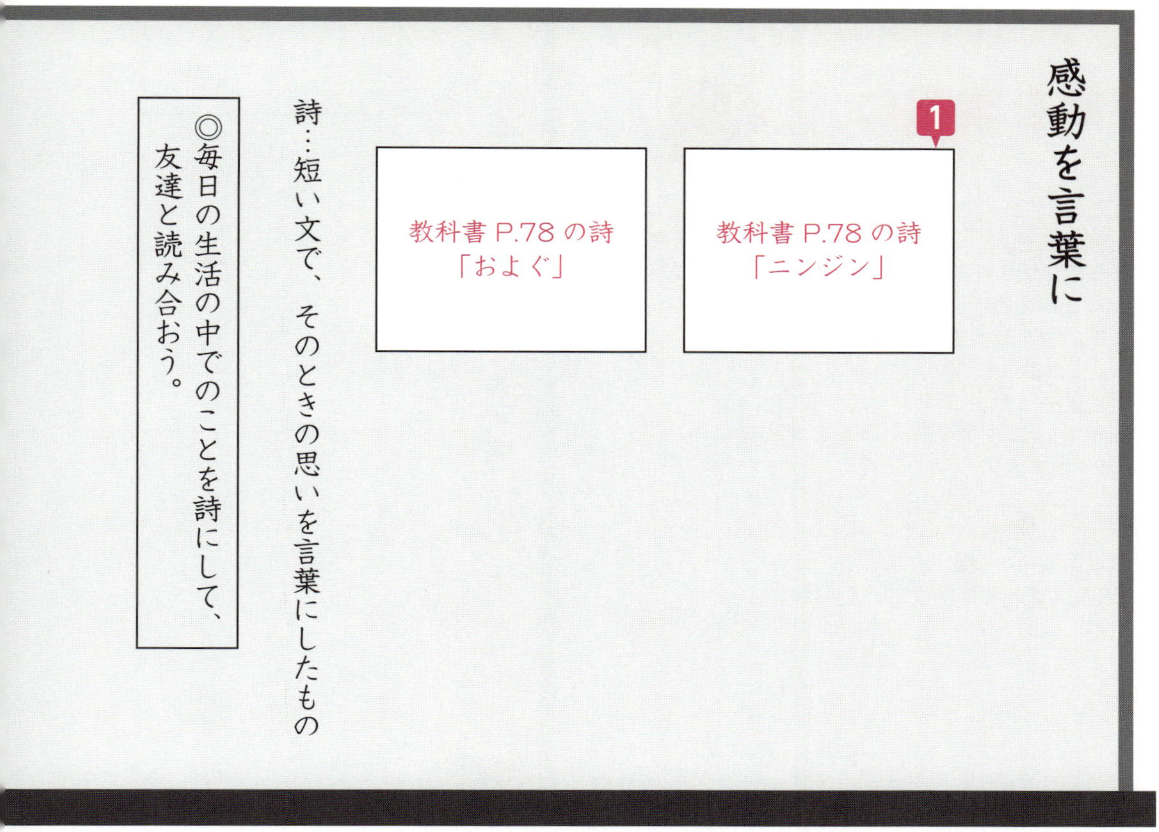

感動を言葉に
1
教科書 P.78 の詩
「ニンジン」
教科書 P.78 の詩
「およぐ」
詩…短い文で、そのときの思いを言葉にしたもの
◎毎日の生活の中でのことを詩にして、友達と読み合おう。

3 次時学習を知る 〈5 分〉

○学習計画表で、次時で詩に書きたいことを決めること、毎日の生活の中に詩の題材になりそうなことはないか意識するように伝える。

○毎日の生活の何気ない出来事が、詩の題材になる。学校での出来事、家での出来事、友達とのことなど、具体的な場面を示すことで、書く事柄を見つける目を育てたい。

T　次の時間、詩に書きたいことを決めます。毎日の生活の中での出会い、発見や感動など、心を動かされることが見つかったら、メモしておきましょう。

T　今日の学習を振り返って、学習感想を書きましょう。

よりよい授業へのステップアップ

学習への興味・関心をもたせる工夫

教科書 P.78の詩、児童詩などを紹介して、詩のおもしろさを味わわせ、学習への興味・関心をもたせるようにする。また、子供が親しみやすい詩集を教室に置き、手に取って読めるようにするのもよい。

相手意識、目的意識をもたせる工夫

誰に、何のために、どのようなことを詩に書くのか、学習の目的をしっかり意識させたい。第１時で確認したことを教室に掲示しておき、子供たちが見通しをもって学習に取り組めるようにするとよい。

本時案

感動を言葉に

2/7

本時の目標

・毎日の生活の中で経験したことから、心が動いたことを思い出し、詩に書きたいことを決めることができる。

本時の主な評価

❷経験したことから書くことを選んでいる。【思・判・表】

資料等の準備

・ワークシート 10-01
（拡大コピーで使用できるもの）

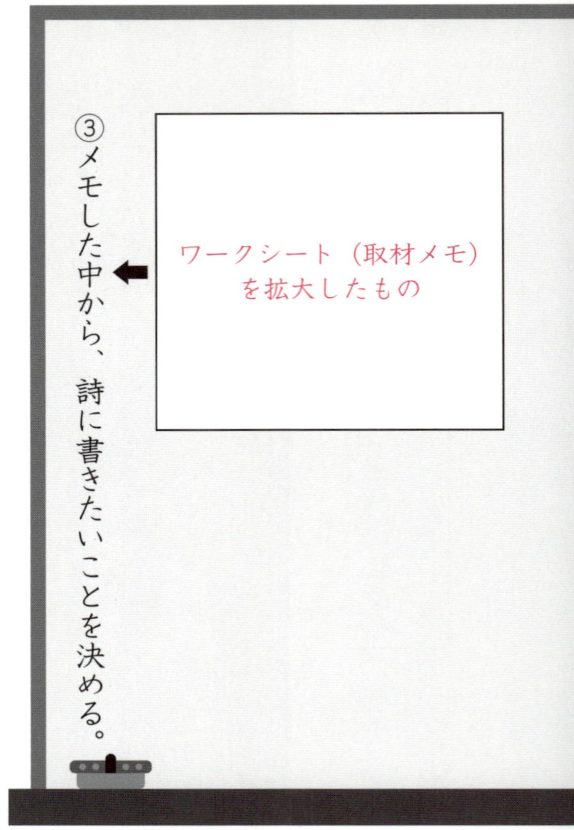

③メモした中から、詩に書きたいことを決める。
ワークシート（取材メモ）を拡大したもの

授業の流れ ▷▷▷

1 心を動かされたことを題材にして、詩を書くことを確認する 〈10分〉

○教科書 P.77を読み返したり前時の学習を想起したりして、学習の目的を確認する。

○相手や目的を意識して、見通しをもって学習するために、学習計画や本単元のめあてを教室に掲示するとよい。

T 本単元では、毎日の生活の中で、心を動かされたことを詩に書き、友達と読み合う学習をします。

・どんなことを詩に書こうかな。

・友達の詩を読むのが楽しみだな。

・この前、びっくりしたことがあったから、そのことを書きたいな。

T 今日は、毎日の生活を思い出して、詩に書くことを決めましょう。

2 題材について経験を掘り起こす方法を知る 〈15分〉

T 詩に書く事柄を「題材」と言います。今回は、「心を動かされたこと」を題材にして、詩を書きます。

○本単元では、「心を動かされたこと」＝気持ちと捉え、どんな気持ちがあるかを発表させる。

・楽しかったこと。

・悔しかったこと。

T そのときの様子を思い出してみましょう。

・嬉しかったことがありました。野球でホームランを打って、逆転して勝ちました。

・土砂降りの後、急に晴れて、虹が出ました。きれいだなと思いました。

○子供の発言を、掲示したワークシートに短い言葉でメモすることで、書き方の例を示す。

感動を言葉に

◎詩に書きたいことを決めよう。

2 ①詩に書くことを考えよう。

心を動かされたこと（題材）

☆「気持ち」
うれしかったこと、楽しかったこと、
びっくりしたこと、くやしかったこと、
がんばっていること、初めて知ったこと　など

☆そのときの様子
したこと、見たこと、聞いたこと、
思ったこと、考えたこと

3 ②題材について思い出し、取材メモに書こう。

3 題材について経験を掘り起こし、詩に書きたいことを決める〈20分〉

T　それでは、毎日の生活をよく思い出して、「心を動かされたこと」をワークシートに書きましょう。

・これまで、どんなことがあったか、日記を読み返してみよう。
・〇〇さんのように、ぼくも、野球で勝って嬉しかったことを書こう。
・昨日、お母さんに褒められて嬉しかったな。

〇第２時だけでは、題材が見つかりづらいことが考えられる。取材期間を１週間程度とるとよい。
可能であれば、家庭学習にしたり、帰りの会などで、今日心に残った出来事をメモさせたりするとよい。

よりよい授業へのステップアップ

題材についての経験を掘り起こす

「心を動かされたこと」といっても子供はすぐには思い浮かばないだろう。そこで、嬉しかったこと、楽しかったこと、悔しかったこと、びっくりしたことなど、心が動かされるような「気持ち」を明示して、これらの観点に沿って思い出すようにする。

まずは、毎日の生活での出会いや発見などを自由に発表させ、数人の子供の発言を基にワークシートの書き方を示して、経験の掘り起こし方を学級全体で共有し、その後に、一人一人の活動に入らせたい。

本時案

感動を言葉に

3/7

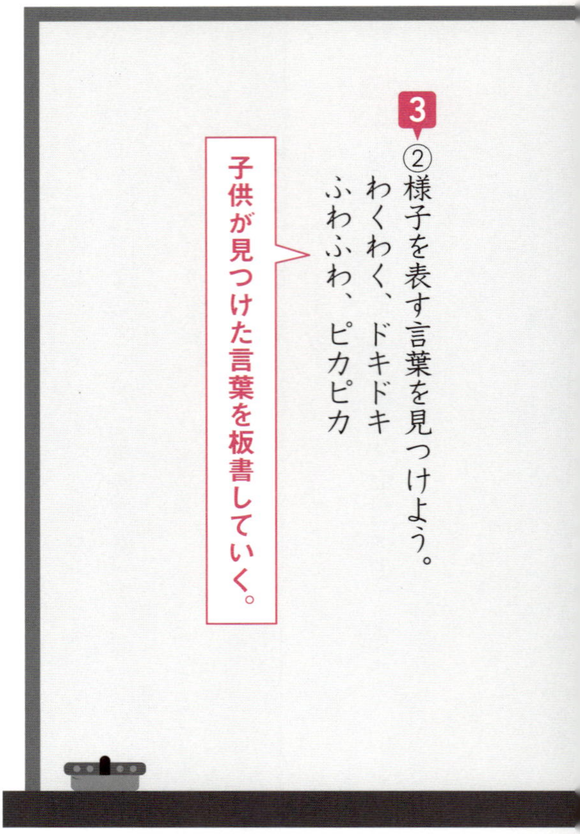

3
②様子を表す言葉を見つけよう。
わくわく、ドキドキ
ふわふわ、ピカピカ
子供が見つけた言葉を板書していく。

本時の目標

・教科書の文例を読んで、例えや繰り返しなどの表現の工夫、様子や行動、気持ちや性格を表す語句の量を増し、詩の中で使うことができる。

本時の主な評価

❶様子や行動、気持ちや性格を表す語句の量を増し、詩の中で使っている。【知・技】

資料等の準備

・教科書 P.78の詩
（拡大コピーで使用できるもの）

授業の流れ ▷▷▷

1 表現を工夫して詩を書くことを知る 〈5分〉

○詩は、改行の仕方や連に分けるところなど、子供たちがいつも書いている文章と違うところがあることを押さえる。

T　詩は、いつも書いている文章とは、書き方が違うところがあります。これまでに、詩で学習したことを思い出してみましょう。

・連というまとまりがありました。

・短い文、言葉で書いてありました。

T　詩は、短い文で、そのときの思いを言葉で表したものです。短いからこそ、読む人に伝わるように、言葉や表現を工夫することが大切です。

T　今日は、詩の書き方の工夫を考え、自分たちが詩を書くときに役立てるようにしましょう。

2 教科書の文例を読み、表現の工夫を見つける 〈20分〉

T　「ニンジン」の詩は、どのような書き方の工夫をしていますか。

・お風呂上がりの赤くなっている様子を、ニンジンに例えています。

・一行だけの詩です。文ではなく、言葉だけで表していて分かりやすいです。

T　「およぐ」の詩は、どのような書き方の工夫をしていますか。

・一連と二連で同じ言葉や文を繰り返しています。

・――を使って、その後に続く言葉を想像できるようにしています。

・いつも書く文章とは、違う改行の仕方をしています。

感動を言葉に

2 ◎表現の工夫を考えよう。

①教科書の詩を読み、表現の工夫を見つける。

教科書 P.78 の詩
「ニンジン」

○例え…おふろあがりの様子が「ニンジン」みたい
○一行だけの詩。言葉だけ。

教科書 P.78 の詩
「およぐ」

○同じ言葉や文をくり返す。
○―を使う…その後に続く言葉を想像させる。
○ふつうの文章とは、ちがう改行のしかた。

3 様子を表す言葉を見つける。表現の工夫を整理する 〈20分〉

T　例えや改行、繰り返しなどの書き方の工夫の他に、様子や気持ちが伝わる言葉を使うことも大切です。

T　様子や気持ちを表す言葉を見つけましょう。

・わくわく、ドキドキ。
・ふわふわ、ピカピカ。

○本時の学習を振り返り、表現の工夫をまとめることで、子供たちが詩を書くときに使えるようにする。

T　次時では、前時で決めた詩に書きたいことについて、どんな詩にするか、詩の組み立てを考えます。

よりよい授業へのステップアップ

様子や気持ちを表す語句を増やし、詩を書くときに使うための工夫

子供たちが詩を書くときに役立つ様子や気持ちを表す言葉をまとめ、ワークシートとして配布するとよい。また、子供たちが見つけた様子を表す言葉を、「言葉のたからばこ」としてまとめて掲示するのもよい。

詩を書くときには、配布したワークシートや「言葉のたからばこ」を見ながら、そのときの様子や自分の気持ちにぴったり合った言葉を選んで使うように助言すると、語彙を増やすとともに、活用することができる。

本時案

感動を言葉に

4/7

本時の目標

・ウェビングマップを使って、題材についてそのときの様子や気持ちを思い出し、短い文や言葉で書き出すことができる。
・どのような詩にしたいか、詩の組み立てを考えることができる。

本時の主な評価

❷集めた材料を比較したり分類したりして、伝えたいことを明確にしている。【思・判・表】

資料等の準備

・ワークシート 10–02

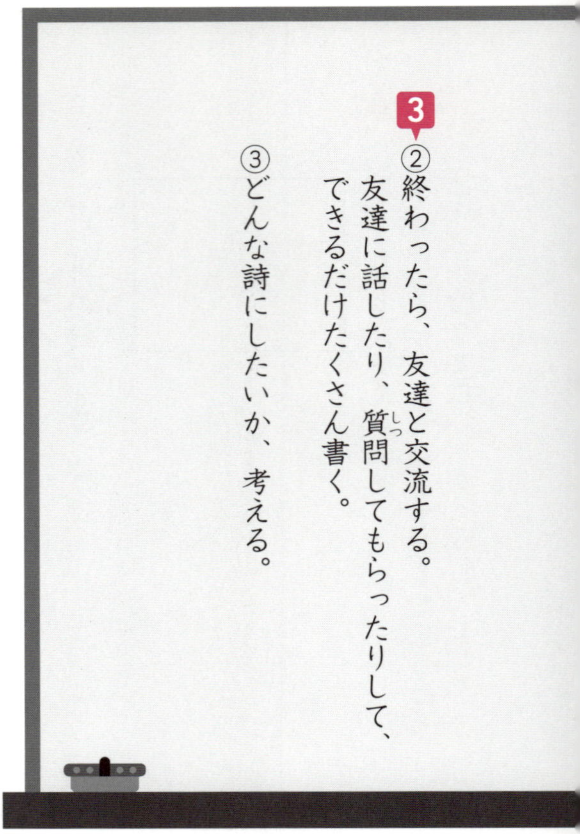

3
②終わったら、友達と交流する。
友達に話したり、質問してもらったりして、
できるだけたくさん書く。
③どんな詩にしたいか、考える。

授業の流れ ▷▷▷

1 第2時で決めた題材を確認する 〈5分〉

○なぜその題材にしたのか、理由も発表させると、書きたいことを掘り下げられてよい。

T 第2時で、詩に書きたいこと（題材）を決めました。どんな題材にしたか、発表しましょう。

・ぼくは、野球でホームランを打って、逆転勝ちしたことにしました。とても嬉しかったからです。

・私は、初めて犬を散歩させたときのことにしました。わくわく、ドキドキしたからです。

T 今日は、題材について、そのときの様子や気持ちを思い出して書き出す学習をします。

T 配られたウェビングマップを見てください。中心にある四角に、題材、つまり、心を動かされたことを書きます。

2 ウェビングマップを使い、様子や気持ちを思い出す 〈30分〉

○経験を思い出すとき、どのような思考がはたらいているのか、具体的に理解させるとよい。

T 題材について、そのときの様子や気持ちを思い出して、短い文や言葉でたくさん書き出します。先生の題材を例に、ウェビングマップの書き方を確認します。

・したこと、見たこと、聞いたこと。
・思ったこと、考えたこと、感じたこと。
・短い文や言葉で書き出す。
・「様子や気持ちを表す言葉」の中に、伝えたいことに合った言葉はないか。

○題材について書き出すと、伝えたいことが明確になってくる。必要に応じて、題材を変えてもよい。

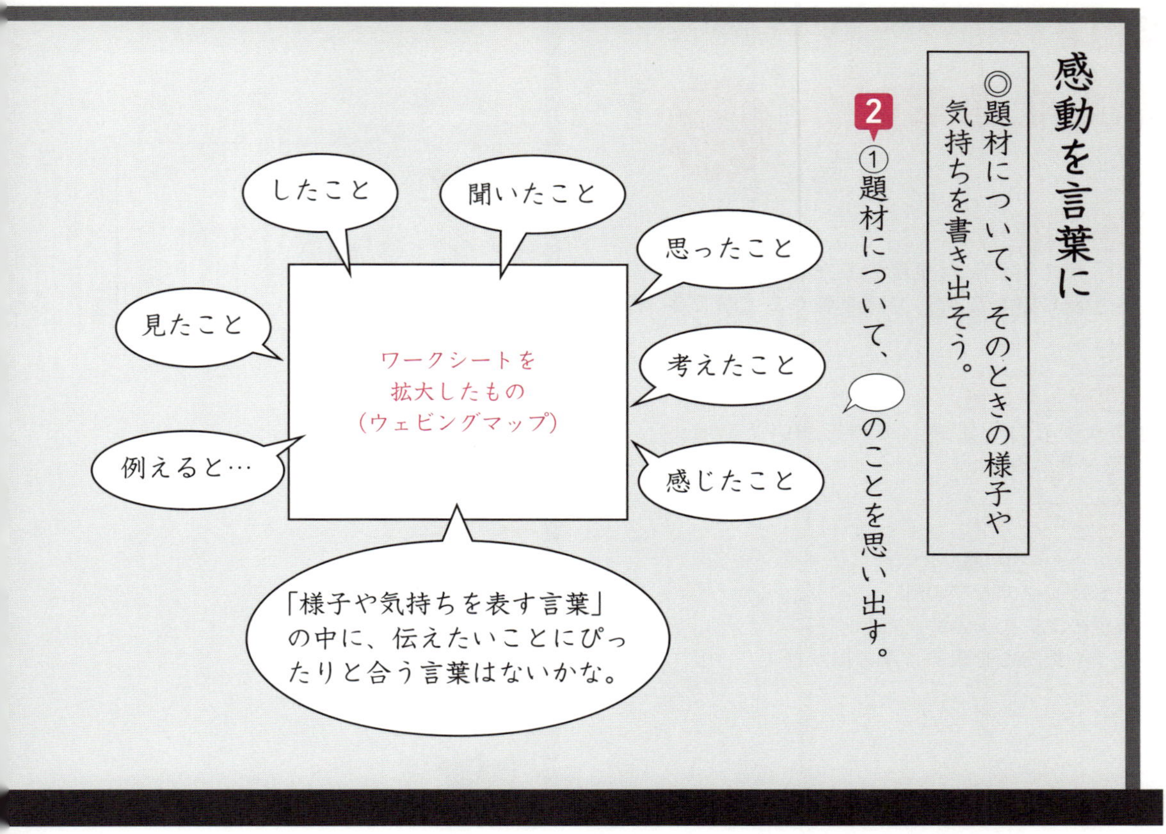
感動を言葉に
◎題材について、そのときの様子や気持ちを書き出そう。
2 ①題材について、（　）のことを思い出す。
したこと
聞いたこと
思ったこと
見たこと
考えたこと
例えると…
感じたこと
ワークシートを拡大したもの（ウェビングマップ）
「様子や気持ちを表す言葉」の中に、伝えたいことにぴったりと合う言葉はないかな。

3 友達と交流する 〈10分〉

T 書き終わった人から、友達と交流します。友達に話すことで伝えたいことがよりはっきりしたり、友達に質問されて思い出したりすることもあります。書くことが見つかったら、ウェビングマップに書き加えます。

T 次時では、ウェビングマップに書き出した文や言葉を使って、詩にしていきます。どのような詩にしたいか、考えましょう。

・早く詩を書きたいな。
・どんな詩にしようかな。

○教科書の文例を振り返り、一行だけの詩、連に分かれた詩を想起させ、書きたい詩のイメージ（詩の組み立て）をもたせる。

よりよい授業へのステップアップ

経験を思い出す工夫

子供たちは、自問自答しながら題材について思い出している。板書の吹き出しのように、観点を示して経験を思い出せるとよい。

学習過程の工夫

本時は、詩に書くことに必要な事柄を集める（取材）、詩の組み立てを考える（構成）学習である。詩の一文は短い文のため、子供たちは、取材、構成、記述の一連の思考を同時に行っている。これらの学習過程を、行ったり来たりしながら、学習を進められるようにしたい。

本時案

感動を言葉に

5/7

本時の目標

・第３時で学習した表現の工夫を生かして、書き表し方を工夫して詩を書くことができる。

本時の主な評価

❸書き表し方を工夫して詩を書いている。【思・判・表】

資料等の準備

・ワークシート 10-03
・ウェビングマップの例
・表現の工夫をまとめた掲示物
・様子や気持ちを表す言葉の掲示物

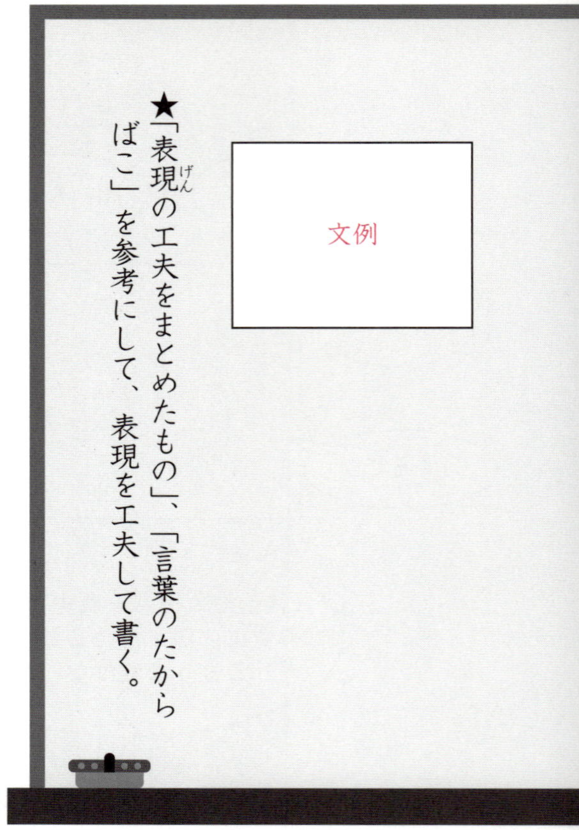

★「表現の工夫をまとめたもの」、「言葉のたからばこ」を参考にして、表現を工夫して書く。
文例

授業の流れ ▷▷▷

1 ウェビングマップの例を紹介しながら、前時の学習を振り返る〈10分〉

T　前時では、題材について思い出し、そのときの様子や気持ちを書き出しました。
T　これは、ウェビングマップの例です。よいところを見つけましょう。
・したこと、見たこと、聞いたことがたくさん書いてあります。
T　自分のウェビングマップを見返して、思い出したことがあれば書き足しましょう。
○ウェビングマップに、できるだけたくさん様子や気持ちを表す言葉が書いてあると、詩を書きやすい。本時の導入で、ウェビングマップの例を見せながら、言葉を増やすとよい。

2 ウェビングマップから言葉や文を選び、詩を書く〈25分〉

T　前時で書いたウェビングマップから、伝えたいことに合った言葉や文を選びます。
・ぼくの伝えたいことは、「野球でホームランを打って、逆転勝ちして嬉しかったこと」です。このときの様子や気持ちが表れている言葉は、どれかな。
T　言葉や文を選んだら、言葉や文を並べたり、言葉と言葉を組み合わせたり、順序を入れ替えたりして詩にします。連に分けたり、一行だけにしたり、どのような詩にしたいか考えながら、詩を書きましょう。
・例えを使って、一行だけで表してみよう。
・まずは選んだ言葉や文をつなげて、詩にしてみよう。書き終わってから、詩を整えよう。

感動を言葉に

◎書き表し方を工夫して、詩を書こう。

1 ①ウェビングマップの例をもとに、言葉を書き足す。

2 ②伝えたいことに合った言葉や文を選ぶ。

③選んだ言葉を詩にする。

・言葉や文をならべる。

・言葉と言葉を組み合わせる。

・順序（じょ）を入れかえる。

ウェビングマップの例

←

3 読み返して、詩を整える〈10分〉

○次時で推敲の時間は設けているが、書き終わったら読み返す習慣を付けさせたい。他の言葉や言い方はないか、言葉の順序を変えたらどうだろうなどと考えることで、心が動かされたときのことが伝わる詩になっているかを考えさせるとよい。

T　書き終わったら、詩を読み返してみましょう。同じ題材で、もう一度、詩を書いてみるのもよいでしょう。

・もっとリズムのいい詩にしたいな。この言葉を他の言葉に変えてみようかな。

・ウェビングマップから選んだ言葉を、順序を変えて詩にしてみよう。

・改行して、一文を短くしようかな。

よりよい授業へのステップアップ

書き表し方の工夫

書き表し方を工夫して詩を書くために、第３時で学習したことを使うようにするとよい。例えや繰り返し、改行など表現の工夫をまとめたものや、様子や気持ちを表す言葉を掲示して、子供が主体的に詩を書けるようにするとよい。

詩が書き終わったら、言葉の順序や調子を変えるなどして、同じ題材でもう一度、詩を書くのもよい。２つの詩を比べることで、伝わる表現になっているか確かめ、言葉を選んだり表現を工夫したりさせたい。

本時案

感動を言葉に　6・7/7

本時の目標

・書いた詩を読み返し、心が動かされたときのことが伝わる表現になっているか確かめたり、友達の詩と読み合い、書き方の工夫を伝え合ったりすることができる。

本時の主な評価

❹相手や目的を意識した表現になっているか確かめ、詩を整えている。【思・判・表】
❺毎日の生活の中で、心を動かされたことやそのときの気持ちを、詩に書こうとしている。【態度】

資料等の準備

・同じ題材で、推敲前と推敲後の文例
・子供、または教師の推敲前の文例

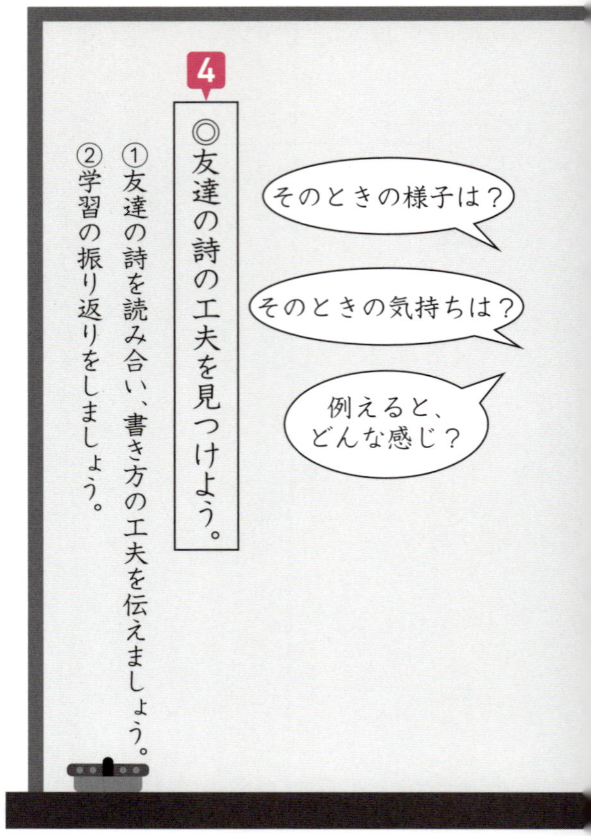

そのときの様子は？
そのときの気持ちは？
例えると、どんな感じ？
4
◎友達の詩の工夫を見つけよう。
①友達の詩を読み合い、書き方の工夫を伝えましょう。
②学習の振り返りをしましょう。

授業の流れ ▷▷▷

1 「詩を整える」（推敲）について知る〈第6時〉

○「心が動かされたこと」を「友達に伝わるように詩を書く」という、詩を書く相手や目的を確認することで、推敲の必要性を意識させるとよい。

T　今日は、書いた詩を読み返し、心が動かされたときのことが、友達に伝わる表現になっているか確かめます。読み返して、文や文章を整えることを「推敲」と言います。

T　どんなことに気を付けて、詩を整えるとよいでしょうか。

・言葉を付け足す。言葉を省く。
・他の言葉に変えてみる。
・言葉の順序を入れ替える。
・改行の位置を変える、連に分ける。

2 文例を参考にして、詩を整える方法を知る〈第6時〉

○同じ題材で、推敲する前と推敲した後の文例を提示し、どこを、どのように整えたのか考えさせるとよい。

○前出の文例とは違う推敲前の文例を提示し、子供たちとやり取りをしながら、詩を整え、推敲の仕方を具体的に理解できるようにする。

T　推敲する前と後の文例を見比べて、どこを、どのように整えたでしょう。

・よい例については、話題の中心を押さえること、詳しく説明する事柄を簡潔に述べていること、まとめとなる文があること、全体の文章のつながり（自分の意見、要約した部分等）、文章の構成、段落意識に着目する。

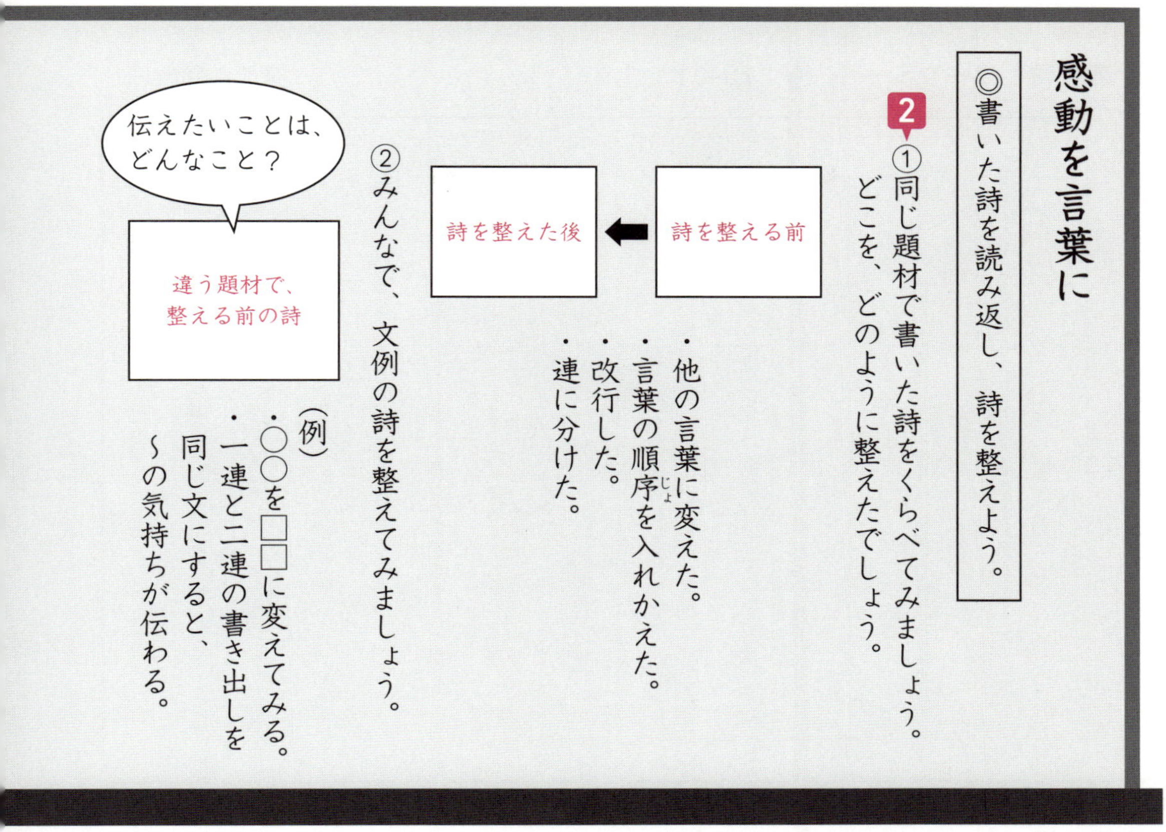

感動を言葉に
◎書いた詩を読み返し、詩を整えよう。
2
①同じ題材で書いた詩をくらべてみましょう。
どこを、どのように整えたでしょう。
詩を整える前
詩を整えた後
・他の言葉に変えた。
・言葉の順序を入れかえた。
・改行した。
・連に分けた。
②みんなで、文例の詩を整えてみましょう。
(例)
・○○を□□に変えてみる。
・一連と二連の書き出しを同じ文にすると、
～の気持ちが伝わる。
伝えたいことは、どんなこと？
違う題材で、整える前の詩

3 詩を読み返したり、友達と読み合ったりして、詩を整える 〈第６時〉

T 詩を読み返したり、友達と読み合ったりして、詩を整えます。

T 詩を直すときは、省きたい言葉は二重線を引く、言葉を付け足すときは挿入の印を書くようにします。

T 詩を読み返して整えた人は、交流コーナーで友達と読み合いましょう。

○友達と読み合うときは、表現のよさを伝えるとともに、「そのとき、どんな気持ちだった？」「そのときの様子は？」「例えると、どんな感じ？」などの質問をするようにさせるとよい。

○詩を整えたら、丁寧に清書する。挿絵を描いて色画用紙の台紙に貼るなどの工夫をすると、子供たちの達成感が高まる。

4 友達と詩を読み合い、書き方の工夫を伝え合う 〈第７時〉

T 友達と詩を読み合い、書き方の工夫を伝え合いましょう。

○本単元で学習した書き方の工夫について、確認することで、詩を読み合うときの視点をもてるようにする。

○友達の詩を読んで書き方の工夫を見付け、付箋や感想カードに書いて渡すようにするとよい。

T 学習を振り返りましょう。

○学習を振り返り、本単元で学習したことをまとめる。また、今後、手紙などの気持ちを伝える文章を書くときに生かしておくとよい。

資料

1 第2時　ワークシート　10-01

感動を言葉に　　年　組　名前（　　　　　）

◎詩に書きたいことを決めよう。

最近、何に心が動かされましたか。

毎日の生活をよく思い出し、出会いや発見など、感動したことをメモしましょう。

メモした中から、詩に書きたいことを選びましょう。

気持ち	様子 したこと、見たこと、聞いたこと、思ったこと、考えたこと
うれしかったこと	
楽しかったこと	
びっくりしたこと	
くやしかったこと	
がんばっていること	
初めて知ったこと	
その他	

2 第4時　ワークシート　10-02

感動を言葉に　　年　組　名前（　　　　　）

◎題材について、そのときの様子や気持ちを思い出そう。

○ウェビングマップを使って、そのときの様子や気持ちを思い出し、短い文や言葉で書き出す。

書き終わったら、友達に質問してもらいながら、さらにウェビングマップを書き広げる。

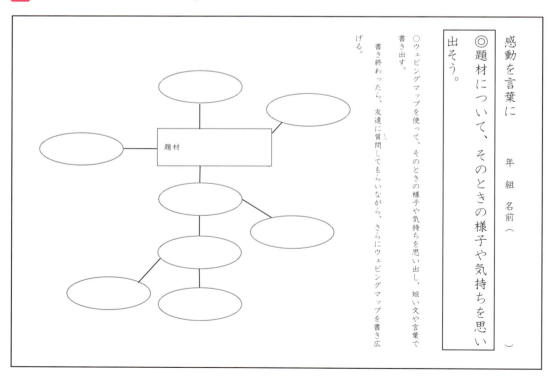

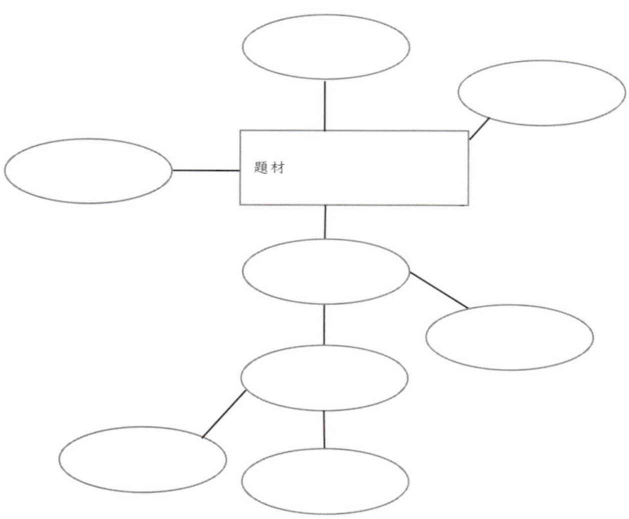

3 第５時　ワークシート 10-03

感動を言葉に

年　組　名前（　　　　　）

◎書き表し方を工夫して、詩を書いてみよう。

○前時のウェビングマップから言葉や文を選んで、詩を書く。

題名（題材）

季節の言葉４

冬の楽しみ　２時間扱い

〔知識及び技能〕⑴オ　関連する言語活動例Ｂ⑵ウ

単元の目標

・正月や冬の行事を思い出して、俳句を作ることを通して様子や気持ちを表す語句について理解を深めることができる。
・俳句を作るという目的を意識して、経験したことから書くことを選ぶことができる。

評価規準

知識・技能	❶様子や行動、気持ちや性格を表す語句の量を増し、言葉には性質や役割による語句のまとまりがあることを理解し、語彙を豊かにしている。（〔知識及び技能〕⑴オ）
主体的に学習に取り組む態度	❷粘り強く書き表し方を工夫して、学習課題に沿って俳句を書こうとしている。

単元の流れ

時	主な学習活動	評価
1	学習の見通しをもつ 教科書 P.80、81を見て、正月や冬の行事について思い出し、俳句を作るという学習の見通しをもつ。 俳句には、正月や冬の行事についての言葉を入れることを確かめる。	
2	俳句を作る。 学習を振り返る 俳句を読み合い、感想を伝え合う。	❶❷

授業づくりのポイント

〈単元で育てたい資質・能力〉

本単元のねらいは、正月や冬の行事についての様子や気持ちを表す語句についての理解を深めさせることである。そのために、正月や冬の行事についての経験を耕したり掘り起こしたりする必要がある。教科書の例も参考になるが、冬休みの日記などの事例を集めておき、「○○さんは、こんなことをしたよ」とか、「こういうことも冬の行事だね」と言って、材料集めをやりやすいようにする。また、俳句を作るといっても、五・七・五や季語について厳密に指導するよりも、材料選びや言葉選びのよさを評価するように、助言したり励ましたりする。例えば、「冬休み」も冬の行事を表す言葉とすると、材料が広がる。

具体例

○正月や冬の行事
・正月（お年玉、年賀状、おみくじ、たこあげ、かるた、書き初め　等）
・冬の行事や遊び（クリスマス、温泉、雪だるま、雪合戦、スキー、スケート　等）
○冬から連想できる言葉
・冬休み　・寒い　・冷たい　・雪　・氷

〈他教材との関連〉

上巻「夏の楽しみ」でも、俳句で夏の行事の様子を書き表している。その学習経験を想起させると活動が円滑である。秋の行事については、子供が既に知っている行事だけでなく、辞書や図鑑を調べさせている。調べるという活動を取り入れる場合、教科書の配列では、本単元の次単元になる「自分だけの詩集を作ろう」に関連して、「冬の詩を集めよう」という単元も考えられる。

具体例

○教科書に出てくる作者の冬の詩の例
・金子みすゞ「積もった雪」
・阪田寛夫「ころびしょうがつ」「こたつであやとり」「おにがやいやい」
・工藤直子「冬の祭り」
・谷川俊太郎「ふゆのゆうぐれ」

〈言語活動の工夫〉

教科書 P.80には、かるた取りの紹介がある。かるたは、身近な昔遊びの１つでもあるし、リズム感や言葉の用い方の言語感覚の向上に有効な言語活動である。しかし、本単元では時間的に難しいことも考えられる。そこで、簡易的な句会を開いて、お互いの俳句を鑑賞する言語活動もお薦めする。

具体例

○短冊に書いた俳句をグループの机に置いたり黒板に貼らせたりしてその場の全員が見られるようにし、じっくりと静かに読む時間を設ける。そのうえで、よいと思ったところを自由にたくさん話させる。その際、クラスの実態によっては誰の俳句であるのかをあえて分からないようにし、人間関係ではなく言葉そのもののよさを素直に褒め合えるようにすることも効果的である。
○同じ行事について表した俳句に注目させ、同じ行事でも見方や感じ方によって表現の仕方は様々にできることに気付かせる。

本時案

冬の楽しみ

1・2/2

本時の目標

・冬の楽しみなことについて、俳句を作ることを通して、冬の様子や気持ちを表す語句について理解を深めることができる。

本時の主な評価

❶冬についての様子や気持ちを表す語句について理解を深めている。【知・技】
❷粘り強く書き方を工夫して俳句を作ろうとしている。【態度】

資料等の準備

・短冊（画用紙を切ったもの）

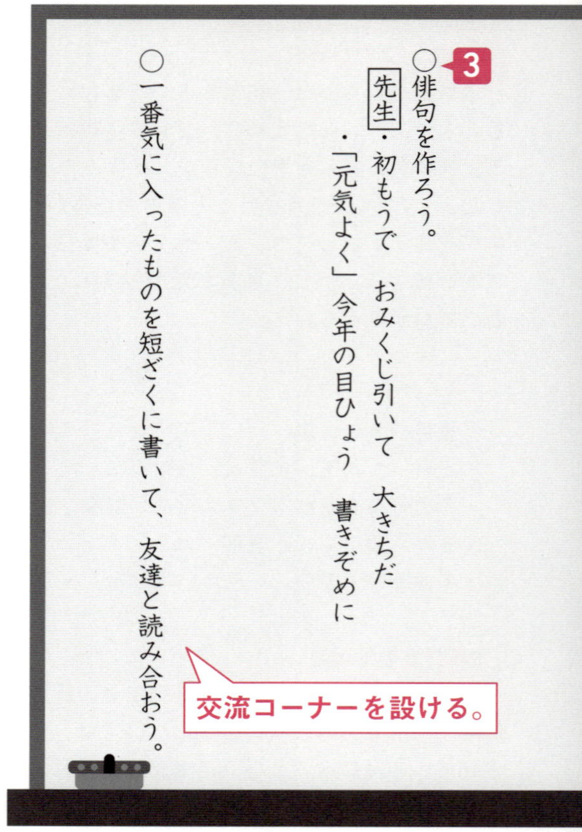

3
○俳句を作ろう。
先生・初もうで　おみくじ引いて　大きちだ
・「元気よく」今年の目ひょう　書きぞめに
○一番気に入ったものを短ざくに書いて、友達と読み合おう。
交流コーナーを設ける。

授業の流れ ▷▷▷

1 冬の行事について思い浮かぶことを発表する　〈第1時〉

○冬の行事で思い浮かぶことをノートに書き、発表する。

T　「秋の楽しみ」では、「〇〇の秋」について朝の会でスピーチをしましたね。「冬の楽しみ」では、冬の行事を入れた俳句を作ってみましょう。

T　冬の行事について思い浮かぶことをノートに書いてみましょう。お正月にやったことでもよいですよ。

・正月には、初もうでに出かけたな。
・スキーに行くのが楽しみだな。

○教科書を参考にしてもよい。

2 冬の行事について発表して俳句の題材を見つける　〈第1時・第2時〉

○冬の行事について思い浮かんだことを発表する。

T　冬の行事について思い浮かんだことを1つ発表して、俳句の材料を見つけましょう。

・初詣。
・書き初め。
・お年玉。

T　俳句にできそうな行事は見つかりましたか。ノートや黒板に出てきたものを冬の季語として俳句を作ります。俳句を作るときに気を付けることはどんなことでしょう。

○五・七・五のリズムのよさに気付かせる。

冬の楽しみ

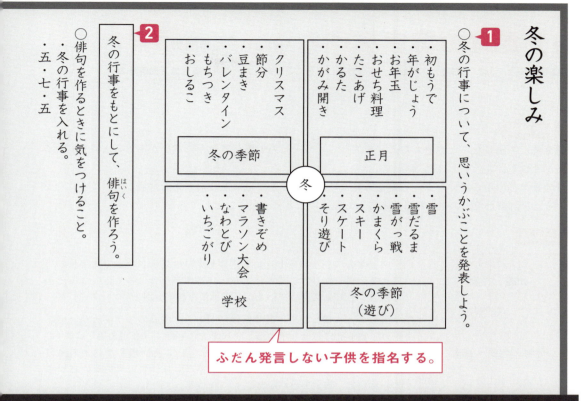

1 ○冬の行事について、思いうかぶことを発表しよう。

冬

正月
・初もうで
・年がじょう
・お年玉
・おせち料理
・たこあげ
・かるた
・かがみ開き

冬の季節（遊び）
・雪
・雪だるま
・雪がっ戦
・かまくら
・スキー
・スケート
・そり遊び

冬の季節
・クリスマス
・節分
・豆まき
・バレンタイン
・もちつき
・おしるこ

学校
・書きぞめ
・マラソン大会
・なわとび
・いちごがり

ふだん発言しない子供を指名する。

2 冬の行事をもとにして、俳句（はいく）を作ろう。

○俳句を作るときに気をつけること。
・冬の行事を入れる。
・五・七・五

3 冬の行事を基にして俳句を作り、友達と読み合う 〈第２時〉

○冬の行事を基にして俳句を作る。

T　俳句を作るときに気を付けることも確認できましたね。先生も２句作ってみました。

・初もうで　おみくじ引いて　大きちだ

・「元気よく」　今年の目ひょう　書きぞめに

T　どうでしょうか。何か違いに気付きましたか。

・初詣のほうは、季語が最初にあるけれど、書き初めの方は、季語が最後にある。

T　上の句、下の句の順番も工夫してみるとよいですね。

よりよい授業へのステップアップ

実の場への活用

「秋の楽しみ」では、スピーチを行った。本単元では、俳句を作ったが、朝の会のスピーチで発表してもよい。そのときに、俳句に選んだ行事について理由やエピソードを付け足して話すなどして、学習したことを活用することができる。

句会

１時間で俳句を作れた場合、２時間目で句会を開くこともできる。句会は、匿名にして、４～５人のグループになって、一番よいと思う句を選んでいく。

自分だけの詩集を作ろう　（4時間扱い）

〔知識及び技能〕(3)オ　〔思考力、判断力、表現力等〕B書くことエ、カ　関連する言語活動例B(2)イ

単元の目標

・詩を読んで感じたことや考えたことを共有し、一人一人の感じ方などに違いがあることに気付くことができる。

・詩の言葉の中から自分を支える言葉を見つけたり、今までになかった考えを発見したりすることによって、読書が自分の考えを広げることに役立つことに気付くことができる。

評価規準

知識・技能	❶詩の言葉の中から自分を支える言葉を見つけたり、今までになかった考えを発見したりすることによって、読書が自分の考えを広げることに役立つことに気付いている。(〔知識及び技能〕(3)オ)
思考・判断・表現	❷「読むこと」において、詩の情景について、場面の移り変わりと結び付けて具体的に想像している。(〔思考力、判断力、表現力等〕Cエ) ❸「読むこと」において、詩を読んで感じたことや考えたことを共有し、一人一人の感じ方などに違いがあることに気付いている。(〔思考力、判断力、表現力等〕Cカ)
主体的に学習に取り組む態度	❹詩に関心をもち、学習の見通しをもって詩を集めたり、詩集に載せる詩の順番を考えたりしようとしている。

単元の流れ

次	時	主な学習活動	評価
一	1	**学習の見通しをもつ** 教科書の3つの「月」の詩を読み、1番好きな詩について感じたことや、詩と詩とを結び付けて考えたことを共有する。 学習の見通しをもつ。	
	2	教師が挙げる例から、詩のテーマの決め方を知る。 テーマを決めて、詩を集める。	❶❹
二	3	集めた中から、詩集に載せる詩を決め、順番を考えて並べる。 表紙や目次、自分の考えを書き、本にする。	❸❹
	4	**学習を振り返る** 詩集を読み合い、読んで感じたことや考えたことを共有する。	❶❷

授業づくりのポイント

〈単元で育てたい資質・能力〉

本単元のねらいは、詩を読んで感じたことや考えたことを共有し、一人一人の感じ方などに違いがあることに気付く力を育むことである。

本単元では、詩を読んで感じたことや考えたことを共有する場面は２回ある。１回目は、教科書の３つの「月」を題材にした詩を読み、感じたことや考えたことを共有する場面である。２回目は、自分が選んだ詩を集めた詩集を読み合う場面である。なぜ、その詩を載せたのか、感じたことや考えたことを共有させたい。そのために、詩集には「選んだ理由」も書かせておきたい。

具体例

○共有する場面では、以下のことを意識させたい。

（話し手）なぜその詩を選んだのか。

（聞き手）特にいいな、と思った詩はどれか。詩集全体から感じたこと等について伝える。

〈教材・題材の特徴〉

教科書では３つの「月」を題材にした詩が示されている。「まんげつ」では、「えんとつおして」、「ぼくのかたにのっかりそう」など、月の大きさが伝わってくるような表現が工夫されている。「月」は、たった一行の表現で、月が卵のように丸く見えることや、夜の空に雲が浮かんでいる様子まで伝わってくる。「つき」は地球から月までの旅を想像させる詩である。それぞれの詩は同じ月を題材にしているにもかかわらず、月から想像したことが異なっており、比喩や文末表現の工夫などがそれぞれに見られる。それぞれの詩の見方やよさに注目させたい。

具体例

○教科書の３つの「月」を題材にした詩を読み、感じたことや考えたことを共有する場面では、「一番好きな詩はどれか？」などについて考えさせることで、子供一人一人の感じ方の違いが表れやすくなる。ここで、同じ詩を読んでいても注目するところや感想が違うことを子供が実感し、楽しめるようにしておくことが、後の自分だけの詩集を読み合う期待感につながっていく。

〈言語活動の工夫〉

自分でテーマを設定し、複数の詩を集めて自分だけの詩集を作る活動である。本単元の学習が終わった後も、大切にしたいと思えるような詩集となるようにしたい。そのためには、ただ詩を書き写すのではなく、選んだ詩に対して感じたことや考えたことを書かせたり、工夫させたりする。また書く前に、詩集にどのような項目を立てられそうか、どのような工夫をしたらよりよくなるか、子供自身にアイデアを出させるとよい。

具体例

○内容には、テーマを書いた表紙、詩の題名と作者を書いた目次、それぞれの詩についての一言感想、詩に合ったイラスト、複数の詩を集めることを通して考えたことなどが考えられる。

○どのように詩集を読み合うと一人一人の感じ方の違いに子供が気付くことができるか、子供の実態に応じて考えたい。例えば、以下のような方法が考えられる。

・詩集の最後のページに読み手が感想を書いた付箋を貼らせるコーナーを作らせる。

・友達の詩集の中で一番よいと思った詩を選び、その詩についての感想を書いた人に伝える。

本時案

自分だけの詩集を作ろう　1/4

本時の目標

・単元の学習を理解し、どのように学習を進めていけばよいかを考えることができる。

本時の主な評価

・詩に関心をもち、学習の見通しをもとうとしている。

資料等の準備

・３つの「月」の詩の拡大コピー
・短冊カード　12-01

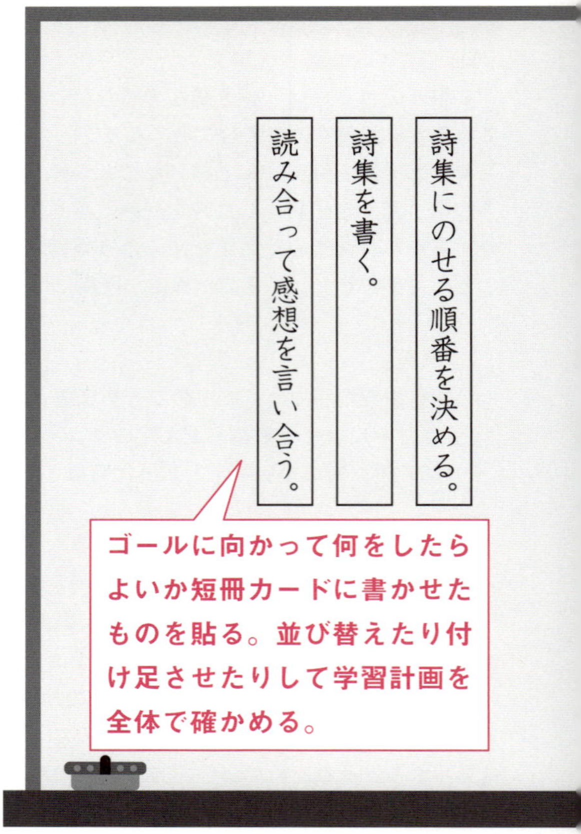

詩集にのせる順番を決める。
詩集を書く。
読み合って感想を言い合う。
ゴールに向かって何をしたらよいか短冊カードに書かせたものを貼る。並び替えたり付け足させたりして学習計画を全体で確かめる。

授業の流れ

1　３つの「月」の詩の中で１番好きな詩を選び、その理由をノートやワークシートに書く　〈10分〉

T　「月」をテーマにした３つの詩を読みましょう。どの詩が１番好きですか。

○範読を聞いたり、黙読や音読をしたりして、一つ一つの詩のよさについて、言葉の響きやリズムなど、様々な視点から考えられるようにしたい。

○友達と考えを共有することに向け、ここではその詩を選んだ理由をまとめさせておく。ノートに書かせてもよいし、好きな部分にサイドラインを引かせたり書き込ませたりすることも考えられる。

・ぼくは「月」が好きだと思った。一行でも読む人に想ぞうさせることができるのがすごいと思う。

2　友達と考えを共有する　〈15分〉

T　まず同じ詩を選んだ人と、どうしてその詩を選んだのかについて考えを共有しましょう。

○自分がまとめた考えをただ述べ合うのではなく、互いの考えの似ている点や異なる点を見いだしながら話し合わせるようにする。

・私は「まんげつ」が好き。月の大きさと、それに感動している感じがよく伝わってくる。

・ぼくは「ぼくのかたにのっかりそう」とか、比喩を使っているところがいいと思った。

○同じ詩を選んだ人同士の話し合いの後、全体で考えを共有させる。全体での話し合いでは、異なる詩を選んでいても、似ている考え方や読み方があることに気付かせたい。

・私は「月」が好きなんだけど、月を卵に例えるなんておもしろいと思って……。

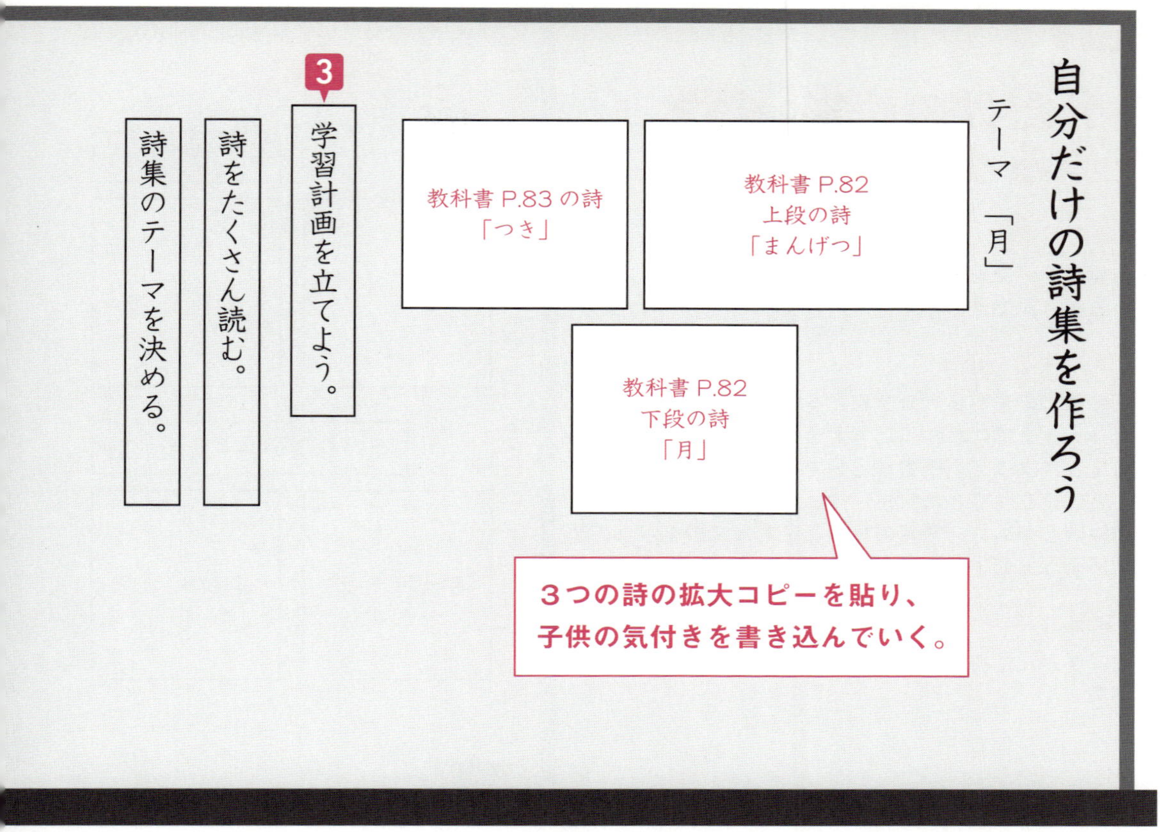

3 学習のゴールを知り、どのように学習を進めていけばよいかを考え、学習計画を立てる 〈20分〉

T　みなさんもテーマを決めて「自分だけの詩集」を作り、友達と読み合って考えを共有しましょう。詩集にはどのような項目があるとよいと思いますか。

・一つ一つの詩についてのおすすめポイントを書くといいんじゃないかな。

・３つの詩のテーマについての考えも「あとがき」にして書くといいと思う。

T　詩集を作ってそれを読み合うというゴールに向かって、何をどのような順番でしていくとよいか考えましょう。

・まずは詩を読むことからだよね。

・テーマを決めてから詩を読むといいんじゃないかな。

よりよい授業へのステップアップ

全員に学習計画を考えさせる

一部の子供の意見だけで学習計画を立てるのではなく、全員に考えさせたい。学習のゴールに向かってするべきことをノートに箇条書きにさせた後、短冊に書かせる。短冊を黒板に意図的に順番を逆にするなどして並べ、子供自身が学習内容と順番について考えをもてるようにするとよい。

詩集の内容を吟味させる

教科書に示されている詩集の項目に加えて、どのような項目があるとよりよい詩集になるか、子供にアイデアを出させたい。

本時案

自分だけの詩集を作ろう　2/4

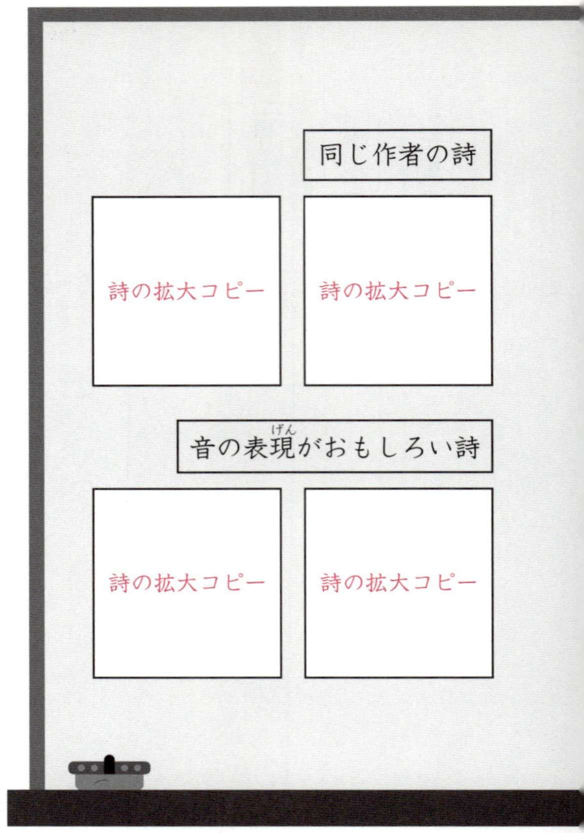

本時の目標

・詩集のテーマを決め、テーマに沿って詩を集めることができる。

本時の主な評価

❶詩の言葉の中から自分を支える言葉を見つけたり、今までになかった考えを発見したりすることによって、読書が自分の考えを広げることに役立つことに気付いている。【知・技】

❹詩に関心をもち、学習の見通しをもって詩を集めようとしている。【態度】

資料等の準備

・教師が選んだ詩の拡大コピー
・詩集

授業の流れ ▷▷▷

1 教師が提示する詩を読み、詩のテーマについて考える　〈10分〉

T　今から詩を３つずつ見せます。どのようなテーマで集めた詩かを考えましょう。

○ここでは、前時に扱ったような題材が同じ詩だけでなく、作者が同じ詩や表現の工夫に共通点が見られる詩に触れ、様々な視点からテーマが設定できることに気付かせたい。

・分かった。この３つはどれも「物」の目線で書かれてる詩だ。

・この３つの詩のテーマはなんだろう……。書き方が似ている感じがするけれど……。

・この３つはどれもおもしろい音がたくさん出てくるね。そういう選び方をしてもいいんだ。

○子供の気付きを基に、テーマの設定の仕方についてまとめ、板書する。

2 詩のテーマについて考えながら、詩を集める　〈30分〉

○事前に図書室の詩集を集めておいたり、図書館からできるだけ多く借りたりしておく。さらに、それらの詩集を分類しておくことで、子供が選びやすくなるようにしたい。

T　詩のテーマを何にするか考えながら、詩を集めましょう。

○好きだと思った詩のページに付箋を貼らせたり、詩のタイトルや作者名をメモさせたりして、後から読み返すことができるように工夫させる。

・詩を読んでいたらおもしろいテーマを思い付いた。テーマを変えてもいいですか。

○テーマを決めてから詩を選ぶだけでなく、詩を読みながらテーマを考えてもよいことを伝える。

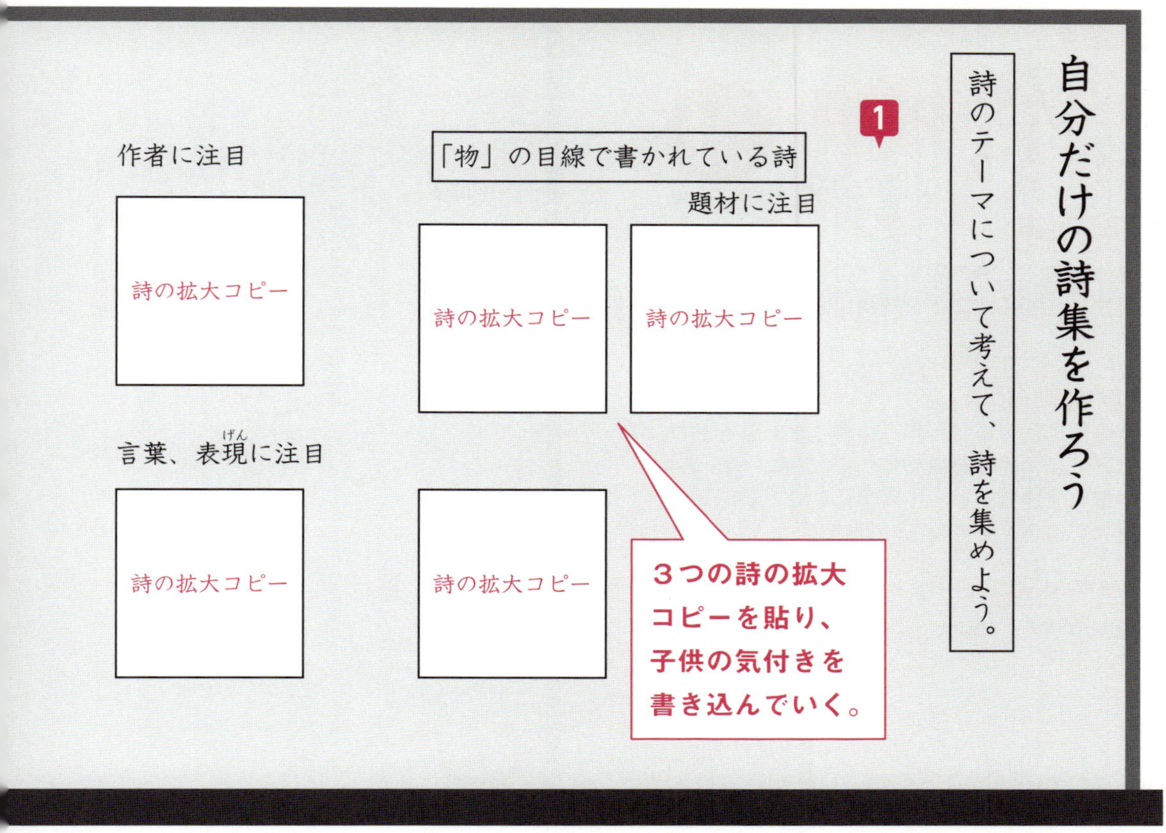

3 詩集に載せる候補の詩を読み直し、次時の見通しをもつ 〈５分〉

○自分が選んだ詩を基に、どのような項目を立てられそうか、どのような工夫をしたらよいか次時に向けて見通しをもたせる時間を取る。

T 選んだ詩を読み直し、詩集にするためにどんな工夫ができるか考えましょう。

○選んだ詩を友達と紹介し合う時間を取ることも考えられる。友達に話すことで、自分がなぜその詩に惹かれたのかが明確になったり、詩集のテーマがより吟味されたりすることが期待できる。

・私は「△△」というテーマでこの４つの詩を選んだんだけど……。

・この４つの詩だと、「□□」っていうテーマも考えられるんじゃないかな。

よりよい授業へのステップアップ

友達との対話の目的意識を明確にさせる

友達との対話を何のために行わせるのか、まずは教師の中で明確にすることが大切である。本時であれば子供は一人一人が詩を集めている段階であり、まだそれぞれの詩についての考えや詩集のイメージが明確になっていない。そのような中で友達と対話させることのよさは話すことによって考えが明確になっていくということであるため、ここで友達からの助言や意見が必須であるわけではないことを、教師が意識し声掛けをすることが大切である。

本時案

自分だけの詩集を作ろう 3/4

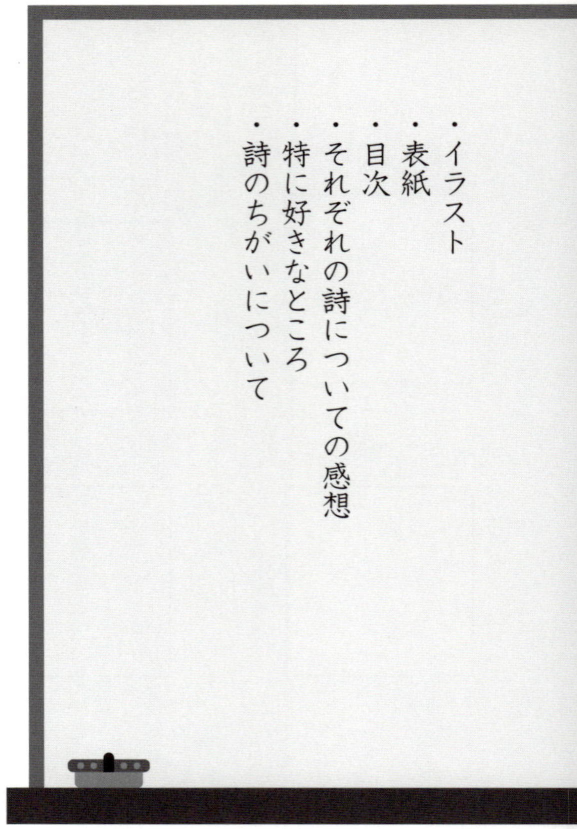

・イラスト
・表紙
・目次
・それぞれの詩についての感想
・特に好きなところ
・詩のちがいについて

本時の目標

・自分が選んだ詩の言葉に注目して詩の情景を想像し、考えたことを詩集にまとめることができる。

本時の主な評価

❸詩の情景について、場面の移り変わりと結び付けて具体的に想像している。【思・判・表】
❹学習の見通しをもって詩集に載せる詩の順番を考えようとしている。【態度】

資料等の準備

・複数の詩の拡大コピー（教師や子供が選んだ作品）

授業の流れ ▷▷▷

1 詩集のまとめ方について見通しをもつ 〈5分〉

〇いくつかの詩を例に、どのようにまとめるか考えさせることで、まとめ方のイメージを全員がもてるようにする。

T　これは先生が選んだ詩です。みなさんならどのような順番で、どのようにまとめますか。

・この詩が１番インパクトがあると思うから、最初にするといいんじゃないかな。
・字の大きさを変えて書くと、この詩のいいところが伝わりそう。
・私は最初のページに詩集を読む人へのメッセージを書こうと思っているんだ。

〇まとめ方について迷っている子供の詩集について、全体でアイデアを出し合うことも考えられる。

2 選んだ詩について考えたことを詩集にまとめる 〈30分〉

〇詩をただ視写するのではなく、選んだ詩に対して感じたことや考えたことを書くことが重要であることを押さえる。

・詩は選べたけど、なかなか考えが書けないな……。

T　この詩の特にどこが好きですか。「特にお気に入りのところは……」と紹介するのもよいですね。

T　テーマは同じだけど、違うところはどこでしょう。それをそれぞれのページに書くといいんじゃないでしょうか。

〇考えたことをなかなか書けない子供には、「特に好きなところ」や、選んだ詩の違いなどに注目させて考えさせるとよい。

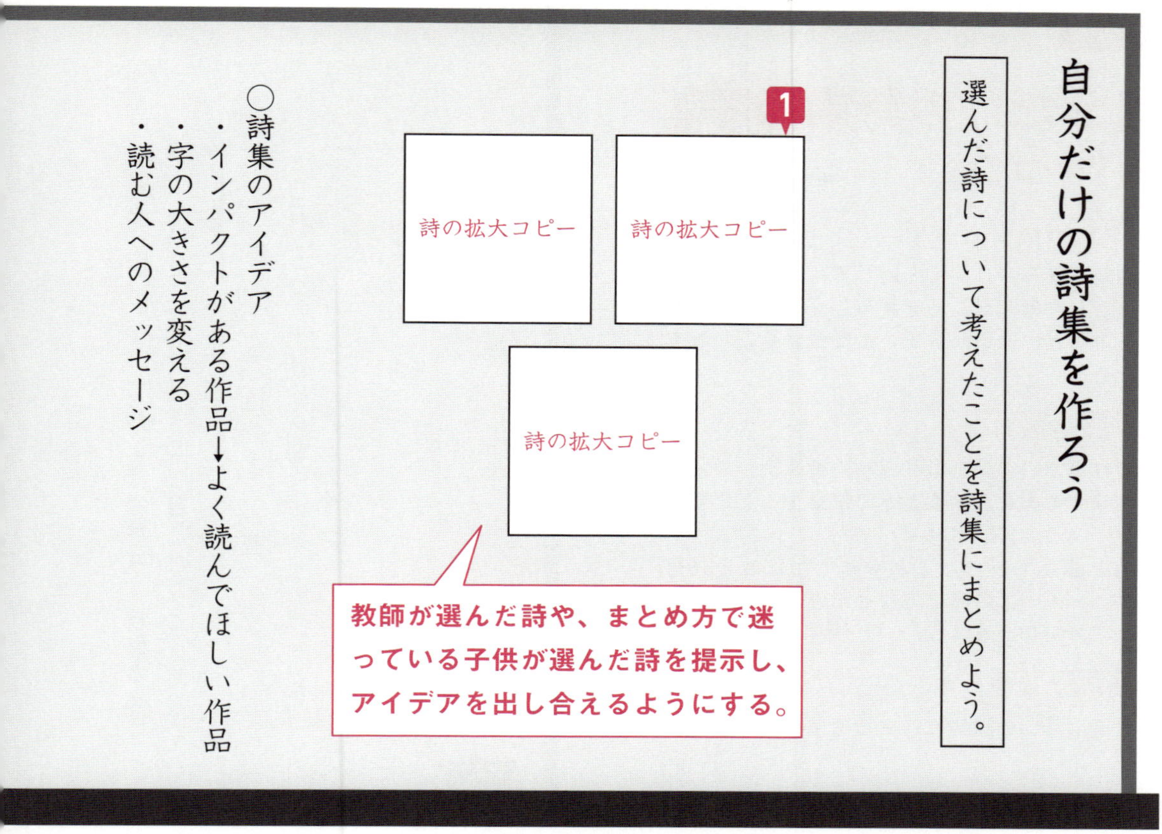

自分だけの詩集を作ろう
選んだ詩について考えたことを詩集にまとめよう。
1
詩の拡大コピー
詩の拡大コピー
詩の拡大コピー
教師が選んだ詩や、まとめ方で迷っている子供が選んだ詩を提示し、アイデアを出し合えるようにする。
○詩集のアイデア
・インパクトがある作品→よく読んでほしい作品
・字の大きさを変える
・読む人へのメッセージ

3 自分の詩集を読み直し、次時の見通しをもつ 〈10分〉

T　次の時間は友達と詩集を読み合います。読む人にも自分の考えが伝わるように書けているか読み直しましょう。

○次時は友達と詩集を読み合う時間であることを学習計画を基に確かめる。そのうえで、読み手にも自分の考えが伝わるように書くことができているかという視点で読み直させたい。

・次の時間は詩集を友達と読み合うんだな。友達はどんなテーマで作っているんだろう。楽しみだな。

・同じ詩を選んでいる友達がいたから、その子はどんな感想をもっているか知りたい。

よりよい授業へのステップアップ

教師が詩集のモデルを作成する

本時の授業の流れでは、いくつかの詩を提示し、自分だったらどのようにまとめるかを子供に考えさせる導入を紹介したが、教師が詩集のモデルを作成し、それを提示しながら工夫について気付かせることもできる。モデルを作成することによって、子供に提示できる具体的なアイデアやつまずくポイントが見えてくる。詩の情景を具体的に想像するということはどのようなことなのか、教師自身の言葉で示すことも大切である。

本時案

自分だけの詩集を作ろう 4/4

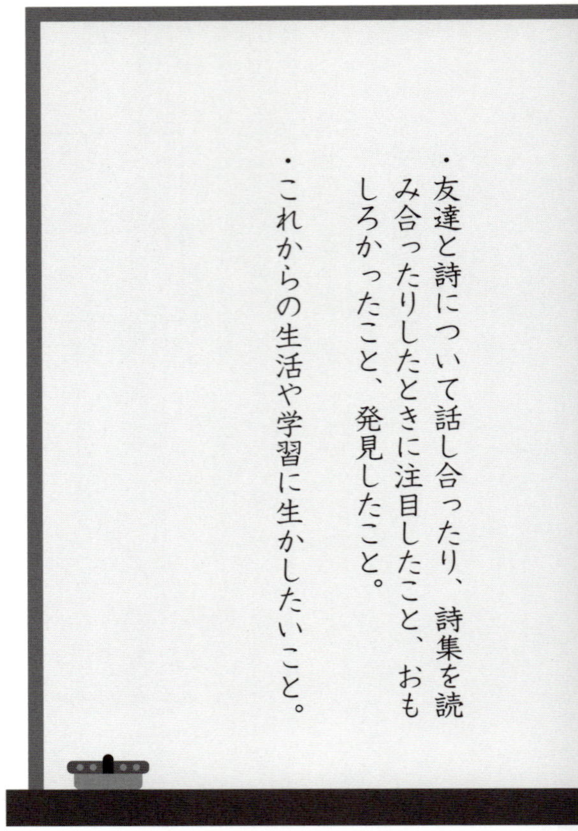
・友達と詩について話し合ったり、詩集を読み合ったりしたときに注目したこと、おもしろかったこと、発見したこと。
・これからの生活や学習に生かしたいこと。

本時の目標

・詩集を読み合うことを通して詩を読んで感じたことや考えたことを共有し、一人一人の感じ方などに違いがあることに気付くことができる。

本時の主な評価

❶これまでの学習を振り返り、詩を読むことが自分の考えを広げることに役立つことに気付いている。【知・技】
❷詩を読んで感じたことや考えたことを共有し、一人一人の感じ方などに違いがあることに気付いている。【思・判・表】

資料等の準備

・付箋（互いの詩集に対する感想を書くときに使う）

授業の流れ ▷▷▷

1 読み合うときのポイントを確かめる〈5分〉

T　友達と詩集を読み合いましょう。次のポイントを意識して読み合いましょう。
○子供は字のきれいさや、イラストなどについて感想をもつことが多い。そのようにならないために、あらかじめどのような点に注目して読み合うのかを明確にしておくことが重要である。本時の目標は、詩を読んだときの感じ方や考え方の違いに気付くことである。そのため、①友達の感じ方や考え方の違いに目を向けること、②感じ方や考え方の違いに気付くこと、③自分の感じ方や考え方との違いを感想で伝えることの３つがポイントとなる。

2 詩集を読み合い、読んで感じたことや考えたことを共有する〈35分〉

T　読み合うときのポイントを意識して友達の詩集を読みましょう。読んだ感想や考えを付箋に書いて友達の詩集に貼りましょう。
○感想を付箋に書かせて回し読みをさせてもよいし、直接感想を伝えさせてもよい。子供の実態に応じて読み合い方を工夫したい。
・わたしはこの詩のここがおもしろいと思ったんだけど、○○さんは詩の全体を見て感想を書いていて、そういう読み方もできるんだなって思ったよ。
・言葉に注目して読むと詩ってこんなにおもしろいってことが○○さんの詩集から伝わってきたよ。
・わたしもこの詩を読んだとき、○○さんと同じように感じたよ。

自分だけの詩集を作ろう

詩集を読み合い、感じたことや考えたことを伝え合おう。

1 ○詩集を読み合うときのポイント

1、友達の詩集の詩を読む。

2、詩に対する自分の感想や考えをもつ。

3、友達がどのような感想を書いているか読む。

4、自分とにているところやちがったところについて、考えたことをふせんに書く。

3 ○学習を通して、考えたこと

・詩を読むときに注目したこと、おもしろかったこと、発見したこと。

3 学習を振り返る 〈5分〉

T　自分だけの詩集を作る学習を通して、考えたことをノートにまとめましょう。次の3つのことについて書きましょう。

○学習全体を振り返らせるときは、子供に自由に感想を書かせるのではなく、視点を与えることが大切である。ここでは、次の3点について振り返らせたい。

・詩を読むときに注目したこと、おもしろかったこと、発見したこと。

・友達と詩について話し合ったり、詩集を読み合ったりしたときに注目したこと、おもしろかったこと、発見したこと。

・これからの生活や学習に生かしたいこと。

よりよい授業へのステップアップ

子供が作った詩集を図書室に置く

子供が作った詩集を学校の図書室の詩のコーナーに置かせてもらい、他のクラスや学年の子供も読めるようにしたい。そうすることで、詩集を作った子供の学習に対する達成感や詩に対する関心もさらに高まることが期待できる。一方で他学年の子供も詩に対する関心が高まるだろう。言語活動で何らかの作品を作らせる場合は、その作品を見せる相手を広げることで、子供の学習に対する意欲が高まるようにすることも大切である。

熟語の意味

2時間扱い

〔知識及び技能〕(1)エ(2)イ

単元の目標

・訓や漢字の組み合わせを手掛かりにして、熟語の意味を考えることができる。
・熟語の意味を知るために、国語辞典や漢字辞典を使って調べることができる。

評価規準

知識・技能	❶熟語を構成する漢字の組み合わせを知り、訓や組み合わせ方から熟語の意味を考えている。(〔知識及び技能〕(1)エ) ❷熟語の意味を知るために、辞書や漢字辞典を使って調べている。(〔知識及び技能〕(2)イ)
主体的に学習に取り組む態度	❸熟語の成り立ちや意味に興味をもち、進んで調べたり考えたりしようとしている。

単元の流れ

時	主な学習活動	評価
1	**学習の見通しをもつ** 熟語について知る。 熟語の意味について、訓を手掛かりにして考える。 熟語の意味について、漢字の組み合わせを手掛かりにして考える。	❶❷
2	熟語の意味を、辞書や漢字辞典を使って調べる。 **学習を振り返る** 調べた熟語が、どのように分類できるか、前時の学習を基に考える。 分類した熟語について発表し、学習を振り返る。	❸

授業づくりのポイント

〈単元で育てたい資質・能力〉

本単元のねらいは、訓や漢字の組み合わせを手掛かりにして、熟語の意味を考える力を育むことである。また、熟語の意味を知るために、辞典を使って調べる力も、併せて高めていく。

そのためには、まず「熟語」とは、「2字以上の漢字の組み合わせでできた言葉」であることを押さえる。教科書や漢字ドリルを読み返してみれば、日常にたくさんの「熟語」があふれていることに、すぐに気が付くはずである。次に、それらの熟語の意味を考えさせる。辞典のように正確に言えなくとも、知っていることを基に何とか意味を推測しようとするだろう。その際、子供が漢字の「訓」を手掛かりにする姿がきっとあるはずである。そこから、一見知らない「熟語」であっても、手掛かりを見つけることで意味を推測できるはずだということをつかませ、熟語の意味を考える活動に展開したい。また辞書や漢字辞典を使って意味を調べる活動を取り入れ、分からない言葉の意味を確かめる習慣を身に付けられるようにしていく。

具体例

○教科書 P.84の挿絵のように、おかしを「等分」して食べよう、という場面は、子供にとって身近であろう。ただし、この場面で「等分しよう」という言葉を使うことは少ないことが予想される。おそらく、3人で分けるのであれば「3等分にしよう」などといった言い方になることが多いだろう。このとき「等分」とは、どのような意味だと思うか問うてみる。「等しく分けること」と、子供は言うだろう。その際、子供は「トウブン」という音を、「ひとしく」「わける」と訓に読みかえる思考を行っている。その思考に焦点を当て、熟語は手掛かりを見つけることで意味が推測できることをつかませていく。

〈教材・題材の特徴〉

熟語は音読みで構成されることが多い。音読みは、中国の発音を基にした読み方で、聞いただけでは意味が分からないものが多い。「等分」の「等」の音は「トウ」だが、それだけでは意味は分からないだろう。一方、訓読みは、漢字の意味を表す読み方で、聞いただけで意味が分かるものが多い。「等」の訓読みは「ひとしい」であり、それだけで意味が伝わる。

したがって、音読みで構成されることが多い熟語は、聞くだけでは意味が分かりづらい場合があるが、訓を手掛かりにすることで意味が推測できる場合が多いのである。

具体例

○漢字は訓で読むことで意味が分かりやすくなる、ということを押さえるようにしたい。教科書 P.85には「漢字の組み合わせを手がかりにする」と示されているが、それも音を訓に読みかえることが前提となっている。

〈言語活動の工夫〉

熟語を構成する漢字の組み合わせ方について考える活動を設定した。2字の組み合わせにおいても類義語、対義語、修飾・被修飾、目的語・動詞といった関係が見つけられることに気付かせていく。

具体例

○類義語の組み合わせ：加入、願望、消失　対義語の組み合わせ：高低、勝敗、売買
修飾・被修飾の組み合わせ：前進、老木　目的語・動詞の組み合わせ：読書、開票

本時案

熟語の意味

1・2/2

本時の目標

・訓や組み合わせを手掛かりにして、熟語の意味を考えることができる。
・辞書や漢字辞典を使って、熟語の意味を調べ、どのような漢字の組み合わせになっているか分類できる。

本時の主な評価

❶熟語を構成する漢字の組み合わせを知り、訓や組み合わせ方から熟語の意味を考えている。【知・技】
❷熟語の意味を知るために、辞書や漢字辞典を使って調べている。【知・技】
❸熟語の成り立ちや意味に興味をもち、進んで調べたり考えたりしようとしている。【態度】

資料等の準備

・教科書 P.84の挿絵を拡大したもの
・国語辞典　・漢字辞典

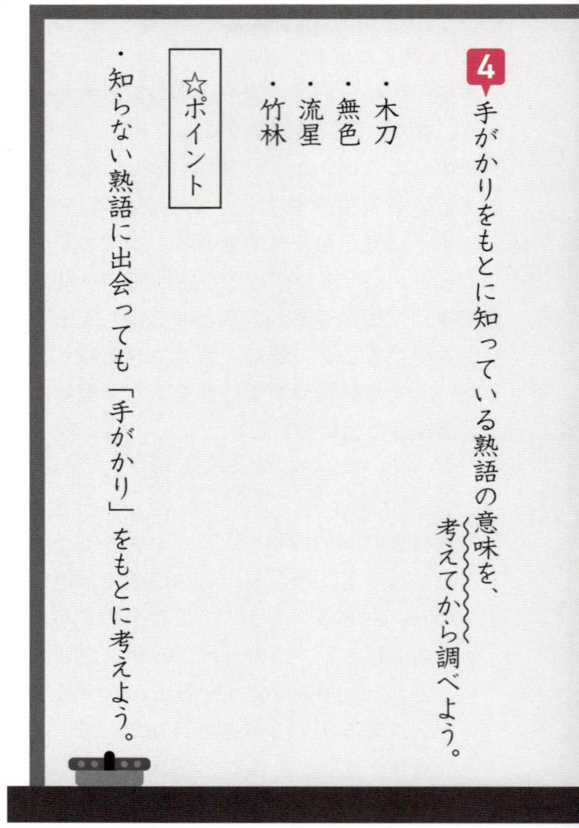

4
手がかりをもとに知っている熟語の意味を、
考えてから調べよう。
・木刀
・無色
・流星
・竹林
☆ポイント
・知らない熟語に出会っても「手がかり」をもとに考えよう。

授業の流れ ▷▷▷

1 熟語の定義を知り、学習の見通しをもつ 〈10分〉

○熟語の定義を知る。

T 「熟語」という言葉を知っていますか。2字以上の漢字の組み合わせでできた言葉を「熟語」と言います。

○学習の見通しをもつ。

T （P.84の絵を見せて）ありがクッキーを見つけました。3匹で分けたいと思っているようですよ。何て言っていると思いますか。

・「3等分しようよ」と言っていると思います。

T 「等分」とはどんな意味ですか。

・等しく分ける、という意味です。

T 訓読みするという手掛かりを基に考えると、分かりやすくなりましたね。手掛かりを基に熟語の意味を考えていきましょう。

2 訓を手掛かりにして熟語の意味を考える 〈15分〉

○訓を手掛かりにして熟語の意味を考える。

T それでは訓を手掛かりにして次の熟語の意味を考えましょう。

・加入　・願望　・高低　・勝敗
・前進　・老木　・着陸　・帰国

○それぞれの意味を考えさせ、ノートに書かせる。

○実態に応じて、班で分担して考える等、量を調整してもよい。

○考えた熟語の意味を調べる。

T 考えた熟語の意味を調べましょう。何を使ったら調べられますか。

・国語辞典や漢字辞典です。

熟語の意味

1 ◎熟語…二字以上の漢字の組み合わせでできた言葉

クッキーを見つけたよ。三等分しよう。

「等分」って？

「等しく分ける」ことだよ。

教科書 P.84 の挿絵
（吹き出しは不要）

2 訓読みすると分かりやすくなる…手がかり

3 手がかりをもとに、熟語の意味を考えよう。

①加入…加える・入る
②願望…願う・望む
③高低…高い・低い
④勝敗…勝つ・敗れる
⑤前進…前に進む
⑥老木…老いた木
⑦着陸…陸に着く
⑧帰国…国に帰る

組み合せも手がかりになりそう…

にた意味

反対の意味

上が下を修飾

—を、—に、が下

3 組み合わせも手掛かりにして熟語の意味を考える 〈20分〉

○組み合わせも手掛かりになることに気付く。

T　訓を手掛かりにして、どんなことを感じましたか。

・分かりやすくなりました。

・訓にするだけで意味が分かるものもあったけれど、「加える・入る」みたいに、同じような漢字の組み合わせもありました。

T　漢字の組み合わせも手掛かりの１つになりそうですね。どのような組み合わせがあるか、教科書を使って確かめましょう。

○それぞれの組み合わせについて説明する。特に「③上の漢字が、下の漢字を修飾する関係にある組み合わせ」と「④「—を」「—に」に当たる意味の漢字が下に来る組み合わせ」の違いについては丁寧に指導する。

4 熟語の意味を調べ、どのような組み合わせかを考える 〈２時〉

○様々な熟語の意味を調べ、どのような組み合わせになっているか考える。

T　知っている熟語を挙げてみましょう。

・木刀、無色、流星、竹林……。

○子供が挙げた熟語を板書する。

T　これらの熟語の意味を調べて、どのような組み合わせになっているか考えましょう。辞書を引く前に、訓を手掛かりにして意味も考えるようにしましょう。

○学習を振り返る

T　手掛かりを基に熟語の意味を考えました。どんなことを感じましたか。

・知らない熟語に出会っても、手掛かりを基に意味を考えてみようと思いました。

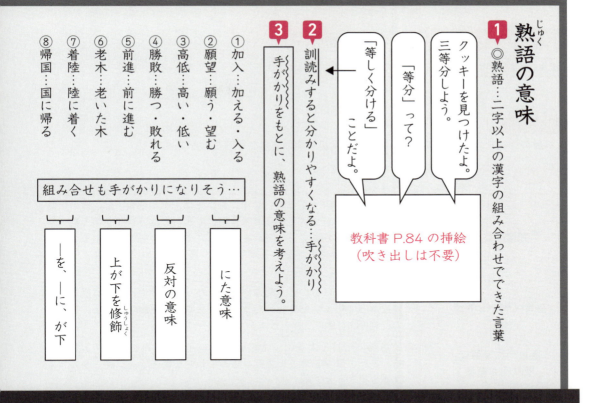

漢字の広場⑥　2時間扱い

〔知識及び技能〕(1)エ　〔思考力、判断力、表現力等〕B書くことエ

単元の目標

・教科書の挿絵を見て、1年間の出来事を、学級新聞の記事にすることができる。

評価規準

知識・技能	❶第3学年及び第4学年の各学年においては、学年別漢字配当表の当該学年までに配当されている漢字を読むこと。また、当該学年の前の学年までに配当されている漢字を書き、文や文章の中で使うとともに、当該学年に配当されている漢字を漸次書き、文や文章の中で使うこと。(〔知識及び技能〕(1)エ)
思考・判断・表現	❷「書くこと」において、間違いを正したり、相手や目的を意識した表現になっているかを確かめたりして、文や文章を整えること。(〔思考力、判断力、表現力等〕Bエ)
主体的に学習に取り組む態度	❸読み手に伝わるように、正確な漢字を用いて文章を書こうとしている。また、漢字を使った言葉の組み合わせを工夫し、見通しをもって文章を書こうとする。

単元の流れ

次	時	主な学習活動	評価
一	1	学習の見通しをもつ 教科書に載っている漢字を使い、新聞の記事を作るというめあてを確認する。 教科書に示された漢字の読み方を確認する。 教科書の挿絵を見て、学級新聞に載せたい事柄を、漢字を用いて文章にして書く。	❶❷
二	2	グループごとに、前時に書いた文章を集め、1つの新聞として完成させる。 学習を振り返る 完成した新聞を学級全体で読み合う。	❸

授業づくりのポイント

〈単元で育てたい資質・能力〉

漢字の広場は年間を通して６単元ある。それぞれに共通する育てたい資質・能力は「既習の漢字を用いて文や文章を書くこと」である。それに加え、単元の特色を考えながら子供たちにどんな力を育みたいかを考える必要がある。本単元は、年度末に行うこともあり、「１年間のまとめ」を漢字を用いて文章化できることをねらいとする。

具体例

一度学習した漢字は、繰り返し活用することによって定着していく。国語に限らず、日常の授業で書く文章、日記や作文等、文章を書く機会には「習った漢字を使って書くこと」を子供たちが意識できるように声掛けをすることが重要である。それに加え、本単元のように既習の漢字に特化した単元でも、子供たちが楽しく学べる言語活動を設定していきたい。

〈教材・題材の特徴〉

「１年間の出来事」を新聞の記事にするという明確なねらいがあり、子供にとっても取り組みやすい題材であるといえる。４年生の１年間を振り返り、教科書に載っている漢字を基にして文章を作り上げていく。教科書の漢字を使いつつも、学校の実態に応じた行事もあるので、授業の中で１年間を振り返る時間もつくるようにしていきたい。

具体例

○新学期になり、始業式でたんにんの先生が発表されたときは、ドキドキした。
○４年生の文集には、「20さいになった自分へのメッセージ」を書いた。かん末には、好きな詩をのせた。
○運動会では、ミニつな引きにちょうせんした。みんなが必死になってつなを引っぱっていた。

〈言語活動の工夫〉

グループをつくり、一人一人が書いた文章を寄せ集めて新聞とする。限られた時数を有効に使うためでもある。あらかじめ、だれがどの記事を書くかを決め、１枚の新聞の中で、内容が重ならないようにする配慮も必要である。

具体例

・個人で記事を書くときには、１枚の新聞を人数分に切った用紙に書くようにする。それらを貼り合わせることで、１枚の新聞が完成する。それぞれの記事の末尾には名前を書くことや、絵等も工夫して入れることを話し、子供たちが楽しんで取り組めるようにする。
・新聞の名前や発行日なども入れるように、グループ内で相談できるとよい。
・完成したら、学級内で読み合い、１年間の生活を振り返る時間としたい。

本時案

漢字の広場⑥

1/2

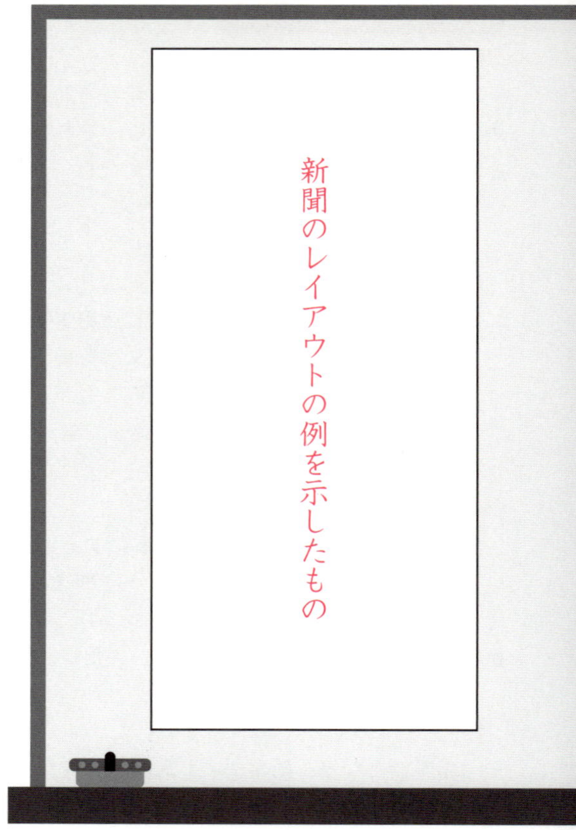

新聞のレイアウトの例を示したもの

本時の目標

・３年生までに学習した漢字を用いて、条件に合った文章を書くことができる。

本時の主な評価

❶既習の漢字を書き、文や文章の中で使っている。【知・技】
❷間違いを正したり、相手や目的を意識した表現になっているかを確かめたりして、文や文章を整えている。【思・判・表】

資料等の準備

・教科書 P.86の挿絵を拡大したもの

授業の流れ ▷▷▷

1 本時のめあてと学習活動を確認する〈５分〉

T　教科書に載っている漢字を使って、１年間を振り返る新聞の記事を書きます。
○教科書の挿絵を見て、新聞の記事となる文章を作る。
○３年生までに習った漢字を使って書く。
○生活班で１枚の新聞を作るか、学級で１枚の新聞を作るかは、学級の人数等の実態に応じ変えるとよい。
○４人の生活班だったら、４つに分けた用紙にそれぞれが記事を書き、次時に組み合わせられるようにしておくとよい。

2 漢字の読み方を確認する〈10分〉

○教科書に載っている漢字の読み方を確認する。
T　ここに載っているのは３年生までに習った漢字です。読み方を確認していきましょう。
○学級の実態に応じて教科書では示されていない読み方も確認する。

進（すす）む　　進級（しんきゅう）
品（しな）　　作品（さくひん）
決（き）める　　決定（けってい）

など

漢字の広場⑥

一年間をふり返る新聞の記事を書こう。

1

教科書 P.86 の
新聞の挿絵

2

進む	すすむ	進級	しんきゅう
品	しな	作品	さくひん
決める	きめる	決定	けってい

3 【例】

○新学期、四年生に進級しました。始業式でたんにんの先生が発表されたときは、ドキドキしました。

○書きぞめコンクールで、山田君が学校の代表に選ばれました。

○三学期には文集を作るために、今の自分を詩で表げんしました。

3 3年生までに学習した漢字を用いて文章を書く 〈30分〉

T この学級の1年間を振り返る新聞を作ります。どんな記事を載せたらよいでしょうか。教科書に載っている漢字を使って書きます。教科書には載っていない漢字を使ってもよいですよ。

・新学期、4年生に進級しました。始業式でたんにんの先生が発表されたときは、ドキドキしました。
・書きぞめコンクールで、山田君が学校の代表に選ばれました。
・3学期には文集を作るために、今の自分を詩で表げんしました。

よりよい授業へのステップアップ

自分の生活や学びを振り返ること

単元の終末等に、これまでの学びを振り返ることは、多くの学級で行われていることである。本単元では、1年間を振り返り、新聞記事を書く活動を設定している。

新聞記事を書くことが目的であるが、自分のことを一度立ち止まって考えることは、自分を俯瞰的に見る素地を養うきっかけにもなる。

本時案

漢字の広場⑥

2/2

本時の目標

・書いた文章を互いに読み、感想を伝え合うことができる。

本時の主な評価

❸読み手に伝わるように、正確な漢字を用いて文章を書こうとしている。【態度】

資料等の準備

・教科書 P.86の挿絵を拡大したもの

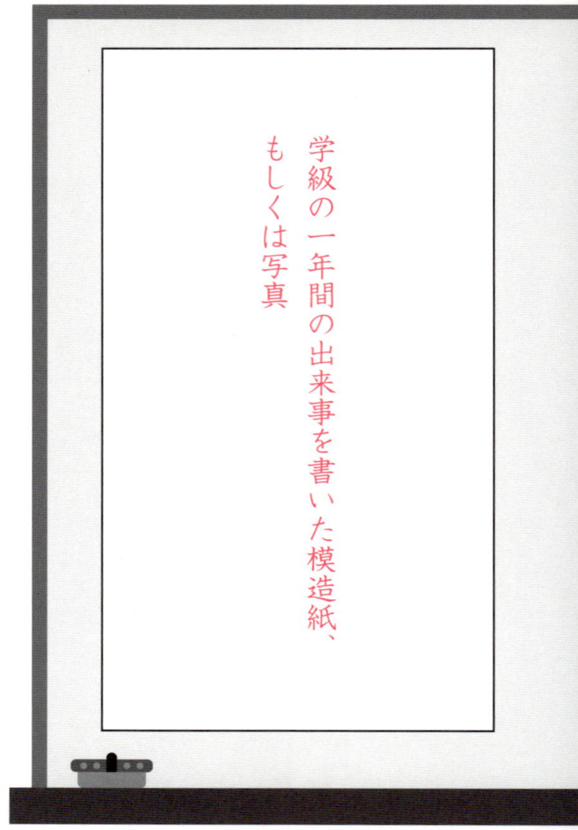

授業の流れ ▷▷▷

1 生活班ごとに、前時に書いた文章を集め、1つの新聞として完成させる 〈20分〉

T 前の時間に新聞の記事を書きましたね。今日はそれを集めて1つの新聞を作ります。どの記事をどういう順番に置くかを班の中で相談しましょう。

・時間の順序に沿って記事を並べたほうが読みやすいよね。

・絵が少ないから、空いているスペースに描こうか。

・新聞のタイトル、もっと工夫したほうがいいんじゃない。

2 互いの新聞を読み、感想を伝え合う 〈20分〉

T お互いの新聞を読んで、感想を伝え合います。文章のよいところを伝えましょう。また、正しく漢字が書けているかも確認してあげましょう。

・始業式の日に桜が咲いていたな、懐かしいな。

・運動会でソーラン節を踊ったね。あの練習は大変だったな。

・校外学習でお寺に行って、グループ行動したよね。

漢字の広場⑥

教科書 P.86 の新聞の挿絵

新聞を読み合おう。

2

☆読み合うときのポイント

・おたがいのよいところを伝える。
・漢字が正しく書けているかをかくにんする。

子供の作品

子供の作品

3 学習の振り返りをする 〈5分〉

T 前の時間も含めて、1年間を振り返る新聞を作った感想をノートに書きましょう。

・もうすぐ4年生も終わることを実感した。なんだかさみしいな。
・楽しいこともあったし、悲しいこともあった1年間だったな。
・思い出に残っているのは運動会かな。
・コンクールで入しょうしたときのことを思い出した。

よりよい授業へのステップアップ

学びを新聞にまとめること

本単元のように、自分の生活を新聞にまとめることで、振り返りのきっかけとすることができる。

物語文・説明文の学習の終末に、新聞を作ることで学びのまとめとすることも有効である。振り返ったことを、次の学びに生かせる習慣が付いてくると、子供の学びも深まっていく。

必要に応じて「子供新聞」等を示し、レイアウトを考える際の参考にしてもよい。

ウナギのなぞを追って

8時間扱い

〔知識及び技能〕(1)ク(2)ア　〔思考力、判断力、表現力等〕C読むことオ、カ　関連する言語活動例C(2)ア

単元の目標

・ウナギのなぞについて、興味をもったことを中心に内容のまとまりごとに整理し、大事な言葉や文を見つけて、まとめることができる。
・「ウナギのなぞを追って」の紹介文を書き、友達と交流して考えや感想の違いに気付くことができる。

評価規準

知識・技能	❶様子や行動、気持ちや性格を表す語句の量を増し、言葉には性質や役割による語句のまとまりがあることを理解し、語彙を豊かにしている。(〔知識及び技能〕(1)ク) ❷全体と中心など情報と情報との関係について理解している。(〔知識及び技能〕(2)ア)
思考・判断・表現	❸「読むこと」において、文章を読んで理解したことに基づいて、感想や考えをもっている。(〔思考力、判断力、表現力等〕Cオ) ❹「読むこと」において、文章を読んで感じたことや考えたことを共有し、一人一人の感じ方などに違いがあることについて気付いている。(〔思考力、判断力、表現力等〕Cカ)
主体的に学習に取り組む態度	❺積極的に言葉には考えたことや思ったことを表す働きがあることに気付こうとし、学習の見通しをもって文章の一部を引用して意見を述べようとしている。

単元の流れ

次	時	主な学習活動	評価
一	1	**学習の見通しをもつ** 説明文で使われる、段落、要点、要約などの用語の意味を確かめる。全文を読み、何の調査について書かれた文章かを確かめる。	
	2	文章を読んで、最も興味をもったことと、読んでよく分からなかったことを発表し合い、内容の大体を捉える。	❺
二	3 4	段落ごとの要点をまとめたり、内容のまとまりごとに整理したりして、自分が興味をもったことを中心にしてまとめる。	❸
	5	まとめたものを読み合う。感想を伝え合い、感じ方の違いを発表する。	❹
	6	段落ごとの要点をまとめ、文章の全体構成について考える。	❷
三	7	自分が興味をもったことに沿って感想をまとめ、「ウナギのなぞを追って」を紹介する文章を書く。	❶❸
	8	**学習を振り返る** 紹介の文章を発表し合い、一人一人の感じ方や考え方の違いに気付き、よさを見つけ交流する。学習のまとめをする。	❹

授業づくりのポイント

〈単元で育てたい資質・能力〉

本単元のねらいは、これまでの説明文の学習を生かして読み進め、自分が興味をもったことを中心に文章を要約する力を付けることである。「ウナギのなぞを追って」という題名からも、筆者の研究に対しての情熱や根気強さがうかがえる。筆者の論理に沿ってなぞを追っていくことで、論理的思考も育てたい。「ウナギのなぞを追って」の紹介文を書き、交流することで、感じ方や考えの違いを知り、違う視点からも内容を読み取り、深く理解できるようにする。

具体例

○ウナギのなぞを追って、長年にわたり調査を続けてきたことを書いた文章に対して、着目の仕方を一人一人に任せる。自分が興味をもったことを中心に読み、内容を要約するので、友達との違いが見えやすくなる。その違いを話し合うことで、内容の読み取りをさらに深めていく。筆者の説明の仕方を読み取ることで、分かりやすく説明する工夫を考えることができる。

〈教材・題材の特徴〉

この説明文は、「初め・中・終わり」が分かりやすく書かれている。時間的にも、現在・過去・現在になっていて、「中」に調査をどう進めてきたかが書かれている。その特徴を生かして、単に段落の要点まとめをするのではなくて、大きく内容のまとまりで読み進めたい。「ウナギのなぞ」という言葉からも子供たちの興味を引くが、調査、研究を緻密に進めていくところも心ひかれるだろう。写真や図も多く、文からだけでは分からないことを理解する助けになっている。研究に対する筆者の情熱も読み取ってほしい教材である。

具体例

○自分が興味をもったことを中心に読み進めるには、興味をもったことをはっきりさせる必要がある。研究してきた年月を年表風にまとめる、レプトセファルスの成長をみていく、なぞを解いていくところをまとめる等、整理の仕方を話し合い、文章に向き合う自分なりの視点を定めることによって、意欲的な読み取りにつなげていく。

〈言語活動の工夫〉

この説明文には、「(図１)」のように図や写真などの資料が文中にあり、言葉だけでは分からないことを補っている。そうした説明文の書き方にも注目させたい。難しい言葉を辞書で調べながら読み進めることと同時に、図や写真などの資料を読む活動を入れることによって、内容をより深く理解できる。また、「紹介文を書く」活動でも、相手により分かりやすく説明するために工夫する意識をもたせたい。一人一人が選んだ言葉で書いた紹介文を読み合うことで、言葉の使われ方を意識し、言葉の学びを広げていくことにつながる。

具体例

○写真や図などにキャプションをつけて小グループで話し合う。短い言葉で端的に表す練習をし、友達と話し合うことで、内容を確かめ、理解を深める。

○自分の考えや感じ方を友達と交流させることは、違いを知り理解を深めると同時に、話し合いのやり取りの中で、言葉に対する感覚、感度を磨いていくことになる。言葉を選んで、自分の考えを相手に分かりやすく伝えることを大切にする。

本時案

ウナギのなぞを追って　1/8

本時の目標

・学習の見通しをもち、「きょうみをもったことを中心に、しょうかいしよう」という活動に意欲をもつことができる。

本時の主な評価

・学習の見通しをもち、中心となる語や文を見つけて全文を読もうとしている。

資料等の準備

・教科書の図２、図７の拡大写真

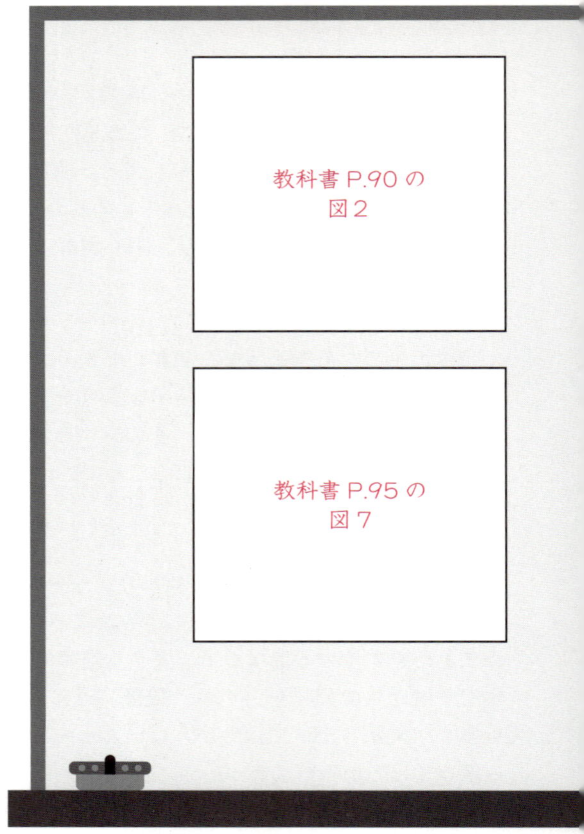

授業の流れ▷▷▷

1　既習の説明文で学習したことを振り返る〈10分〉

T　説明文で、内容を分かりやすく読むのに役立つ言葉にはどんな言葉がありますか。

・形式段落。

・接続語。

・要点やキーワード。

T　要点と要約は何が違うのでしょう。

・要点は、大事な言葉や大事なところ。

・要約は、文章や話の大事な点を選び出してまとめること。

○４年生も後半なので、論理的に文章を読むために、説明文に関する用語を理解し、使えるようにしておくことが大切になる。

2　単元のめあてを確認する　〈５分〉

T　「ウナギのなぞ」って何だと思いますか。

・どうやって成長するのか。

・ウナギは日本の川にいると思っていたのに、なぜ遠い海を調べているのか。

T　「ウナギのなぞを追って」を読んでいきますが、どんなことをめあてに読みますか。

・ウナギのなぞを知るために、段落ごとに読む。

・塚本さんの研究がどういうものかを、まとめる。

T　では、筆者がどのようにウナギのなぞに迫っていったのかを、大事な言葉を抜き出しながら読んで、文章全体を要約しましょう。その後、興味をもったことを中心に、この文を紹介する文を書きましょう。

ウナギのなぞを追って

塚本(つかもと)　勝巳(かつみ)

「ウナギのなぞ」を意識(しき)して全文を読もう。

1

◇説明文を分かりやすく読むために…

・形式段落(だん)

・接続語(せつ)…文と文、段落と段落をつなぐ言葉

・要点

・キーワード

・要約…文章や語の大事な点を選び出してまとめること。

3

☆むずかしい言葉に線を引きながら読む。

3 「ウナギのなぞを追って」を読む〈30分〉

T　説明文を読むのに役立つ言葉や、難しい専門的な言葉に線を引いて読んでいきましょう。

○範読をするときに、線や印を付けながら読むように指示する。

○大事なのは、この文章に対して興味をもつことなので、内容に目を向けるように、図や写真も併せて読むようにする。

よりよい授業へのステップアップ

興味をもって読むために

説明の内容が分かるためには、専門的な言葉の意味を共有しておくことが大事である。ウナギ、レプトセファルスや海流、海山、新月など、脚注にある言葉は必ず全員で確認し、意味を共有する。

論理的に読むために

この説明文には、調査を続けてきた筆者の思いも行間に込められている。調査内容を正しく読み取り、筆者の書きぶりの特徴を意識しながら、筆者の調査にかける熱い思いにも触れたい。

本時案

ウナギのなぞを追って 2/8

本時の目標

・大事な言葉や文を見つけながら読み、興味をもったことやよく分からなかったことを発表することができる。

本時の主な評価

❺積極的に言葉には考えたことや思ったことを表す働きがあることに気付こうとし、学習の見通しをもって文章の一部を引用して意見を述べようとしている。【態度】

資料等の準備

・言葉カード 15-01

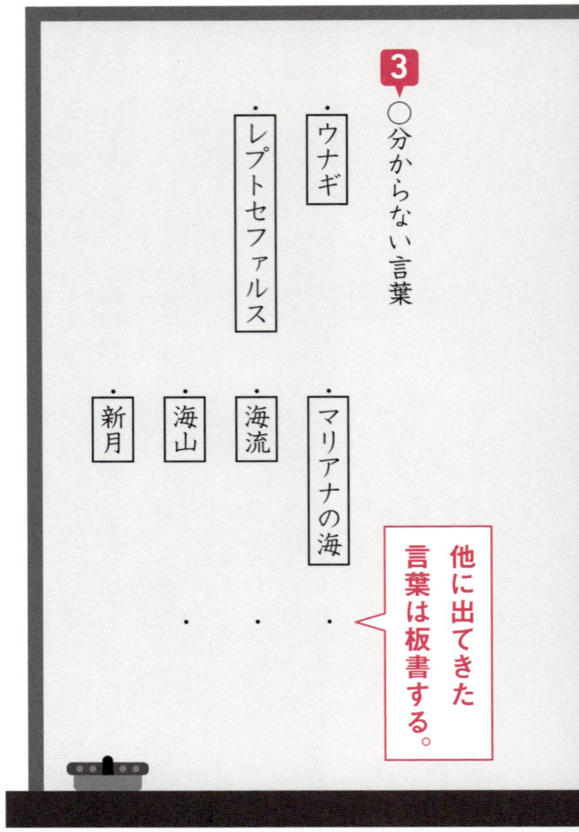

授業の流れ ▷▷▷

1 本時のめあてを確認する 〈5分〉

T　今日はみなさんで音読して、興味をもったところやもっと知りたいことを、発表し合いましょう。

○前時に線を引いた言葉について、意味の確認をしておくと、子供たちも音読がしやすくなる。

2 全文を音読する 〈25分〉

T　形式段落に気を付けながら音読しましょう。

○初め・中・終わりがはっきりしている文章なので、その区切りは意識して読むようにする。

○形式段落ごとに読ませたいが、1人では長いところもあるので、クラスの実態に応じて、読む量を決めるとよい。

ウナギのなぞを追って

塚本（つかもと）勝巳（かつみ）

きょうみをもったことを話し合おう。

2 ○文章の仕組み

初め	①②③	「ウナギの一生」の研究の始まり
中	④⑤⑥⑦⑧⑨⑩⑪⑫	調査（さ）、研究の流れ
終わり	⑬	研究のこれから

3 興味をもったことや分からなかったことを発表する 〈15分〉

T　どんなところに興味をもちましたか。

T　分からない言葉や、もっと知りたいことはありましたか。

・ウナギがたまごを産む場所を見つけるのにとても長い時間がかかっていること。

・どうやってウナギの謎を解いたのか。

・塚本さんはどんな気持ちで調査をしていたんだろう。

・難しい言葉があって、よく分からなかった。

よりよい授業へのステップアップ

説明文の読み方の工夫を

多くの子供に読ませるには、1文ずつ読むこともよいが、説明文なので、段落を意識して読ませたい。音読しながら、大事な言葉には線を引かせるなど、自分で読み取る意欲をもつようにすることが大切である。

興味をもったことを交流して

興味をもったことや分からなかったことを共有する話し合いは、自分1人では気付かなかったことに気付くことのできる大事な時間になる。読み飛ばしていたことやあいまいだったことを確かめる時間にもなる。

本時案

ウナギのなぞを追って 3・4/8

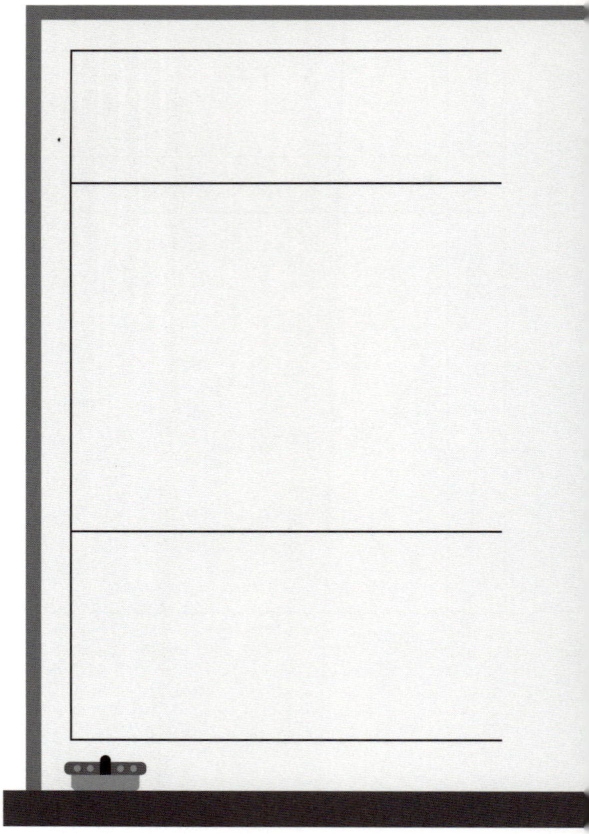

本時の目標

・段落ごとの要点をまとめたり、内容のまとまりごとに整理したりすることができる。

本時の主な評価

❸文章を読んで理解したことに基づいて、感想や考えをもっている。【思・判・表】

資料等の準備

・ワークシート 15–02

授業の流れ ▷▷▷

1 本時のめあてを確認して、研究の流れは「中」にあることを確かめる 〈第 3 時〉

T 今日は段落ごとに要点をまとめたり、内容を整理したりして、研究の流れをまとめましょう。

○「中」の段落の大事な言葉や文を書き出す作業は、研究の内容を追っていくことにつながる。まずは、研究の流れを理解させたい。

T どんなふうにまとめるとわかりやすいと思いますか。

・段落ごとに。

・大事な言葉ごとに。

・年月を追っていく。

2 「中」の部分を読み、段落の中の大事な言葉や文を書き出す 〈第 3 時〉

T 「中」の部分には何が書いてありますか。何が大事な言葉だと思いますか。

○研究の流れを知るうえでの大事な言葉であることを確認する。子供たちにとって、大事な言葉や文を短く書き出すことは難しい。はじめはみんなで話し合いながら書き出すとよい。

・ウナギがどんな一生を送る生き物なのか。

・たまごを産むときと場所―新月、海山。

・レプトセファルスの大きさ。

ウナギのなぞを追って

塚本（つかもと）　勝巳（かつみ）

研究の流れをまとめよう。

1 ◇どんなふうにまとめるかな。

○段落（だんらく）ごとに
○内容（よう）ごとに　→要点をまとめる。

2 ・ウナギがどんな一生を送る生き物なのか
・レプトセファルスの大きさ
・たまごを産むときと場所―新月、海山

3 ○年月を追う。→年表にして要点を書きこむ。

年表は初めからは示さないで、まとめ方のアイデアを子供から引き出す。

年	内容	大事な言葉など
一九三〇		
一九六七		

3 まとめ方を工夫して、内容を整理する　〈第４時〉

T　研究には長い年月がかかっていることがわかるように、年表にまとめましょう。

○ P.98を見て、まとめ方の工夫をさせたい。年表にしてまとめる方法もあることを知らせ、誰もが取り組めるようにしたい。

4 興味をもったことをはっきりさせる　〈第４時〉

T　96ページの「もっと読もう」には、筆者塚本さんへのインタビュー記事が載っています。音読しましょう。

○子供たちに質問の文を読ませて、教師が答えの文章を読むといった工夫があると、内容を分かりやすく読み取れる。

T　みなさんはどんなことに興味をもちましたか。興味をもったことを中心に研究の内容をまとめていきましょう。

本時案

ウナギのなぞを追って

5/8

本時の目標

・ウナギのなぞについて、自分で興味をもったことに沿ってまとめたものを読み合い、感想を伝え合うことができる。

本時の主な評価

❹文章を読んで感じたことや考えたことを共有し、一人一人の感じ方などに違いがあることに気付いている。【思・判・表】

資料等の準備

・感想メモを書く付箋

授業の流れ ▷▷▷

1 自分がまとめたものを友達と読み合う 〈20分〉

T　自分がまとめたものを読み返して、自分の興味をもったことに沿って書かれているかを確かめましょう。

○声に出して読み、表記に間違いがあれば直すように指示する。

T　グループの友達とまとめたものを交換して読み合いましょう。

○内容についての感想がもてるように、観点を示しておく。

・どんなことに関心をもっているのか、分かりやすく整理しているか。

○付箋に感想のメモを書いておくようにすると、伝え合うときに役立つ。

2 感想を伝え合う 〈10分〉

T　グループの友達の文章を読んで、感想を伝えましょう。

○まずは読んで感じたこと、気が付いたことを自由に話し、その後、観点に沿った感想を伝えるようにすると、子供たちの素直な言葉が引き出せる。

・研究についての年表が詳しいね。

・レプトセファルスがどんな旅をしたのかが分かりやすく書いてあるね。

・絵や図を入れていて分かりやすいよ。

ウナギのなぞを追って　塚本勝巳（つかもとかつみ）

まとめたものを読み合って、感想を伝え合おう

1
◇友達の感想を読むときには…
・一番心に残ったところはどこだろう。
・どんなことにきょうみをもったのだろう。
・事がらの整理のしかたはどうだろう。
○観点をしぼって読みましょう！

2
◇感想を伝え合いましょう。

3
◇友達のまとめたものを読んで、気づいたこと
・長い時間をかけてなぞをつき止めたことがよく分かるように書いてあった。
・たまごを産む場所が分かったときのよろこびがつたわるように書いてあった。

3 感想を全体で共有し、本時の学習の振り返りをする　〈15分〉

T　友達の文章を読んで、いいなあと思ったものはありますか。
・長い時間をかけてなぞを突き止めたことがよく分かるように書いてあった。
・たまごを産む場所が分かったときの喜びが伝わるように書いてあった。
T　感想を伝え合い、何か気付いたことはありますか。
○興味をもったところは人それぞれ違っていて、まとめ方も一人一人違ったものになる。自分の視点をもって文章を書くことが大事であり、違いからさらに学びがあることに気付かせたい。

よりよい授業へのステップアップ

共有の時間を大事に

それぞれの興味によってまとめ方も違ったものになる。読んだ感想を伝え合い、全体で共有することで、視点の違いによってまとめ方も違うことに気付くだろう。その違いから、文章をさらに深く読むこともできる。

推敲よりも書く思いを大切に

書いたものを声に出して読むことは、自分の文の語句の使い間違いに気付くのに有効である。子供たちが苦労して書いた文章は、細かい表記よりも、内容やその思いを評価したい。

本時案

ウナギのなぞを追って　6/8

本時の目標

・段落ごとの要点をまとめ、文章全体の構成を捉え、筆者の研究への思いを考えることができる。

本時の主な評価

❷全体と中心など、情報と情報との関係について理解している。【知・技】

資料等の準備

・段落キーワードカード（9才画用紙半分×13枚）
・ワークシート　15-03

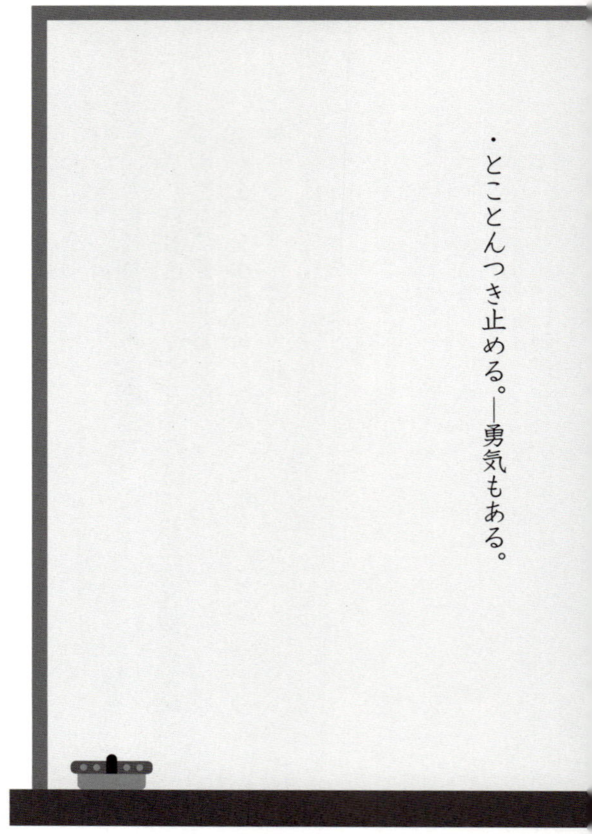

授業の流れ ▷▷▷

1　学習のめあてを確認する　〈5分〉

T　文章の組み立てを考えながら、全文を読みましょう。
○「初め・中・終わり」に分け、それぞれの段落の役割を考えながら読むように指示する。

2　段落キーワードカードを作る　〈15分〉

T　グループで話し合いながら、①から⑬までの段落のキーワードをカードに書きましょう。
○初めての活動であれば、いくつかの段落のキーワード選びを全体でするとよい。
○なぜその言葉を選ぶのかを話し合うと、内容確認に有効である。
T　全部書けたら、段落順に並べてみましょう。

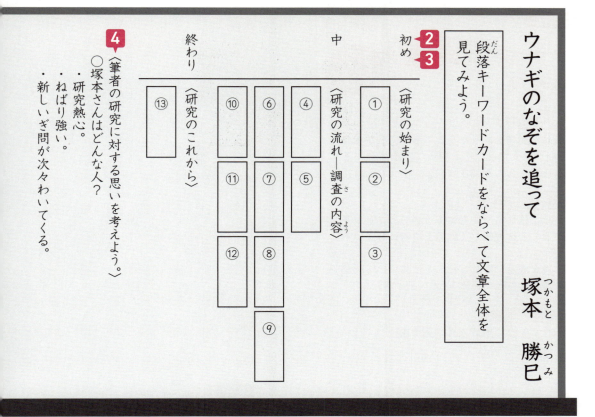

ウナギのなぞを追って　塚本　勝巳

段落キーワードカードをならべて文章全体を見てみよう。

2 **3**

初め　〈研究の始まり〉

①　②　③

中　〈研究の流れ―調査の内容〉

④　⑤

⑥　⑦　⑧　⑨

⑩　⑪　⑫

終わり　〈研究のこれから〉

⑬

4 〈筆者の研究に対する思いを考えよう。〉

○塚本さんはどんな人？

・研究熱心。

・ねばり強い。

・新しいぎ問が次々わいてくる。

3 初め・中・終わりに分け、それぞれの内容を確かめる　〈10分〉

T　並べたカードを、初め・中・終わりに分けてみましょう。

T　初めの①から③段落をまとめると、どんなタイトルになりますか。

・ウナギの調査のきっかけ。

・話題提起。

T　中の④から⑫段落をまとめると、どんなタイトルになりますか。

・調査、研究の内容。

・調査の流れ。

T　終わりの⑬段落はどんな役割ですか。

・結論。

・筆者の思い。

4 筆者の研究に対する思いを考える　〈15分〉

T　⑬段落をみんなで読みましょう。

○全員で音読して、何が書いてあるのかを発表する。

・残っている問題のこと。

・筆者がまた調査に出かけること。

T　⑬段落を読んで、塚本さんのことをどう思いましたか。塚本さんに言ってあげたいことはありますか。

・長い時間をかけて調査して、たまごを産む場所を突き止めたのに、また、調査に行くなんて粘り強いなあ。

・知りたいことがまだまだ増えるなんて、研究熱心だなあ。

本時案

ウナギのなぞを追って　7/8

本時の目標

・自分が興味をもったことに沿って感想をまとめ、「ウナギのなぞを追って」を紹介する文章を書くことができる。

本時の主な評価

❶言葉には性質や役割による語句のまとまりがあることを理解し、語彙を豊かにしている。【知・技】

❸文章を読んで理解したことに基づいて、感想や考えをもっている。【思・判・表】

資料等の準備

・紹介文を書く用紙（９才画用紙）

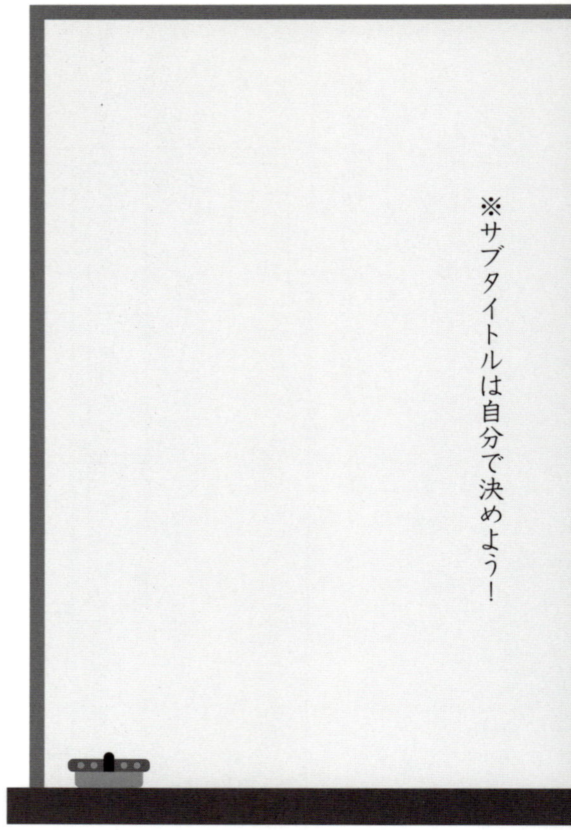

授業の流れ ▷▷▷

1　筆者の調査についての感想をまとめ、紹介文を書くめあてをもつ　〈10分〉

T　これまで「ウナギのなぞを追って」を読んでどのように調査、研究が進められてきたか分かってきましたね。今日は、それを紹介する文章を書きます。これまで、興味をもったことに沿って文章を読んだり、要約したりして、筆者の調査についてどのような感想をもちましたか。

・筆者は、どうしてもなぞを突き止めたいという思いが強くて、熱心な人だなあと思った。

・長い年月がかかったのに、あきらめずに粘り強いなあと思った。

○感想をまとめるとき、すぐに思いつく子供とそうでない子供と個人差があるので、先に発表させることでヒントになって、感想をまとめやすくなる。

2　紹介文の文章構成を確認する　〈５分〉

○ P.99の「しょうかいする文章の例」を読み、初め・中・終わりの構成で書くことを押さえる。初めには「何の話か」、中は「要約」、終わりには「感想」を書く。

T　書く前に、要点をまとめたものや、内容をまとめたものを読んでみましょう。

○これまでの学習を生かし、書いたものを使ってよいことを話しておくと、子供たちは安心して取り組める。また、文だけでなく、絵や図を入れてもよいことを話しておく。

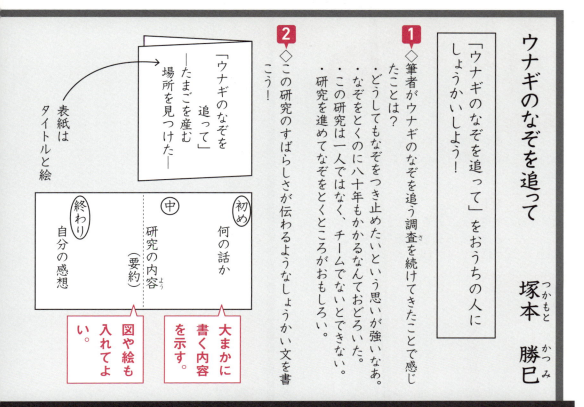

ウナギのなぞを追って　塚本勝巳

「ウナギのなぞを追って」をおうちの人にしょうかいしよう！

1 ◇筆者がウナギのなぞを追う調査を続けてきたことで感じたことは？

・どうしてもなぞをつき止めたいという思いが強いなあ。
・なぞをとくのに八十年もかかるなんておどろいた。
・この研究は一人ではなく、チームでないとできない。
・研究を進めてなぞをとくところがおもしろい。

2 ◇この研究のすばらしさが伝わるようなしょうかい文を書こう！

「ウナギのなぞを追って」
―たまごを産む場所を見つけた―

表紙はタイトルと絵

（初め）何の話か
（中）研究の内容（要約）
（終わり）自分の感想

大まかに書く内容を示す。

図や絵も入れてよい。

3 紹介する文章を書く　〈30分〉

T　おうちの人に、「ウナギのなぞを追って」を読みたくなるような紹介文を書きましょう。

○相手意識をもたせることは、書く意欲にもつながる大事なことである。

○書く技術も身に付けさせたいが、自分が読んで興味をもったことを相手に伝えたいという思いを大切に、書くことに向かわせたい。

○画用紙を半分に折り、内側には紹介する文を書き、表は表紙の絵を描くようにすると、オリジナルの作品になる。

よりよい授業へのステップアップ

意欲をもって書くために

保護者から「読みたくなった」と言ってもらえれば、ますます学習意欲もわいてくる。お便りなどで学習の意図を知らせ、保護者に励ましメッセージを書いてもらえるようにお願いしておく。

自分のおすすめどころを入れる

紹介文は、自分がこの文章の中で一番おすすめしたいところはどこなのかをはっきりさせて、それを中心に書かせるとよい。伝えたいことがはっきりしている文章は、相手の心に届くことを実感させたい。

本時案

ウナギのなぞを追って 8/8

本時の目標

・紹介する文章を発表し合い、感じ方の違いに気付き、よさを認めて交流することができる。

本時の主な評価

❹文章を読んで感じたことや考えたことを共有し、一人一人の感じ方などに違いがあることについて気付いている。【思・判・表】

資料等の準備

・特になし

授業の流れ ▷▷▷

1 紹介する文章を小グループで読み合い、感想を発表し合う〈20分〉

T　グループの中で、紹介文を発表しましょう。

○読む速さにも個人差があるので、読む時間を保障したい。

T　友達の紹介文を読んで、どんな感想をもちましたか。感想を伝え合いましょう。

○分かりやすさ、書き手の思いが伝わったなど、友達の文章のよさを見つけられるようにする。

2 全体で共有する〈20分〉

T　どんな紹介文がありましたか。それぞれのグループの中からおすすめの紹介文を発表しましょう。

T　おすすめの理由も発表しましょう。

・レプトセファルスが旅をするところがよく分かって、興味がもてた。

・少しずつなぞが解けていくところがおもしろかった。もっと読みたいと思った。

・図も書いてあって、分かりやすかった。

ウナギのなぞを追って　塚本勝巳（つかもと かつみ）

しょうかい文を読み合おう。

2 ◇グループの中で話題になったこと
・要約の仕方がちがう。
・感想は、筆者に対する感想と、研究そのものの感想があった。
・表紙の絵だけで読みたくなった。

2 ◇おすすめのしょうかい文
☆おすすめの理由
・なぞをとくところが、どきどきするような書き方だった。
・塚本さんの熱心さが伝わった。

3 ◇学習を通して分かったこと
・広い海の中で小さなウナギのたまごを発見するのはとても大変なことで、研究というのはねばり強くないとできないことが分かった。
・説明文の中でも筆者の思いが書かれていると分かった。

3 学習の振り返りをする　〈5分〉

T　みなさんが、「ウナギのなぞを追って」を学習して、一番分かったことは何ですか。

○「ウナギのなぞを追って」の説明文は、段落ごとの要点をまとめる学習よりは、内容に興味をもって読み進めたい教材である。この説明文から何を学んだかを振り返りたい。

よりよい授業へのステップアップ

感じ方や捉え方の違いを共有する

友達の文章を読み合うとき、どう読むかの観点を示しておくのがよい。誤字脱字や字の丁寧さに感想をもちやすいが、共感したところ、自分とは違うがおもしろいと思ったことを中心に、おすすめの紹介文という形で発表させると、話し合いの焦点が絞られる。また、おすすめの理由にこそ個人の考えが表れるので、必ず発表させたい。

おすすめとして挙げられた紹介文を全体に向けて発表することで、その紹介文の良さを共有し、それぞれの視点の違いを確かめることにもなる。

1 第3・4時 ワークシート 15-02

《ウナギのなぞを追って》　年　組　名前（　　　）

◇調査を年表にしてまとめよう！

年	一九三〇	一九六七	一九七三	一九九一	一九九四	二〇〇五	二〇〇九
内容							
大事な言葉など							

2 第6時　ワークシート　15-03

《ウナギのなぞを追って》

◇段落ごとのまとめをしましょう。

年　　組　名前（　　　　　　　　）

	初め		中										終わり
段落	①	②	③	④	⑤	⑥	⑦	⑧	⑨	⑩	⑪	⑫	⑬
キーワード													
内容													

つながりに気をつけよう　4時間扱い

〔知識及び技能〕(1)カ　〔思考力、判断力、表現力等〕B書くことエ

単元の目標

・言葉と言葉や、文と文のつながりに注目して、分かりやすい文章について考えることができる。

評価規準

知識・技能	❶主語と述語との関係、修飾と被修飾との関係、指示する語句と接続する語句の役割について理解している。(〔知識及び技能〕(1)カ)
思考・判断・表現	❷「書くこと」において、間違いを正したり、相手や目的を意識した表現になっているかを確かめたりして、文や文章を整えている。(〔思考力、判断力、表現力等〕B エ)
主体的に学習に取り組む態度	❸進んで主語と述語との関係、修飾と被修飾との関係、指示する語句と接続する語句の役割について考え、つながりに気を付けて文章を書こうとしている。

単元の流れ

時	主な学習活動	評価
1	学習の見通しをもつ 自分が書いた文章を読み返したときの経験を想起し、学習課題をもつ。 主語と述語との関係について考える。 主語と述語が対応するように文を書き直す。	
2	修飾と被修飾との関係について考える。 修飾語が何を詳しくしているのかが明確になるように文を書き直す。	❶
3	一文の長さについて考える。 長い一文を分かりやすい文章に書き直す。	❷
4	学習を振り返る これまで学習したことを生かして、間違いを正したり、相手や目的を意識した表現になっているかを確かめたりして、文や文章を整える。	❸

授業づくりのポイント

〈単元で育てたい資質・能力〉

本単元のねらいは、言葉と言葉や、文と文のつながりに注目して、分かりやすい文章について考えることである。知識及び技能の習得はもちろん、学習したことを実生活で活用できる力を育成することが求められる。そのためにも、実生活と学習との結び付きを意識させるような工夫が必要である。

具体例

○単元の導入

例えば、自分の書いた文章を読み返した経験を想起させる。どの子供も、一度は「分かりにくいな」「どうしたら分かりやすくなるのかな」と思ったことがあるだろう。このような思いを引き出すことで、学びの必要感がある学習課題を設定する。

○単元の終末

例えば、書き直す前と書き直した後の文章を読み比べ、単元を振り返らせる。「分かりやすい文章の書き方が分かった」「読み返すときのポイントが分かった」という子供自身による学びの実感が、学習したことを実生活に生かそうとする意欲につながると考える。

〈教材・題材の特徴〉

本教材では、主語と述語との関係や修飾と被修飾との関係が分かりにくい例文、一文が長く内容がつかみにくい例文などが示されている。それぞれの例文を適切に活用することで、言葉についての理解を深めることができるだろう。一方で、教科書には例文の説明も添えられている。まずは、分かりにくい例文だけを示すことで、どんなところが分かりにくいのか、どうすれば分かりやすくなるのかを考えることができるようにする。

具体例

○教科書には「次の文は、主語と述語が正しく対応していません。」と前置きされた後に「ぼくの目標は、外交官になって世界各国をめぐります。」という例文が載っている。いきなり教科書を開いてしまうと、例文を読んだ際の気付きを引き出すことができない。子供や学級の実態に応じて、まずは拡大した例文だけを黒板に提示し、子供の気付きを引き出す工夫が考えられる。

〈他単元や他教科との関連〉

本単元で身に付いた力は、他単元や他教科での様々な書く活動の際に活用するために、「書いた文章を読み返すときのポイント」として教室に掲示する工夫ができる。日常的に掲示しておくことで、他の単元や教科の学習でも、自分自身で読み返したり、友達同士で読み返したりする際の参考となる。書いた文章の間違いを正したり、相手や目的を意識した表現になっているかを確かめたりして文や文章を整えることを習慣化することで、本単元での学びが定着する。

具体例

○主語と述語が対応しているか。

○修飾語が何を詳しくしているかがはっきりしているか。

○一文が長すぎないか。　○つなぎ言葉を入れたほうがよいところはないか。

○同じような言葉や内容が繰り返されるときは省いたり、こそあど言葉を使ったりしているか。

本時案

つながりに気をつけよう 1/4

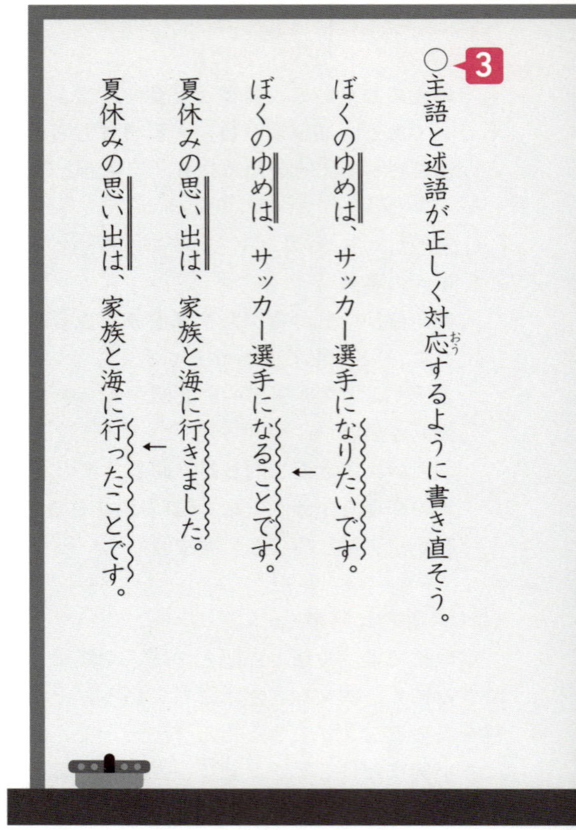
3
○主語と述語が正しく対応するように書き直そう。
ぼくのゆめは、サッカー選手になりたいです。
←
ぼくのゆめは、サッカー選手になることです。
夏休みの思い出は、家族と海に行きました。
←
夏休みの思い出は、家族と海に行ったことです。

本時の目標

・主語と述語の関係について理解し、文を整えることができる。

本時の主な評価

・主語と述語の関係について理解している。

資料等の準備

・主語と述語が対応していない例文を拡大したもの

授業の流れ ▷▷▷

1 自分が書いた文章を読み返したときのことを想起し、学習課題を確認する 〈10分〉

T　自分が書いた文章を読み返したときに「分かりにくいな」と思ったことはありますか。

○日記や作文を書いたときのことを思い出すように声を掛ける。

・日記を読み返したときに、自分のしたことや思ったことがうまく伝わらないなと思った。

・国語で書いた説明文を読み返したときに、分かりにくいなと感じたことがある。

T　これからの学習では、言葉と言葉や文と文のつながりに注目して、分かりやすい文章について考えましょう。

○子供の思いから、言葉について学習する必要感をもたせられるようにする。

2 教科書の例文を読み、主語と述語の関係について考える 〈20分〉

T　（例文の拡大コピーを提示し）声に出して読みましょう。何か気付くことはありますか。

・なんか変な感じがする。

・主語と述語が合っていない。

○既習事項の「主語」「述語」の意味について確認する。

T　「目標は」という主語をそのままにするなら、述語をどのように書き直すとよいでしょう。ノートに書いてみましょう。

・ぼくの目標は、外交官になって世界各国をめぐることです。

○主語と述語が対応していることを確認する。

つながりに気をつけよう

1 ○自分が書いた文章を読み返したときに「分かりにくいな」と思ったこと

・日記を読み返したときに、自分のしたことや思ったことがうまく伝わらないなと思った。

・国語で書いた説明文を読み返したときに、うまく文がつながらないなと感じたことがある。

単元の学習課題

言葉と言葉や文と文のつながりに注目して、分かりやすい文章について考えよう。

主語と述語の関係に気をつけて、正しい文を作ろう。

2

ぼくの目標は、外交官になって世界各国をめぐります。

・なんか変な感じがする。

・主語と述語が合ってない。

○「目標は」という主語をそのままにするなら、述語をどのように書き直すとよいだろう。

・ぼくの目標は、外交官になって世界各国をめぐることです。

3 主語と述語が正しく対応するように文を書き直す 〈15分〉

T 他の文でも、主語と述語が正しく対応するように書き直してみましょう。

・ぼくのゆめは、〜になりたいです。
→ぼくのゆめは、〜になることです。

・夏休みの思い出は、家族と海に行きました。
→夏休みの思い出は、家族と海に行ったことです。

○悩んでいる子供には、書き直す部分を伝えるなどの支援をする。

○子供の実態や時間に応じて、主語と述語が対応していない文を作らせ、友達同士で書き直す活動なども設定できる。

よりよい授業へのステップアップ

必要感のある学習課題の設定

単元の導入では、教師が突然「教科書を開きましょう。言葉について考える学習をしましょう」と言っても、子供にとって学びの必要感は得られない。

まずは、子供にとって身近な経験を想起させ「確かに、文章を読み返したときに分かりにくいと感じることがあるな」「どうしたら、分かりやすい文章にすることができるのだろう」という学びの必要感をもたせることが重要である。

本時案

つながりに気をつけよう　2/4

本時の目標

・修飾と被修飾の関係について理解することができる。

本時の主な評価

❶修飾と被修飾の関係について理解している。【知・技】

資料等の準備

・修飾と被修飾の関係が明確ではない例文を拡大したもの

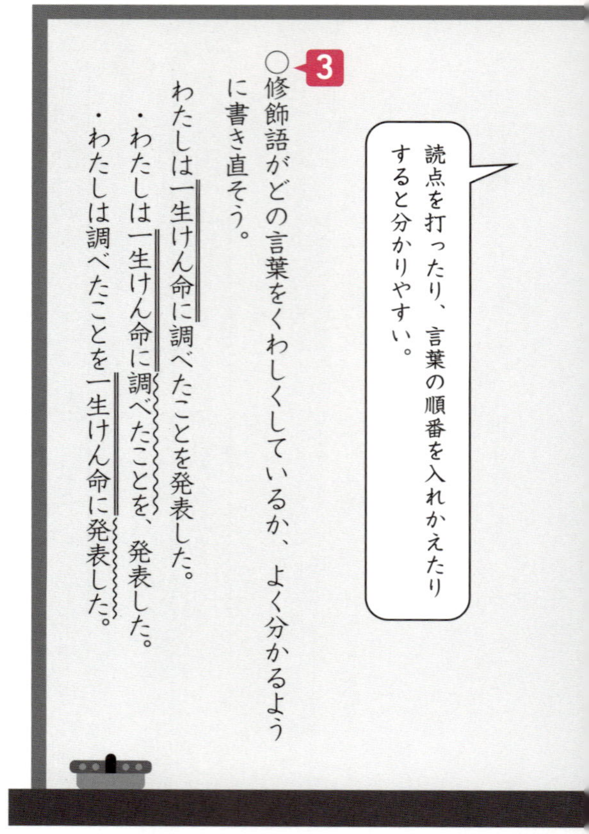

読点を打ったり、言葉の順番を入れかえたりすると分かりやすい。
3
○修飾語がどの言葉をくわしくしているか、よく分かるように書き直そう。
わたしは一生けん命に調べたことを発表した。
・わたしは一生けん命に調べたことを、発表した。
・わたしは調べたことを一生けん命に発表した。

授業の流れ ▷▷▷

1 既習事項の修飾と被修飾の関係について確認し、本時のめあてを知る 〈10分〉

T　（例文を示し）声に出して読みましょう。次の修飾語が、詳しくしている言葉は何ですか。

○既習事項の「修飾語」の意味について確認する。

「わたしは、昨日九州のおじいちゃんに長い手紙を、書きました。」

・昨日→書きました

・九州の→おじいちゃんに

・長い→手紙を

○本時のめあてを確認する。

T　今日は、修飾語がどの言葉を詳しくしているか、分かりやすい文を作りましょう。

2 教科書の例文を読み、修飾と被修飾の関係について考える 〈20分〉

T　（例文の拡大コピーを提示し）声に出して読みましょう。何か気付くことはありますか。

・女の子が必死なのか、弟が必死なのか分からない。

T　どのように書き直したら分かりやすくなるでしょう。ノートに書きましょう。

・女の子は、必死で走る弟を追いかけた。

・女の子は必死で、走る弟を追いかけた。

・必死で走る弟を女の子は追いかけた。

・走る弟を必死で女の子は追いかけた。

○各文を動作化することで「必死で」がどの言葉を詳しくしているか確認する。

つながりに気をつけよう

1

○修飾語（しゅうしょく）がくわしくしている言葉は、どれでしょう。

わたしは、昨日九州のおじいちゃんに長い手紙を、書きました。

・昨日→書きました
・九州の→おじいちゃんに
・長い→手紙を

昨日、ぼうしをかぶった客が、わたしの家に来た。

・昨日→来た
・かぶった→客が
・わたしの→家に

修飾語に気をつけて、分かりやすい文を作ろう。

2

女の子は必死で走る弟を追いかけた。

・分かりにくい。
・女の子が必死なのか、弟が必死なのか分からない。
・「必死で」という修飾語がどの言葉をくわしくしているのか分からない。

○「必死で」という修飾語が、どの言葉をくわしくしているか、よく分かる文に書き直そう。

・女の子は、必死で走る弟を追いかけた。
・女の子は必死で、走る弟を追いかけた。
・必死で走る弟を女の子は追いかけた。
・走る弟を必死で女の子は追いかけた。

3 修飾語がどの言葉を詳しくしているかが明確な文に書き直す 〈15分〉

T 他の文でも、修飾語がどの言葉を詳しくしているかがよく分かるように書き直してみましょう。

「わたしは一生けん命に調べたことを発表した。」

・わたしは一生けん命に調べたことを、発表した。
・わたしは調べたことを一生けん命に発表した。

○悩んでいる子供には、書き直す部分を伝えるなどの支援をする。

○子供の実態や時間に応じて、修飾語がどの言葉を詳しくしているか明確でない文を作らせ、友達同士で書き直す活動なども設定できる。

よりよい授業へのステップアップ

動作化による表現の工夫

同じ言葉を使っても、読点の位置や言葉の順番によって違った意味になることを実感できるようにしたい。そのためにも、動作化を取り入れる表現の工夫が考えられる。二人一組で「女の子」と「弟」役になり、それぞれの文の意味を考えて動作化することにより、その違いを明確にすることができる。また修飾語を「泣きながら」や「笑顔で」などの言葉に置き換えて動作化する工夫も考えられる。修飾と被修飾の関係による言葉のおもしろさを感じることができるだろう。

本時案

つながりに気をつけよう　3/4

本時の目標

・指示語や接続語について理解し、文や文章を整えることができる。

本時の主な評価

❷間違いを正したり、相手や目的を意識した表現になっているかを確かめたりして、文や文章を整えている。【思・判・表】

資料等の準備

・教科書 P.102の①の例文を拡大したもの

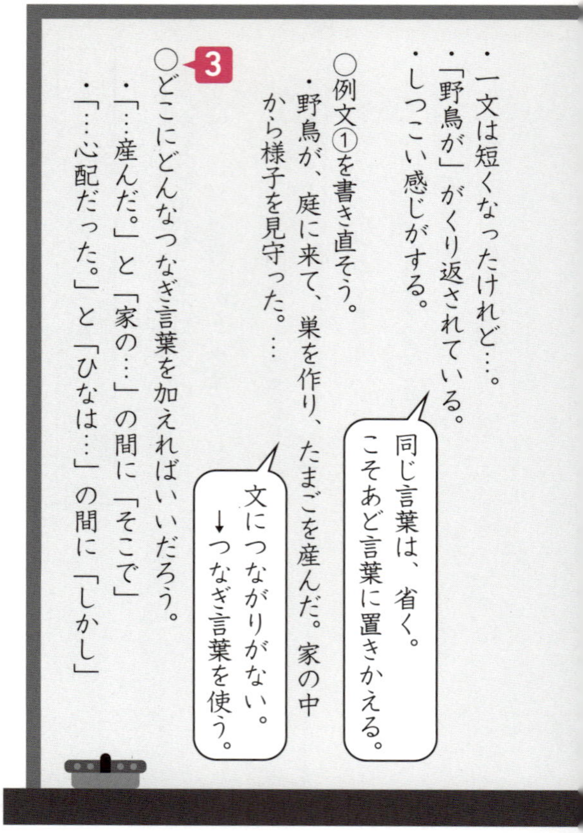

・一文は短くなったけれど…。
・「野鳥が」がくり返されている。
・しつこい感じがする。
同じ言葉は、省く。
こそあど言葉に置きかえる。
○例文①を書き直そう。
・野鳥が、庭に来て、巣を作り、たまごを産んだ。家の中から様子を見守った。…
文につながりがない。
↓つなぎ言葉を使う。
3
○どこにどんなつなぎ言葉を加えればいいだろう。
・「…産んだ。」と「家の…」の間に「そこで」
・「…心配だった。」と「ひなは…」の間に「しかし」

授業の流れ ▷▷▷

1 教科書の例文①を提示し、本時のめあてを知る　〈10分〉

T　（例文①の拡大コピーを示し）声に出して読みましょう。何か気付くことはありますか。
・長い。
・分かりにくい。
・１つの文に主語がたくさんある。
・こんなに長いのに句点が１つしかない。
○教科書の拡大コピーを黒板に提示し、全体で音読することにより、読みにくさや分かりにくさを実感させる。
T　一文が長いと分かりにくいのですね。今日は、長い一文をどのように書き直したら分かりやすくなるか考えましょう。
○本時のめあてを確認する。

2 長い一文をどのように書き直したら分かりやすくなるか考える　〈20分〉

T　どのように書き直したら分かりやすくなると思いますか。
・一文を短くする。
T　（104ページの例文の拡大コピーを示して）では、この文章はどうでしょう。
・一文が短くなっている。
・「野鳥が」が繰り返されている。
・同じ言葉は省いたり、こそあど言葉に置き換えたりするといい。
T　では、例文①を分かりやすく書き直してみましょう。
○子供が書き直した文章を紹介する。
・分かりやすくなった。
・文と文のつながりがないな。

つながりに気をつけよう

1

教科書 P.102 の①の例文

長い一文をどのように書き直せば、分かりやすくなるか考えよう。

2

○どのように書き直したらよいだろう。
・一文を短くする。

教科書 P.104L.1 の例文

3 どこにどのような接続語を加えればよいか考える 〈15分〉

T　どこにどのような「つなぎ言葉」を入れればよいでしょう。
・「そこで」を書き加えるといい。
・「しかし」を書き加えるといい。
○悩んでいる子供には、接続語の選択肢を与えるなどの支援をする。
T　初めの例文と自分が書き直した文章を読み比べてみましょう。
・一文が短くなって読みやすい。
・こそあど言葉を使うと、同じ言葉を繰り返さなくていい。
・つなぎ言葉があると、文のつながりができる。

よりよい授業へのステップアップ

例文を提示するタイミング

教科書に載っている例文をどのタイミングで提示するかによって子供の思考は大きく変わる。初めに全てを提示することもできるが、どのように書き直せばよいかということを子供自身が考えるためには、まず不十分な例文だけを提示することも有効である。本時の中には、3つの例文がある。本案では、例文①→P.104の例文→例文②の順で示す例を挙げた。どの例文を、どのタイミングで、何の目的で示すのか。学級の実態に応じて、教師が意図的に示す必要がある。

本時案

つながりに気をつけよう　4/4

本時の目標

・言葉と言葉や、文と文のつながりに注目して、分かりやすい文章を書こうとすることができる。

本時の主な評価

❸進んで主語と述語との関係、修飾と被修飾との関係、指示する語句と接続する語句の役割について考え、つながりに気を付けて文章を書こうとしている。【態度】

資料等の準備

・教科書 P.104の例文を拡大したもの

3
○どのように書き直したのか友達と伝え合う。
・一文が長すぎると思ったので、「…」というところで区切りました。
・文と文がつながるように「〜」というつなぎ言葉を入れました。
○単元の学習をふり返る。
・これまでの学習で、できるようになったこと。
・これからの学習で、生かしていきたいこと。

授業の流れ ▷▷▷

1 前時までの学習を振り返り、本時のめあてを知る 〈15分〉

○前回までに学習した主語と述語の関係や修飾と被修飾の関係などについて振り返る。

T　これまで学習したことを振り返りましょう。どんなことに気を付ければ分かりやすい文章にすることができますか。

・主語と述語を対応させる。

・修飾語がどの言葉を説明しているのか、はっきりさせる。

・一文を長くし過ぎない。

○本時のめあてを確認する。

T　今日は、これまで学習したことを活用して次の文章を分かりやすくなるように書き直しましょう。

2 分かりやすくなるように文章を書き直す 〈20分〉

T　赤鉛筆を使って、文章を書き直しましょう。

○赤で書き直すことで、修正箇所を明確にできるようにする。

・感じたことは……多く見える。
　→感じたことは……多く見えることです。

・「シリウスは」という言葉を省く。

・……ということが分かり、……。
　→……ということが分かった。さらに……。

・「ぼくと姉は」という主語にする。

○悩んでいる子供には、書き直す部分を伝えたり、接続語の選択肢を与えたりするなどの支援をする。

つながりに気をつけよう

1

○これまで学習したこと

・主語と述語（じゅつ）を対応（おう）させる。

・修飾語（しゅうしょく）がどの言葉を説明しているのか、はっきりさせる。

・一文を長くしすぎない。

・つなぎ言葉を使う。

学習してきたことを生かして、文章を書き直そう。

2

教科書 P.104 の例文

赤ペンを使って修正箇所と書き直した内容を子供と確認できるようにする。

3 どのように書き直したのか友達と伝え合い、単元の学習を振り返る〈10分〉

T　どのように書き直したか、友達と伝え合いましょう。

○同じだったところや違うところに注目させる。

○どんなことに気を付けて書き直したのか、伝え合うようにする。

・一文が長すぎると思ったので、「…」というところで区切りました。

・文と文がつながるように「～」というつなぎ言葉を入れました。

○単元の学習を振り返る。

T　これまでの学習を振り返って、できるようになったことやこれからの学習で生かしていきたいことを書きましょう。

よりよい授業へのステップアップ

単元の振り返り

本時の終末には、単元全体を通してどんなことが分かったか、どんな力が身に付いたかを子供自身が自覚できるような時間を設定する。

また、本単元でのポイントを活用し、教室に掲示しておくことで日頃から書いた文章を読み返したり、書き直したりする習慣を身に付けることができる。単元を単元だけで留めておくのではなく、他単元や他教科でも活用できるようにしていく。

もしものときにそなえよう　12時間扱い

〔知識及び技能〕(2)ア　〔思考力、判断力、表現力等〕B書くことア、ウ、オ　関連する言語活動例B(2)ア

単元の目標

・地震や大雨などの災害に備えることについて、自分の考えとそれを支える理由や事例との関係を明確にして、書き表し方を工夫して書くことができる。
・書こうとしたことが明確になっているかなど、文章に対する感想や意見を伝え合い、自分の文章のよいところを見つけることができる。

評価規準

知識・技能	❶考えとそれを支える理由や事例、全体と中心など情報と情報の関係について理解している。(〔知識及び技能〕(2)ア)
思考・判断・表現	❷「書くこと」において、相手や目的を意識して、経験したことや想像したことなどから書くことを選び、集めた材料を比較したり分類したりして、伝えたいことを明確にしている。(〔思考力、判断力、表現力等〕Bア) ❸「書くこと」において、自分の考えとそれを支える理由や事例との関係を明確にして、書き表し方を工夫して書いている。(〔思考力、判断力、表現力等〕Bウ) ❹「書くこと」において、書こうとしたことが明確になっているかなど、文章に対する感想や意見を伝え合い、自分の文章のよいところを見つけている。(〔思考力、判断力、表現力等〕Bオ)
主体的に学習に取り組む態度	❺進んで自分のテーマについて、調べたことを整理し、学習の見通しをもって考えたことを文章にまとめて報告しようとしている。

単元の流れ

次	時	主な学習活動	評価
一	1	地震や津波、台風、大雨、大雪、噴火等の出来事を思い出したり、当時のニュース映像や新聞記事を読んだりして、友達と共有し合う。 学習の見通しをもつ 「クラスのぼうさいブックを作る」という学習課題を知り、教材文を読み、学習の見通しをもつ。	
二	2	地震や津波、台風、大雨、大雪、噴火等から大きなテーマを決める。	❷
	3 4	大きなテーマごとにグループをつくり、複数の本や図鑑を読んだりインターネットで調べたり、詳しく知っている人からインタビューをしたりして、気になったことや分かったことをカードにまとめる。	❷
	5	調べたことをまとめたカードを内容ごとに分類して整理する。	❶
	6	書きたい内容を「構成メモ」に整理し、自分の考えを明確に伝えられるようにする。	❸
	7	文例を読み、どのような工夫をしてあるか読み取る。	❶

	8 9	読む人に、自分の考えが伝わるように文章を書く。	❸
	10	書いた文章を読み返し、調べたグループで文章を読み合う。	❸
	11	クラスで発表し、感想を伝え合う。	❹
三	12	学習を振り返る 隣のクラスで「クラスのぼうさいブック」発表会を開く。 「クラスのぼうさいブック」を印刷して保護者や学校図書館と共有する。	❺

授業づくりのポイント

〈単元で育てたい資質・能力〉

本単元のねらいは、自分の考えを書き、友達と読み合うことである。

そのために、単元の流れにおいても、同じテーマごとにグループをつくり、自分の考えと友達の考えを共有する活動、書き終えた後、それぞれが書いた文章を発表する活動を取り入れ、書き手の考えを踏まえながら感想を伝えたり、友達の感想を知ったりすることで、自分の文章のよさや改善点に気付かせたい。

〈言語活動の工夫〉

単元の導入で、地震や津波、台風、大雨、大雪、噴火等の出来事を思い出したり、当時のニュース映像や新聞記事を読んだりしたときのことを共有し合う。実際に避難したことがある子供や、親戚や知り合いが被災した経験がある子供もいるだろう。その経験を踏まえ、「もしものときにそなえる」ことを自分事として捉え、文章に書き表し、友達に伝えることができるようにする。単元の最後に、それぞれが書いた文章を印刷し「クラスのぼうさいブック」として保護者や他のクラスと共有する。

具体例

単元導入の例

〇地震や大雨など、自然災害はいつ起こるか分かりませんね。当時の新聞やニュースを見て今までの出来事を振り返ってみましょう。

C：私は川のそばに住んでいます。大雨のとき避難勧告が出て、近くの公民館に避難しました。

C：電車が運休になったり、お店も休みになったりしたよね。

C：親戚が被害にあって、とても辛い思いをしました。

C：大きな地震や台風のために避難訓練もしているよね。

〇「備えあれば、うれいなし」という言葉がありますね。実際、どう備えたらよいか、自分たちで調べて、「クラスのぼうさいブック」を作りましょう。

C：うちでは、防災リュックを作って避難に備えているよ。

C：いつ地震が来るか分からないから、家具をしっかり留め付けてあるか確認したほうがいいね。

C：でき上がった「クラスのぼうさいブック」は地震や津波、台風、大雨、大雪、噴火など、テーマに分けてまとめると読む人が分かりやすいね。

本時案

もしものときにそなえよう 1/12

本時の目標

・進んで自分のテーマについて、調べたことを整理し、学習の見通しをもつことができる。

本時の主な評価

・進んで自分のテーマについて、調べたことを整理し、学習の見通しをもって考えたことを文章にまとめて報告しようとしている。

資料等の準備

・地震、台風、津波、大雨等の災害の写真や新聞記事、ニュース映像

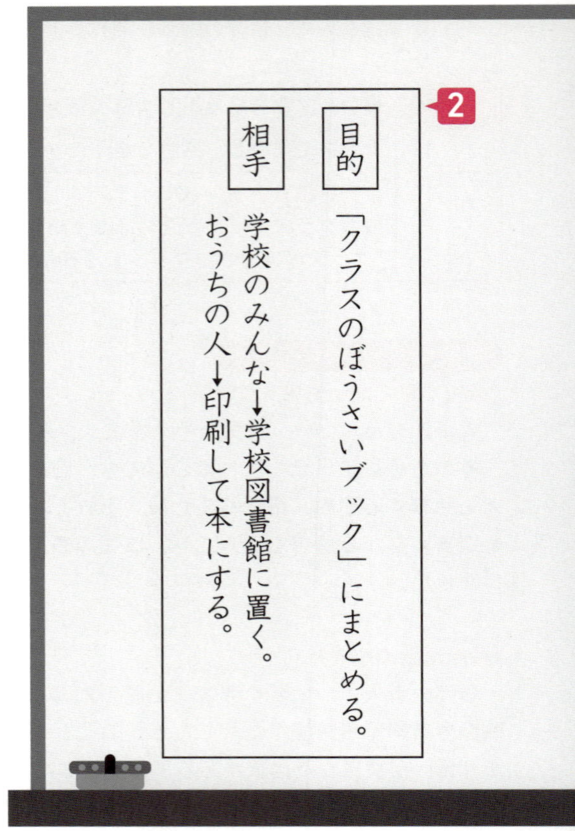

2
目的
「クラスのぼうさいブック」にまとめる。
相手
学校のみんな→学校図書館に置く。
おうちの人→印刷して本にする。

授業の流れ ▷▷▷

1 自然災害のニュースなどを見て気付いたことを発表する 〈20分〉

○地震、台風、津波、大雨等の災害の写真や新聞記事、ニュース映像を見る。

T　地震や大雨など、自然災害はいつ起こるか分かりませんね。当時の新聞やニュースを見て今までの出来事を振り返ってみましょう。

・私は川のそばに住んでいます。大雨のとき避難勧告が出て、近くの公民館に避難しました。

・電車が運休になったり、お店も休みになったりしたよね。

・親戚が被害にあって、とても辛い思いをしました。

2 教科書を読み、学習の見通しをもつ 〈10分〉

○学習計画表を提示する。

T　教科書を読み、どんな学習をするか見通しをもちましょう。

・自然災害に備えるためにどうしたらいいか考えるんだね。

○学習課題を知り、相手意識・目的意識を確認する。

T　自然災害について、どう備えたらよいか、みなさんが考えたことをまとめて「クラスのぼうさいブック」を作りましょう。

・自分たちで考えて調べてみることも大切だね。

・「クラスのぼうさいブック」を学校図書館に置きたいな。

T　この学習で伝えたい相手は誰ですか。

・お家の人にも読んでもらいたいね。

もしものときにそなえよう
自然災害にどうそなえればよいのでしょう。
1
写真資料を掲示しておく。

3 自然災害に備えるにはどうしたらよいか交流する 〈15分〉

○導入で示した資料を振り返り、自然災害に備えるにはどうしたらよいか、気付いたことを出し合う。

T　先ほど見た映像や写真、新聞記事を見て、自然災害に備えるにはどうしたらよいかグループで交流しましょう。

・「いざ」というときに備えて、防災リュックに水や食料を入れておくことも大切だよね。

・私の家では家具に固定をしてあるよ。

T　グループで出た考えを発表しましょう。

・台風のときには窓に養生テープを貼っておくといいです。

T　次は、大きなテーマを決めましょう。

・私は、地震について書きたいな。

よりよい授業へのステップアップ

学習計画表と振り返りカードの工夫

学習の見通しをもつことができるように、学習計画表を掲示しておく。また、学習計画の下欄に学習の振り返りができるようにしておく。

相手意識・目的意識を明確にもつ

自分の考えを文章に表した後、「クラスのぼうさいブック」にまとめ、学校図書館において、学校の子供全員に伝えることと、お家の人にも読んでもらうことを意識付けると、記述をするときに自分の考えをはっきり表す手立てになる。

本時案

もしものときにそなえよう　2/12

本時の目標

・相手や目的を意識して、経験したことや想像したことなどから書くことを選ぶことができる。

本時の主な評価

❷相手や目的を意識して、経験したことや想像したことなどから書くことを選び、集めた材料を比較したり分類したりして、伝えたいことを明確にする。【思・判・表】

資料等の準備

・ワークシート　17–01

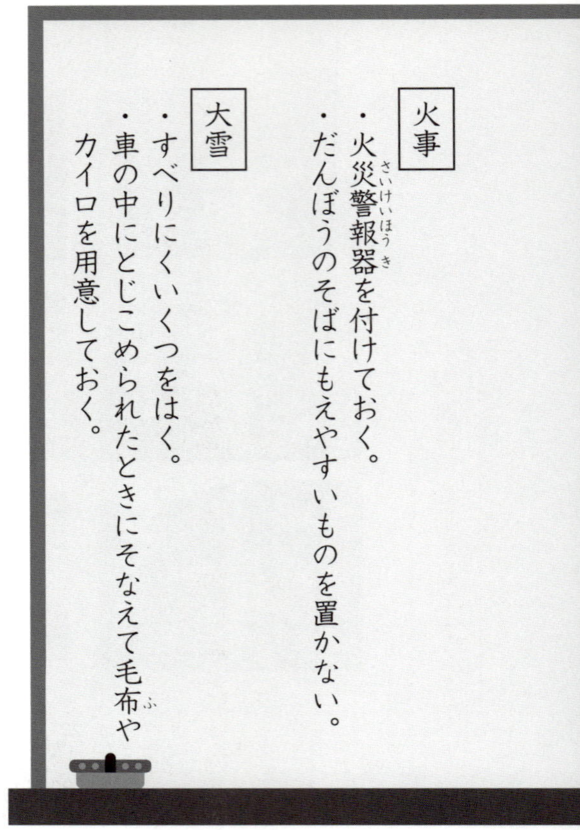

火事
・火災警報器を付けておく。
・だんぼうのそばにもえやすいものを置かない。
大雪
・すべりにくいくつをはく。
・車の中にとじこめられたときにそなえて毛布やカイロを用意しておく。

授業の流れ ▷▷▷

1 大きなテーマを選び、グループに分かれる〈15分〉

○前時の掲示物を基に、大きなテーマを選ぶ。

T　「クラスのぼうさいブック」にまとめるために、大きなテーマを決めましょう。

・地震は今でもしょっちゅう起きるよね。

・大雨のときも大変だった。川のそばに住んでいるから怖かったな。

○大きなテーマごとにグループをつくる。

T　大きなテーマが決まったら自分が調べるテーマを選んでグループをつくりましょう。

・親戚が台風の被害にあって、とても辛い思いをしたから、私は台風をテーマにしよう。

2 ワークシートに、大きなテーマについて知りたいことを書く〈15分〉

○ワークシートを用意する。

T　ワークシートに、大きなテーマについて自分が知りたいことを書きましょう。

・私は大雨で避難するときにどんなことに気を付けたらいいか、知りたいな。

○大きなグループごとに集まり、考えを交流する。

T　テーマごとに集まって、自分の考えを発表しましょう。友達の考えを付け足しましょう。

・私は地震で避難するときに持っていくといいものについて詳しく知りたいです。

・まずは水と食べ物が必要だよね。

・ラジオがあるといいと聞いたことがあるよ。

もしものときにそなえよう

大きなテーマを選び、そのテーマについてくわしく知りたいことを決めよう。

じしん

・家具を固定する。
・たなの上に物を置かない。

台風

・まどを養生(ようじょう)テープで補(ほ)強する。
・風に飛ばされてあぶない物は中にしまっておく。

つなみ

・じしんが来たらすぐつなみが来るかもしれない。
・日ごろから高台ににげられるようにしておく。

大雨

・ひなんかんこくが出る前にひなんする。
・ハザードマップをかくにんしておく。

①テーマのみ板書に写す。
②テーマごとに交流したことを板書する。

3 グループで交流したことを発表する〈15分〉

○グループで出た考えをクラス全体で交流し、考えを深める。

T　グループで出た考えをクラス全体で交流しましょう。気付いたことや付け足したいことがあったら、ワークシートにメモをしましょう。

・防災リュックを用意しておいて、素早く避難できるようにした方がいいと思います。
・地震に備えるために家具を固定したほうがいいです。

T　クラス全体で交流して気付いたことはありますか。

・どの自然災害のときも、前もって備えておくことが大事だと分かりました。
・資料から正しい情報をまとめることも大切だと思う。

よりよい授業へのステップアップ

ワークシートの工夫

大きなテーマを選んだ後、自分が詳しく知りたいことを書く欄、友達からの考えを付け足す欄があるワークシートを用意して活用していく。

情報を整理する

自分の考えや友達からの情報が正しいかどうか、資料を基にして書くことができるように助言する。ワークシートにも出典を明記できるようにする。

家庭学習で調べる

取材のために、家庭学習の時間をとり、自分の家庭の様子等を調べる。

本時案

もしものときにそなえよう 3・4/12

本時の目標

・考えとそれを支える理由や事例、全体と中心など情報と情報の関係について理解することができる。

本時の主な評価

❷相手や目的を意識して、経験したことや想像したことなどから書くことを選び、集めた材料を比較したり分類したりして、伝えたいことを明確にしている。【思・判・表】

資料等の準備

・ワークシート 17-01
・図書資料・新聞記事・PC
・実物投影機

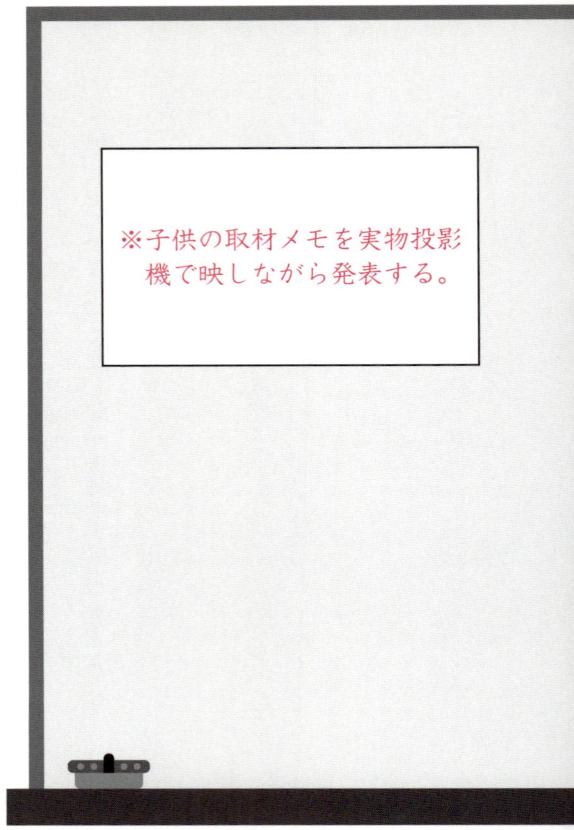

※子供の取材メモを実物投影機で映しながら発表する。

授業の流れ ▷▷▷

1 本時までに調べておいた取材メモを整理し、グループで交流する 〈第３時〉

○前時が終わってから各自家庭学習等で調べる時間を取っておく。

T 取材メモを種類ごとにまとめて整理しましょう。

・私は家でインターネットで調べてきたよ。
・インターネットの情報だけではなくて図書の資料からも見つけないと、その情報が正しいか分からないよね。

○グループで調べたことを交流する。

T グループで調べたことを交流して自分の取材メモに付け足しましょう。

・私は「水があふれた道路では水の流れで動けなくなる」という取材メモを付け足そう。

2 もう一度取材メモを整理し、足りないものを調べる 〈第３時・第４時〉

○図書資料や PC から足りない情報を付け足したり、情報が正しいかどうか確かめたりする。

T 取材メモに付け足したり、付け足した情報が正しいかどうか資料を調べて確認しましょう。

・インターネットの情報しかなかったから、図書の資料も探そう。
・家の新聞記事から取材メモに書いたのだけど、図書資料やインターネットにもあるかな。
・情報が正しいかどうか確かめることは大事だよね。

もしものときにそなえよう

知りたいことについて、調べた内容が正しいかどうかをたしかめよう。

1

活動の流れ

①取材メモを整理する。

2

②グループで交流して、取材メモを付け足す。
③もう一度整理する。
④足りないものを調べる。

3

気づいたこと

・同じことが本や新聞記事にも書いてある。
・正しいかどうか分からないじょうほうは信用しない。
・相手に一番伝えたいことを書く。
◎自分が知りたいことがはっきり分かるじょうほうを見つける。

3 調べたことを発表し、情報を整理することを確認する〈第4時〉

○グループで調べた事柄をクラス全体で交流し、考えを広げる。

T　調べたことをクラス全体で交流しましょう。気付いたことや付け足したいことがあったら、ワークシートにメモをしましょう。

・●月○日の△△新聞の記事の内容が、「○○」という図書資料にも書いてありました。
・２種類の資料に同じことが書いてあったんだね。

○取材メモから気付いたことを発表する。

T　取材メモがたくさん集まったね。でも、これを全部書くのは大変だね。どうしたらよいでしょうか。

・自分が一番知りたくて、みんなにも伝えたいことを選んで書けばいいと思います。

よりよい授業へのステップアップ

複数の資料の活用

調べる時間を十分に取り、自分が調べた情報が正しいかどうか、他の資料を使って探すという活動を行う。

一番伝えたい情報を整理する

たくさん集まった情報の中から、自分が知りたいことに合った情報や、相手に一番伝えたい情報を選ぶことができるように助言する。

本時案

もしものときにそなえよう 5/12

本時の目標

・相手や目的を意識して、集めた材料を比較したり分類したりして、伝えたいことを明確にすることができる。

本時の主な評価

❶考えとそれを支える理由や事例、全体と中心など情報と情報の関係について理解している。【知・技】

資料等の準備

・ワークシート 💿 17-01
・実物投影機

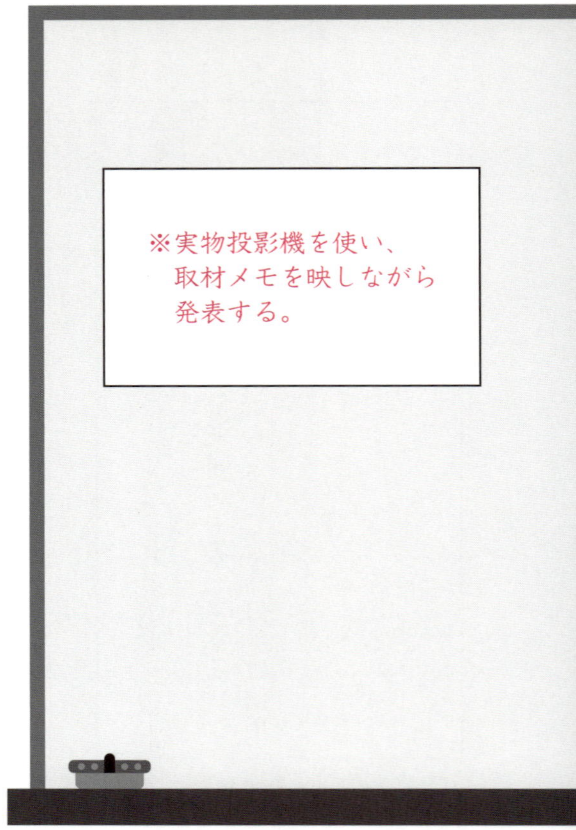

※実物投影機を使い、
取材メモを映しながら
発表する。

授業の流れ ▷▷▷

1 調べて分かったことを整理する 〈15分〉

○前時の取材メモを基に、ワークシートに整理し直す。取材メモはあらかじめカードや付箋に書くようにしておくと、本時で整理がしやすい。

T　取材メモを内容ごとに整理して、ワークシートにまとめましょう。

・大雨で避難するときに気を付けることはいろいろあったな。
・避難するときに必要な持ち物も調べたんだな。
・取材メモが多い内容と少ない内容があるぞ。

2 グループで交流する 〈20分〉

○読む人に役立つかどうかを考えて意見を伝えるように助言する。

T　自分のワークシートを友達に伝えた後、自分が伝えたい内容を発表しましょう。聞いている人は、読む人に役立つかどうかを考えて意見を伝えましょう。

・私は大雨で避難するときに気を付けることを調べました。その中で一番伝えたいことは、携帯電話やスマートフォンで住んでいる地域の情報を得られるように設定しておくことです。
・それは大切なことだね。
・携帯電話やスマートフォンに頼るだけではなく、雨や近くの川の状況を見て早めに行動することも大切なんじゃないかな。

もしものときにそなえよう

取材メモを内容ごとに分類して整理しよう。

1

活動の流れ

①取材メモを内容ごとに整理する。
②グループで交流する。
③もう一度整理する。
④一番相手に伝えたい取材メモを決める。

※気をつけること
読む人（相手）に役立つかどうか。

3 一番伝えたい取材メモを決める〈10分〉

○グループで交流したことを基に、取材メモを見直す。１つだけではなくいくつかあるときは番号を付けるようにする。

T　グループで交流したことを基に、自分の取材メモを見直して、一番伝えたい取材メモを決めましょう。

・雨や川の状況を見て早めに行動することが１番で、地域の情報は２番にしよう。

○取材メモを発表し、気付いたことを伝える。

・他のグループの取材メモも参考になるな。

・早く書きたいな。

よりよい授業へのステップアップ

グループでの交流と全体交流

自分のワークシートを同じグループの友達に伝えることで、自分の考えを再確認することができる。また、読む人に役立つかどうか、友達に聞いてもらうことで相手意識をもつことができる。

また、グループで交流するだけでなく、全体で発表する場を設けることで、他のグループの内容を知ることができ、自分の考えを広げることができる。

本時案

もしものときにそなえよう 6/12

本時の目標

・相手や目的を意識して、集めた材料を比較したり分類したりして、伝えたいことを明確にすることができる。

本時の主な評価

❸自分の考えとそれを支える理由や事例との関係を明確にして、書き表し方を工夫して書いている。【思・判・表】

資料等の準備

・構成メモを拡大したもの 17–02

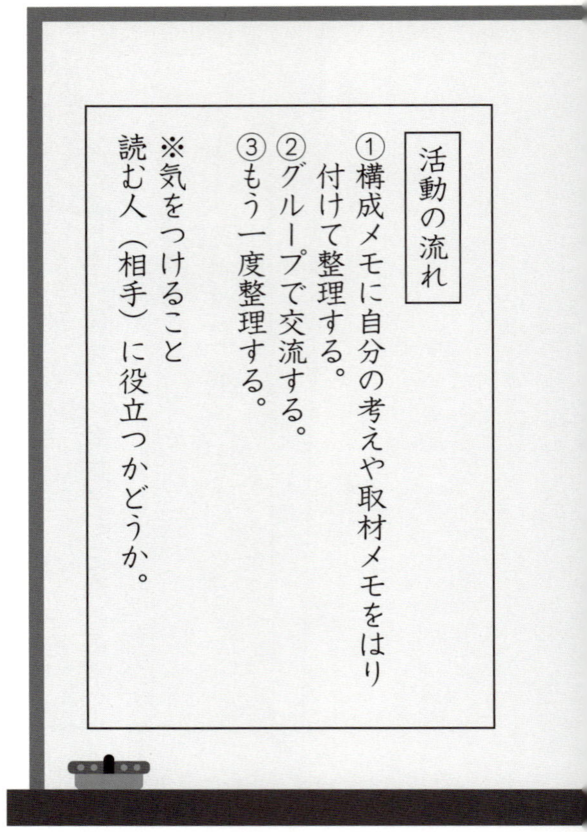

活動の流れ
①構成メモに自分の考えや取材メモをはり付けて整理する。
②グループで交流する。
③もう一度整理する。
※気をつけること
読む人（相手）に役立つかどうか。

授業の流れ ▷▷▷

1 構成メモの書き方を知る 〈10分〉

○子供に配付した構成メモを拡大したものを掲示し、活動の見通しがもてるようにする。教科書の例を基に、説明する。

T 考えを伝える文章を書くために、構成メモを書きましょう。

・教科書の例はこんな組み立てになっていたんだね。

・初めと終わりに自分の考えを書くんだ。

・初めと終わりを入れ替えてもよさそうだね。

2 構成メモを書く 〈20分〉

○例を基に構成メモを書く。初めと終わりもカードに書き、後で入れ替えることができるようにする。

T 例を基に構成メモを書きましょう。終わったら交流コーナーへ行って、でき上がった友達と交流しましょう。

・初めは、自分の考え。中には、本で調べたことを書こう。終わりには、もう一度自分の考えを書くんだな。

もしものときにそなえよう

自分の考えをはっきり伝えられるように構成メモに整理しよう。

1

初め	中	終わり

3 友達と交流し、構成メモを見直す〈15分〉

○他のグループの友達と交流してもよいこととする。

T 自分のワークシートを読み、友達に伝わるかどうか確認しましょう。また、気付いたことを伝えましょう。

・終わりの文章には、「このように」という言葉を使うといいよ。

・なるほど。説明文の学習で出てきた言葉だね。

「つまり」でもいいよね。

○理由や例を書くときに使いたい言葉を掲示しておく。

よりよい授業へのステップアップ

構成メモの工夫

初めと終わりには自分の考えを書くのだが、初めと終わりを入れ替える工夫ができるように、これも付箋かカードに書くようにするとよい。

また、あくまでも「メモ」であることを伝え、箇条書きで短い文で書くように助言する。

理由や例を書くときに使いたい言葉

教科書で例示されている言葉や説明文の学習で学んだ言葉を掲示し、子供が活用できるようにする。

本時案

もしものときにそなえよう

7/12

本時の目標

・文章全体の構成や内容の大体を意識しながら読むことができる。

本時の主な評価

❶考えとそれを支える理由や事例、全体と中心など情報と情報の関係について理解している。【知・技】

資料等の準備

・ワークシート 17-01
・教科書 P.108・109の例を拡大したもの

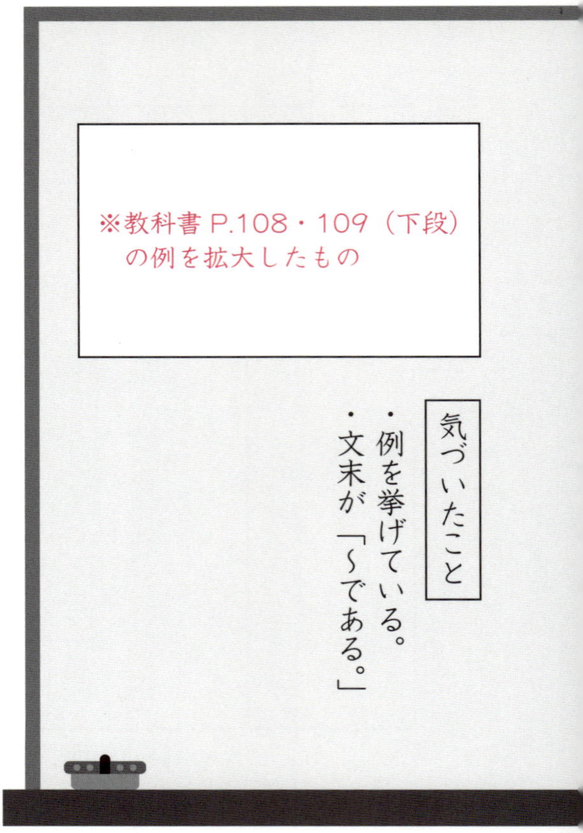
※教科書 P.108・109（下段）
の例を拡大したもの
気づいたこと
・例を挙げている。
・文末が「〜である。」

授業の流れ ▷▷▷

1 教科書の例を読み、どのような書き方の工夫があるか気付いたことを出し合う 〈15分〉

○教科書の例を音読し、気付いたことに線を引く。

T　教科書の例を音読して、どのような書き方の工夫があるか、気付いたことを発表しましょう。

・初めには自分の考えが書いてある。
・中の初めの言葉は、「なぜなら」と書いて、理由を表しているよ。
・初めの例は、「〜です。」という文末だけど、もう1つは「〜である。」という文末。
・理由を挙げてもいいんだね。
・例を挙げたほうが分かりやすいな。

2 例文を参考にして、書き方を工夫する 〈20分〉

○例文の初めと終わりを入れ替えたり、文末を変えたり、同じ意味で違う言葉に置き換えたりしてみる。

T　前の時間、○○さんが、「初めと終わりを入れ替えてもよさそうだ」と気付きました。それを基に、この例の初めと終わりを入れ替えたり、同じ意味でも違う言葉にしてみたりしましょう。

○子供の実態に応じて、子供自身に考えさせてもよいし、学級全体で確認しながら取り組んでもよい。

・初めに呼び掛けるような言葉で書き始めてもいいね。
・書き方を工夫すると、より伝えたいことがはっきりしてくるね。

もしものときにそなえよう

文例を読み、どのような工夫がしてあるか読み取ろう。

1

※教科書 P.108・109（上段）の例を拡大したもの

気づいたこと

・理由を挙げている。
・文末が「～です。」

3 自分の構成メモを見直す〈10分〉

○学習したことを基に、自分の構成メモを見直す。

T　今日の学習を基にして、自分の構成メモを見直してみよう。

・私は理由を挙げる書き方にしよう。
・例は１つだけではなくて、２つにして、順序を表す言葉を使ってみよう。

○教科書の例だけでなく、災害をテーマにした他の意見文を例示し、いろいろな書き方や言葉の工夫があることを示す。

よりよい授業へのステップアップ

文例の活用

教科書の例だけでなく、他の意見文や教師が自作した例文等を提示し、いろいろな書き方があることを示すと、子供が「もっと工夫して書きたい」という意欲がわく。

教科書の例を活用する

教科書の例を書き写しながら、書き方や構成を入れ替えてみると、子供が書き方の工夫に気付くことができる。

本時案

もしものときにそなえよう 8・9/12

本時の目標

・自分の考えとそれを支える理由や事例との関係を明確にして、書き表し方を工夫して書くことができる。

本時の主な評価

❸自分の考えとそれを支える理由や事例との関係を明確にして、書き表し方を工夫して書いている。【思・判・表】

資料等の準備

・記述用ワークシート（行、ます目）
・教科書 P.108・109の例を拡大したもの
・前時の板書を記録したもの

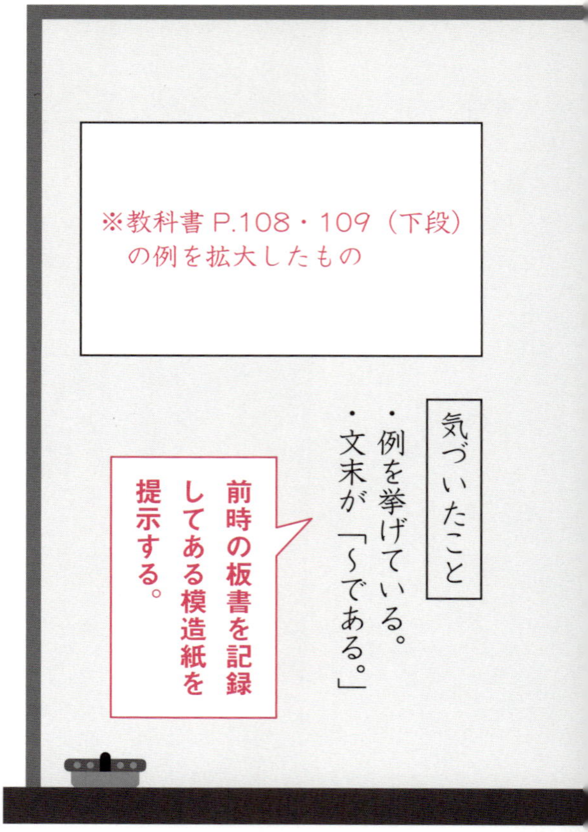

※教科書 P.108・109（下段）の例を拡大したもの
気づいたこと
・例を挙げている。
・文末が「〜である。」
前時の板書を記録してある模造紙を提示する。

授業の流れ ▷▷▷

1 教科書の例を読み、前時にまとめたものを確認する〈第8時〉

○前時にまとめた掲示物を再び提示する。

T　前の時間のことを振り返りましょう。どんな工夫をしていましたか。

・理由を挙げて説明しています。
・自分の考えは「初め」だけではなく、「終わり」にも書いてありました。
・「なぜなら」や「例えば」など「理由や例を書くときに使いたい言葉」を使う。

○記述用紙は行のものとます目のものを用意しておく。また、行やます目の横に、付け足しができるような余白を作っておく。

T　記述用のワークシートを選んだら書いてみましょう。

2 例文と構成メモを参考にして、書き方を工夫しながら書く〈第8時・第9時〉

○例文と構成メモを見ながら書くように助言する。

T　例文だけでなく、構成メモを見ながら記述しましょう。書き終わったら、自分で見直しましょう。

・私は、例を挙げて説明しながら書くことにしよう。
・例を書くときに使う言葉は何かな。

○記述が始まったら自分のペースで活動ができるようにする。

もしものときにそなえよう

読む人に、自分の考えが伝わるように文章を書く。

1

※教科書 P.108・109（上段）の例を拡大したもの

気づいたこと

・理由を挙げている。
・文末が「～です。」

3 書き上がった文章を見直し、ペアで交流する 〈第9時〉

○記述が終わったら自分で推敲して、交流コーナーへ行って、友達と交流することを伝えておく。
・引用した部分の数字や言葉が正しいかどうか、確認しておこう。
・言葉と言葉、文と文のつながりは正しいかな。
T　ペアで交流して、付け足しましょう。
・理由を表す言葉を入れているね。
・1つ目の例は、2つ目の例は、というように順序を表す言葉を入れると分かりやすいね。

よりよい授業へのステップアップ

主体的な活動

記述が始まったら、自分のペースで書き進め、書き終わってからの活動や推敲の観点、友達と交流するポイント等を示しておき、主体的に活動ができるように準備をしておくとよい。

ワークシートの選択

行のもの、ます目のもの、行数が多いものを用意しておく。また、付け足しができるように、行やます目の横に余白を作っておくとよい。

本時案

もしものときにそなえよう

10/12

本時の目標

・間違いを正したり、相手や目的を意識した表現を確かめたりして、文や文章を整えることができる。

本時の主な評価

❸自分の考えとそれを支える理由や事例との関係を明確にして、書き表し方を工夫して書いている。【思・判・表】

資料等の準備

・ワークシート 17-01
・「見直しポイント」を拡大したもの 17-03
・付箋（大）

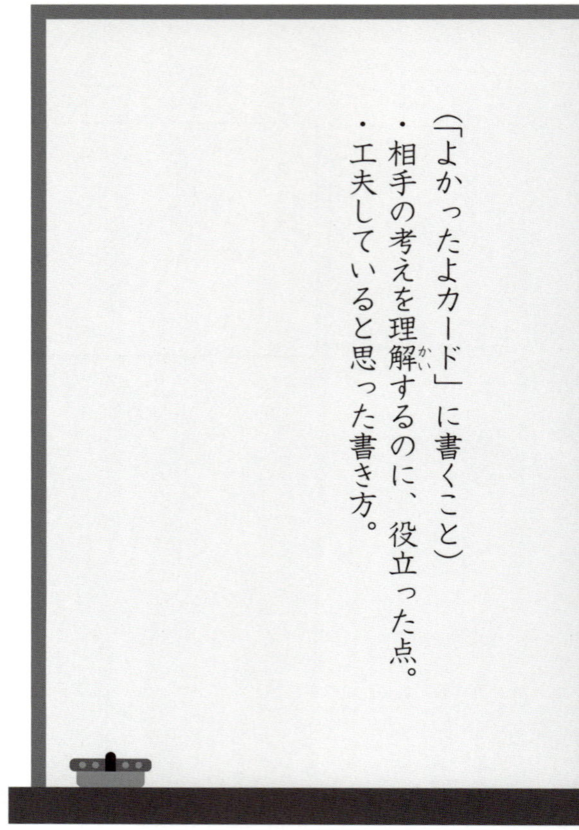

（「よかったよカード」に書くこと）
・相手の考えを理解するのに、役立った点。
・工夫していると思った書き方。

授業の流れ ▷▷▷

1 自分の作品を読み返し、見直しポイントを基にして確認する 〈10分〉

○「見直しポイント」を確認する。

T 書いた文章を読み返しましょう。「見直しポイント」のプリントにチェックをしながら進めるとよいですよ。

・音読して読み返すと読みづらいところがあったから、分かりやすい文章にしよう。

・引用した部分の数字は間違えないようにしないといけないな。よく確認しよう。

○隣同士で「見直しポイント」を基に確認し合う。

T 隣同士のペアで確認してみましょう。

・友達と読み合うと、間違いがないか、より正確になるよね。

2 調べたグループになり、書いたものを読み合う 〈30分〉

○調べたグループになり、書いたものを読み合う。また、感想だけでなく、アドバイスも伝える。

T グループで読み合い、感想を伝えましょう。

・〇〇さんは本から引用していることを書いていて、早めの避難が大切だということが分かったよ。

・例が書いてあると読んでいてとても分かりやすかったです。

○「よかったよカード（付箋）」を用意し、感想を書く。

T 調べたグループの友達へ「よかったよカード」に感想を書いて渡しましょう。

もしものときにそなえよう

書いた文章を読み返し、調べたグループで文章を読み合おう。

1

見直しポイント

□引用した部分の数字や言葉は正しいか。
□言葉と言葉、文と文のつながりは正しいか。
□文末の書き方はそろっているか。
□声に出して読み、読みづらいところはないか。
□引用したり参考にしたりした本を出典としてまとめてあるか。
□字のまちがいなどがないか。

2

（グループ交流）
・「なるほど」となっとくしたこと。
・「分かりやすいな」と思った書き方。
・気になること。
・くわしく知りたいこと。

3 自分の書いたものをもう一度見直し、振り返りカードを書く〈5分〉

○グループでの交流や「よかったよカード」を基に、もう一度読み返す。

T グループでの交流や「よかったよカード」を基に、もう一度読み返して、文章をよりよくしましょう。また今日の学習を振り返って感想を書きましょう。

・「早めの避難が大切」ということが伝わってよかったな。

○次時がクラスでの発表会であることをあらかじめ伝え、書き終わった人から練習するように助言する。

T 明日の発表会本番に向けて練習しましょう。

よりよい授業へのステップアップ

「見直しポイント」「よかったよカード」の活用

推敲の観点を「見直しポイント」として提示する。チェック欄が付いているものにすると、子供が自ら確認することができる。4年生のこの時期には、自分で書いた文章を自分自身で確認する力を身に付けさせておきたい。

また、読んだ相手へよかったところを伝えることも大切な活動である。

（例）○○さんへ。去年の大雨のけい験を生かし、「早めのひなんが大切」ということを書いていて、○○さんの考えがよく伝わりました。

本時案

もしものときにそなえよう 11/12

本時の目標

・書こうとしたことが明確になっているかなど、文章に対する感想や意見を伝え合い、自分の文章のよいところを見つけることができる。

本時の主な評価

❹書こうとしたことが明確になっているかなど、文章に対する感想や意見を伝え合い、自分の文章のよいところを見つけている。【思・判・表】

資料等の準備

・「感想ポイント」を拡大したもの 17-04
・付箋（大）

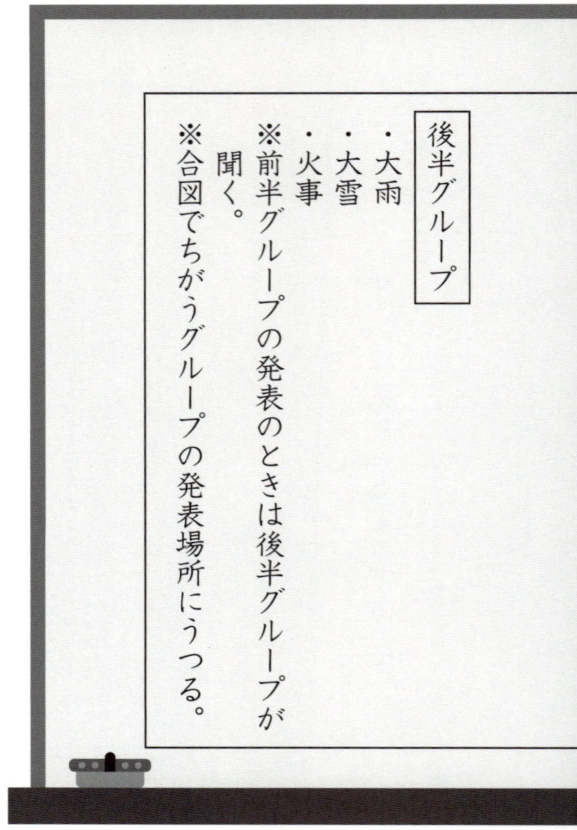

後半グループ
・大雨
・大雪
・火事
※前半グループの発表のときは後半グループが聞く。
※合図でちがうグループの発表場所にうつる。

授業の流れ ▷▷▷

1 発表会の流れを知る 〈5分〉

○前半と後半グループに分かれ、教室内に各グループの発表場所を用意しておき、合図で違うグループの発表場所に移る。

T 先生の合図があったら、他のグループの場所へ行って発表を聞きましょう。

・違う内容のグループの発表を聞くと勉強になるよ。
・自分たちで聞きたいグループを選べるから楽しそう。

2 前半グループの発表 〈15分〉 後半グループの発表 〈15分〉

○教室内に発表する場所を用意しておく。

T グループの発表を聞き、感想を伝えましょう。

・大雨のときは早めの避難が大切だということが分かったよ。
・例が書いてあると、書き手がどんなことを伝えたいのかがよく分かるな。

○15分たったら合図をして交代する。

・大雪で車の中に閉じ込められて助かった人の話は聞いたことがあったよ。
・そうだね。例が分かりやすかったね。大雪では車のエンジンをかけっぱなしにするのも危ないんだね。

もしものときにそなえよう

クラスで発表し、感想を伝え合おう。

感想ポイント

・「なるほど」となっとくしたこと。
・「分かりやすいな」と思った書き方。
・気になること。
・くわしく知りたいこと。
・相手の考えを理解（かい）するのに、役立った点。
・工夫していると思った書き方。

1

【発表会のやり方】

前半グループ

・台風
・つなみ
・じしん

板書は始めに掲示しておく

3 学習の振り返りをする 〈10分〉

○学習したことを振り返るように助言する。

T　この学習を振り返りましょう。

・理由を挙げる書き方をすると相手に伝わりやすかった。
・自分の考えを伝えるにはいろんな工夫をして書くといいんだね。

○次時の予告をする。

T　次回は隣のクラスの友達に聞いてもらいましょう。

よりよい授業へのステップアップ

感想ポイントの提示

「感想ポイント」を提示し、どんなところがよかったかを具体的に伝えるための手立てとする。

次に考えを伝える文章を書くときに、この学習で学んだことを生かして書くことができるように助言する。

学級の実態に応じてポイントを示すとよい。

(感想ポイントの例)

・納得したこと
・書き方の工夫
・気になること
・詳しく知りたいこと　　など。

本時案

もしものときにそなえよう 12/12

本時の目標

・進んで自分のテーマについて、調べたことを整理し、学習の見通しをもって考えたことを文章にまとめて報告しようとすることができる。

本時の主な評価

❺進んで自分のテーマについて、調べたことを整理し、学習の見通しをもって考えたことを文章にまとめて報告しようとしている。【態度】

資料等の準備

・「感想ポイント」を拡大したもの 17-04
・付箋（大）

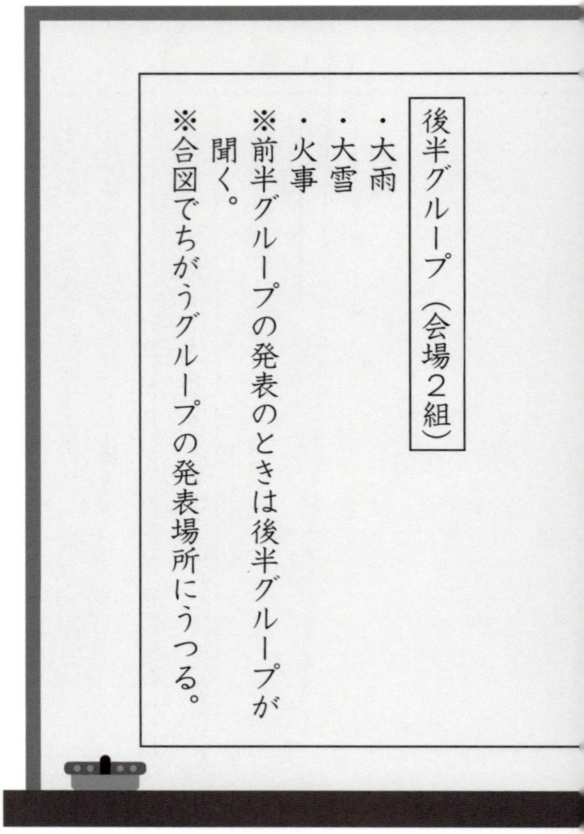

後半グループ（会場２組）
・大雨
・大雪
・火事
※前半グループの発表のときは後半グループが聞く。
※合図でちがうグループの発表場所にうつる。

授業の流れ ▷▷▷

1 発表会の始めの会をする〈５分〉

○司会を決めておき、隣のクラスの前で、発表会の内容ややり方を説明する。子供が司会で進める。

T 発表会ですね。司会進行も自分たちで頑張ってやってみましょう。

・これから「クラスのぼうさいブック」発表会を始めます。
・地震や災害はいつ起こるか分かりません。どのように災害に備えたらいいのか、調べて、自分の考えを書きました。
・大きなテーマごとにグループになっています。合図があったら違うグループへ行きましょう。
・発表会が終わったら、ぜひ、感想を教えてください。

2 前半グループの発表〈15分〉 後半グループの発表〈15分〉

○教室内に発表する場所を用意しておく。

・地震で避難するときは持っていくといいものがいろいろあるんだね。
・調べた本の名前や資料名もきちんと書いているね。
・理由を挙げて説明しているんだね。

T このグループは資料名まできちんと発表しましたね。

○15分たったら合図をして交代する。

T 後半グループの準備をしましょう。そのあとは、司会の話を聞いて行動しましょう。

・大雪の備えも必要だね。
・火事は身近に起こりそうなことだね。電気のコンセントも気を付けないと。

もしものときにそなえよう

「クラスのぼうさいブック」発表会をしよう。

感想ポイント

・「なるほど」となっとくしたこと。
・「分かりやすいな」と思った書き方。
・気になること。
・くわしく知りたいこと。
・相手の考えを理解するのに、役立った点。
・工夫していると思った書き方。

【発表会のやり方】

前半グループ（会場1組）

・台風
・つなみ
・じしん

板書は前時と同じ。

3 発表会の終わりの会をする 〈10分〉

・私たちの発表はどうでしたか。
・いつ災害が起こるか分かりません。これを基に災害に備えて準備をしておきましょう。

T　みなさんが一生懸命に調べたことがみなさんに伝わっているとよいですね。相手に伝わるように書いたり発表したりすることは大切ですね。

○隣のクラスに後日感想を書いてもらう。

T　ぜひ、感想を聞かせてくださいね。

・さい害の種類によってくわしく調べてあって勉強になりました。
・自分の考えを伝える書き方の工夫がよく分かった。自分に生かしたい。

よりよい授業へのステップアップ

活動の工夫

今回は、隣のクラスに発表するという発表会をやった。隣のクラス同士だと、互いに学習した後に交代で発表会を行うことができる。

また、下学年に発表すると、相手をより意識して文章を工夫できる。動画に映して、テレビ放映で全校児童に伝えるということもできる。

その他、授業参観で保護者の前で発表するという活動も工夫できる。

調べて話そう、生活調査隊　8時間扱い

〔知識及び技能〕(1)イ　〔思考力、判断力、表現力等〕A話すこと・聞くことア、ウ　関連する言語活動例B(2)イ

単元の目標

・日常生活の中から話題を決め、集めた材料を比較したり分類したりして、伝え合うために必要な事柄を選ぶとともに、話の中心や話す場面を意識して、言葉の抑揚や強弱、間の取り方などを工夫することができる。

評価規準

知識・技能	❶相手を見て話したり聞いたりするとともに、言葉の抑揚や強弱、間の取り方などに注意して話している。(〔知識及び技能〕(1)イ)
思考・判断・表現	❷「話すこと・聞くこと」において、目的を意識して、日常生活の中から話題を決め、集めた材料を比較したり分類したりして、伝え合うために必要な事柄を選んでいる。(〔思考力、判断力、表現力等〕Aア) ❸「話すこと・聞くこと」において、話の中心や話す場面を意識して、言葉の抑揚や強弱、間の取り方などを工夫している。(〔思考力、判断力、表現力等〕Aウ)
主体的に学習に取り組む態度	❹積極的に目的を意識して、日常生活の中から話題を決め、集めた材料を比較したり分類したりして、伝え合うために必要な事柄を選ぶ学習課題に沿って、調べて分かったことを発表しようとしている。

単元の流れ

次	時	主な学習活動	評価
一	1	ふだんの生活の中で「みんなはどうしているのかな」と思うことを話し合う。 学習の見通しをもつ 「生活に関するぎもんをグループで調査しておうちの人に動画で発表する」という学習課題を設定し、学習の見通しをもつ。	
二	2 3	グループで調べたいことを決める。 調べたいことについてのアンケートを作る。	❷
	4 ~ 6	アンケート結果を整理し、資料を作る。 発表メモを作る。 発表で気を付けることを確認し、練習する。	❷ ❹
三	7 8	学習を振り返る 調べて分かったことを発表する様子を動画で撮影する。 発表動画を見合い、よいところを伝え合う。 ※作成した動画は、保護者会等でおうちの方に見せる。	❶ ❸

授業づくりのポイント

〈単元で育てたい資質・能力〉

本単元のねらいは、日常生活の中から話題を決め、集めた材料を比較したり分類したりして、伝え合うために必要な事柄を選ぶとともに、話の中心や話す場面を意識して、言葉の抑揚や強弱、間の取り方などを工夫することができるようにすることである。

具体例

○調べる内容を決める際に付箋を使った話し合いを設定したい。このことにより、日常生活の中から話題を決め、集めた材料を比較したり分類したりして、伝え合うために必要な事柄を選ぶ資質・能力を身に付けさせることができる。

〈教材・題材の特徴〉

自分たちの生活に関する疑問について調べるため、日常生活の中から話題を決め、集めた材料を比較したり分類したりして、伝え合うために必要な事柄を選ぶことができる。また、自分たちで調べて分かったことを発表するため、話の中心や話す場面を意識して、言葉の抑揚や強弱、間の取り方などを工夫することができる。

具体例

○発表メモを作成する際に、箇条書きで記述させる。このことにより、発表動画を通して伝えたいことを明確にさせ、話の中心を意識しやすくすることができる。

〈言語活動の工夫〉

生活に関する疑問をグループで調査しておうちの人に動画で発表する言語活動が設定されている。動画で発表するため、動画を作成する際に自分たちで何度も見直しながら、話の中心や話す場面を意識して、言葉の抑揚や強弱、間の取り方などを工夫することができる。また、動画で発表の様子が残るため、評価の材料として活用できる。また、昔の発表の様子と比較したり、よい発表の仕方のお手本として紹介したりする等の活用も考えられる。学習指導要領においても、内容の取り扱いの配慮事項として「第２の内容の指導に当たっては、児童がコンピュータや情報通信ネットワークを積極的に活用する機会を設けるなどして、指導の効果を高めるよう工夫すること。」が示されている。積極的に活用していきたい。

具体例

○調べて分かったことを発表する様子を動画で撮影し合う学習活動の時間を十分確保することが大切である。このことにより、子供は、何度も見直しながら、話の中心や話す場面を意識して、言葉の抑揚や強弱、間の取り方などを工夫することができる。

本時案

調べて話そう、生活調査隊 1/8

本時の目標

・積極的に話の中心や話す場面を意識して、言葉の抑揚や強弱、間の取り方などを工夫し、学習課題に沿って、調べて分かったことを発表しようとすることができる。

本時の主な評価

・積極的に話の中心や話す場面を意識して、言葉の抑揚や強弱、間の取り方などを工夫し、学習課題に沿って、調べて分かったことを発表しようとしている。

資料等の準備

・グループの考えをまとめるための短冊
・付箋

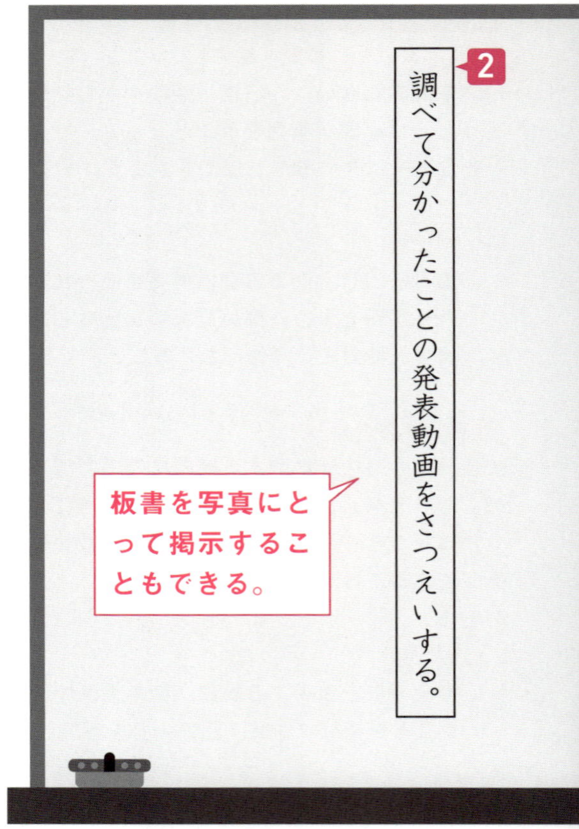
2
調べて分かったことの発表動画をさつえいする。
板書を写真にとって掲示することもできる。

授業の流れ ▷▷▷

1 普段の生活の中で疑問に思うことを共有する 〈5分〉

T　普段の生活の中で、「みんなはどうしているのかな」と思うことはありますか。
・どのくらいの時間眠っているのかな。
・給食でどんなメニューが好きなのかな。
・放課後にどんな習い事をしているのかな。
・どんな本を読んでいるのかな。
○子供に問いかける前に、教師が例を示してもよい。
○子供から出てきた意見を分類し、整理して板書するとよい。

2 「生活に関するぎもんをグループで調査し、発表動画を作る」ことを確認する 〈5分〉

T　今まで発表するときにどんな発表をしたことがありますか。
・画用紙で紙芝居を作って発表したことがある。
・模造紙に調べたことをまとめて発表したことがある。
T　今回は、「生活に関するぎもんをグループで調査し、発表動画を作る」という活動に取り組んでみましょう。
○事前に教師が発表動画を作成し、子供の動機付けのために見せるとよい。子供が学習活動の具体的なイメージをもつことができる。

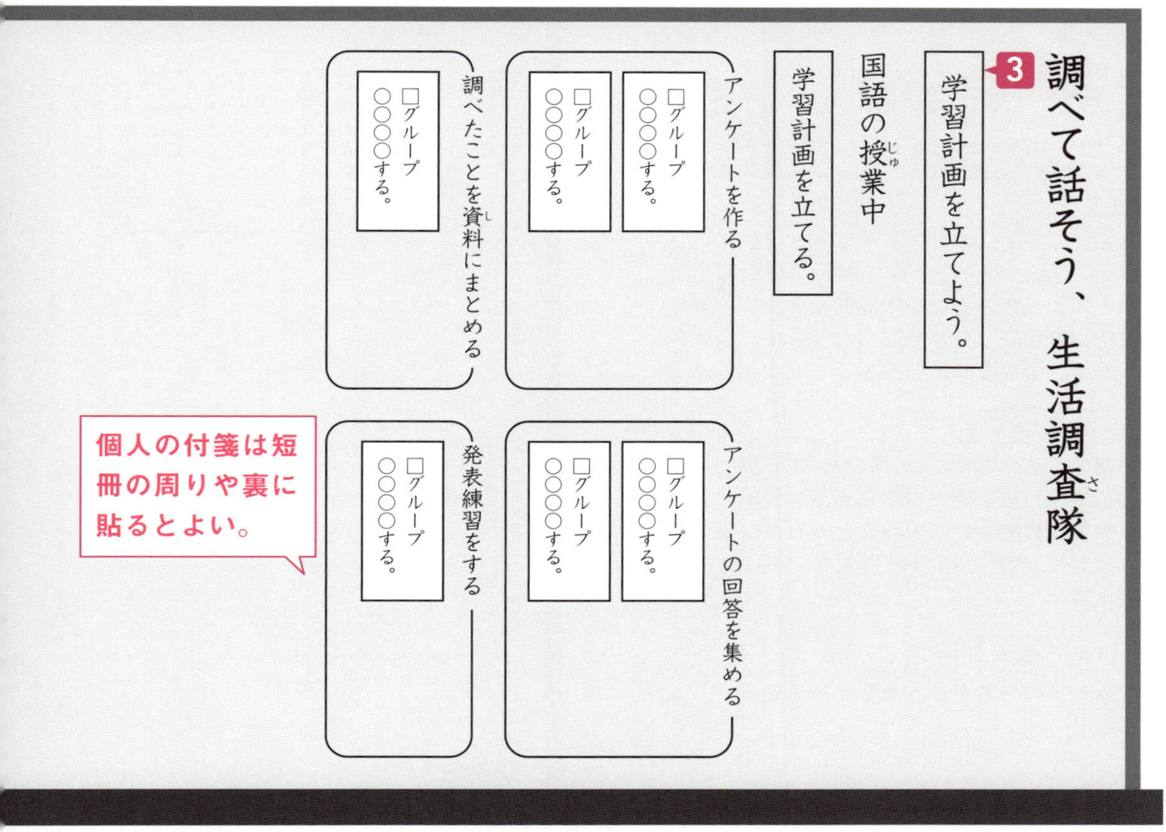

3 学習計画を立てる 〈35分〉

T　この発表動画を作るために、どんな活動をしていきますか。使える時間は今日を含めて８時間です。

・調べるためにアンケートを作る。
・アンケートで調べたことを資料にまとめる。

○以下のような手順で学習計画を立てていくとよい。また、付箋には氏名を書かせる。
　①個人で付箋に自分の意見を書く。
　②グループで同じ意見を短冊にまとめる。
　③グループでまとめた短冊を使って、クラス全体で学習の計画を整理する。

よりよい授業へのステップアップ

学習計画を共有する工夫

　学習計画を共有する際に、板書を写真で撮影するとよい。板書を撮影した画像を印刷し、ノートに貼って共有することもできる。タブレット等を使うことができれば、画像データで共有することも考えられる。

主体性を生かした学習計画にする工夫

　学習計画を立てる際に、教師の意図していなかった学習活動が子供から提示されることもある。子供に身に付けさせたい資質・能力との整合性を考え、採用を検討するとよい。

本時案

調べて話そう、生活調査隊 2/8

本時の目標

・「話すこと・聞くこと」において、目的を意識して、日常生活の中から話題を決め、集めた材料を比較したり分類したりして、伝え合うために必要な事柄を選ぶことができる。

本時の主な評価

❷「話すこと・聞くこと」において、目的を意識して、日常生活の中から話題を決め、集めた材料を比較したり分類したりして、伝え合うために必要な事柄を選んでいる。【思・判・表】

資料等の準備

・グループの考えをまとめるための短冊
・付箋

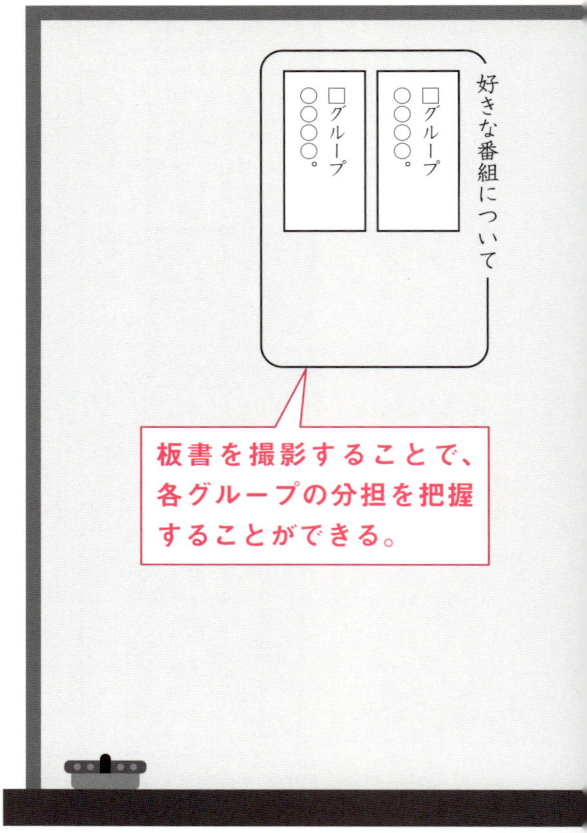

好きな番組について
□グループ ○○○○。
□グループ ○○○○。
板書を撮影することで、各グループの分担を把握することができる。

授業の流れ ▷▷▷

1 学習の流れを確認する 〈5分〉

T 今日の授業の流れを確認しましょう。
・まず、自分やみんなの生活について、疑問に感じていることを出し合います。次に、グループで調べたいことを決めます。
○本時の流れを板書等に掲示することを通して、子供が活動の流れを忘れてしまったときに確認しながら活動できるようにする。このことで、学習活動に取り組む時間を十分確保する。
○グループの話し合いで使う短冊等は、画用紙を四分割するなど、時間をかけず簡単に作成できるようにするとよい。

2 自分やみんなの生活について、疑問に感じていることを出し合う 〈25分〉

T 自分やみなさんの生活について疑問に思っていることを出し合しましょう。
○以下のような手順で学習計画を立てていくとよい。また、付箋には氏名を書かせる。
①個人で付箋に自分の意見を書く。
②グループで同じ意見を短冊にまとめる。
③グループでまとめた短冊を使って、クラス全体で調べる内容を整理する。
○グループの人数は４人程度が妥当である。子供の実態等に配慮して、決めるとよい。
○子供からの発表内容が少ない場合、教師が調べる内容を提示する。

調べて話そう、生活調査隊

3 生活について調べたいことを決めよう。

2 生活についてぎもんに思うこと

すいみんについて

□グループ ○○○○。

□グループ ○○○○。

食生活について

□グループ ○○○○。

□グループ ○○○○。

放課後のすごし方について

□グループ ○○○○。

□グループ ○○○○。

読書について

□グループ ○○○○。

□グループ ○○○○。

個人の付箋は短冊の周りや裏に貼るとよい。

3 調べたいことを決める 〈15分〉

T　自分たちのグループで調べることを決めましょう。

○板書に書かれた内容を参考にして、調べる内容を決めさせるとよい。このことにより、より幅広い内容から、調べたい内容を選ぶことができる。

○グループごとに決めさせた場合、調べたい内容が重複する可能性もある。その際には、子供の思いを聞き取りながら柔軟に対応したい。

T　自分の調べる内容と、調べる内容を決めた理由を振り返りカードに書きましょう。

よりよい授業へのステップアップ

グループの話し合い活動への参加を促す工夫

一人一人に司会、計時、記録、発表等の役割を与えるとよい。役割を担うことを通して、話し合いに参加する基本的な態度を学ぶことができる。例えば、司会の役割を担うことにより、話し合いで積極的に発言することの大切さを実感することができる。役割は輪番で回し、全てのメンバーが全ての役割を通して学ぶ機会をもてるようにする。

子供同士の話し合い活動の質を高めるために、様々な教科の学習を通して、継続的に学ばせていきたい。

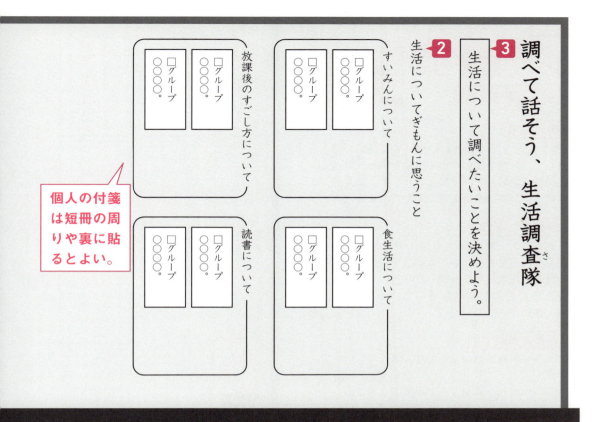

本時案

調べて話そう、生活調査隊 3/8

本時の目標

・「話すこと・聞くこと」において、目的を意識して、日常生活の中から話題を決め、集めた材料を比較したり分類したりして、伝え合うために必要な事柄を選ぶことができる。

本時の主な評価

❷「話すこと・聞くこと」において、目的を意識して、日常生活の中から話題を決め、集めた材料を比較したり分類したりして、伝え合うために必要な事柄を選んでいる。【思・判・表】

資料等の準備

・アンケート用紙の作り方の拡大掲示 18-01
・教師の作成したアンケート用紙の拡大掲示 18-02

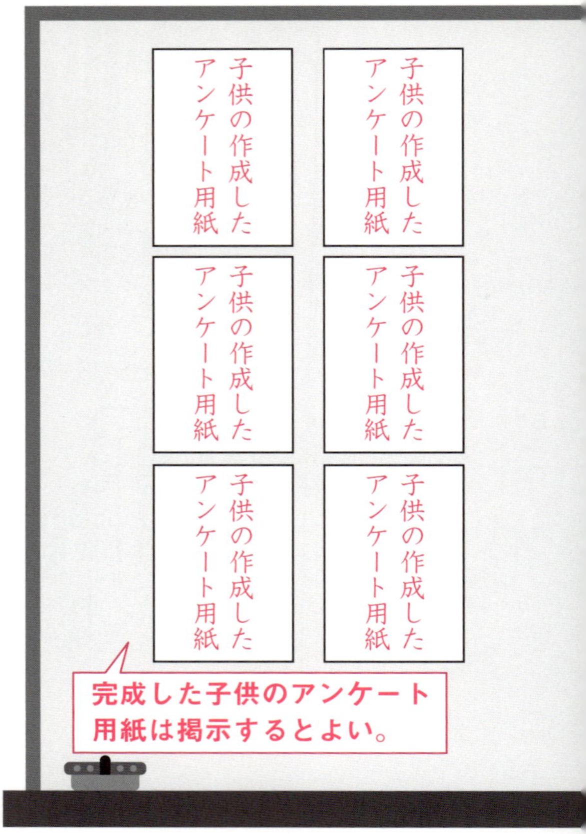

授業の流れ ▷▷▷

1 本時の流れを確認する 〈5分〉

T 今日の授業でやることを確認しましょう。

・今日はアンケートで質問することを決めます。次にアンケート用紙を作ります。

○本時の流れを板書等に掲示することを通して、子供が活動の流れを忘れてしまったときに確認しながら活動できるようにする。このことで、学習活動に取り組む時間を十分確保する。

○アンケート作成に使う FAX 用紙などは事前に十分な数を準備しておく。このことにより、書き直しなどの様々な事態に臨機応変に対応できる。

2 アンケートで質問することを決める 〈15分〉

T アンケートで質問することを決めます。質問の数は、グループの人数と同じになるようにします。

○アンケートの質問数は、グループの人数分にするとよい。例えば、4人グループであれば、質問数は4つとする。このことにより、グループの全員が1つずつ質問内容を書かせるとともに、自分の書いた質問についてまとめさせることができる。また、アンケートの質問数が制限されるため、アンケートに回答する時間や、まとめに要する時間を軽減することができる。

調べて話そう、生活調査隊

アンケート用紙を作ろう。

1

アンケート用紙の作り方
①しつもんの内容を決める。
②だれがどのしつもんを分担するか決める。
③分担したしつもんをアンケート用紙に書く。
④アンケート用紙を一まいにまとめる。

教師の作成したアンケート用紙の拡大表示

3 アンケートを作成する 〈25分〉

T　各グループでアンケートを作りましょう。

○４人グループであれば、１枚の FAX 用紙を題名部分、４つの質問項目を書く部分に分割して配布するとよい。このことにより、４人の子供が同時進行でアンケートを作成することができる。

○アンケート用紙は FAX 用紙などます目のある用紙を使うとよい。このことにより、字の大きさなどを揃えて書くことができる。

○質問を書いた子供の氏名を書かせるとよい。このことにより、授業後にも一人一人の学習状況について確認することができる。

よりよい授業へのステップアップ

子供の学習する力を向上させる工夫

3で、FAX 用紙を分割して渡す工夫を紹介した。ただし、子供の実態によっては、子供自らがグループの人数分に分割して作業を進められるようにしたい。例えば、同じような学習活動に取り組むとき、あえて１枚の FAX 用紙のまま配布し、分割して作業を進めるグループがあったら褒めるという方法もある。子供ができることは子供に取り組ませることで、子供の学習する力を向上させることができる。

本時案

調べて話そう、生活調査隊 4・5/8

本時の目標

・「話すこと・聞くこと」において、目的を意識して、日常生活の中から話題を決め、集めた材料を比較したり分類したりして、伝え合うために必要な事柄を選ぶことができる。

本時の主な評価

❷「話すこと・聞くこと」において、目的を意識して、日常生活の中から話題を決め、集めた材料を比較したり分類したりして、伝え合うために必要な事柄を選んでいる。【思・判・表】

資料等の準備

・学習の流れの拡大掲示 💿 18–03
・教師の作成したグラフや表の拡大 💿 18–04
・教師の作成した発表メモ 💿 18–05

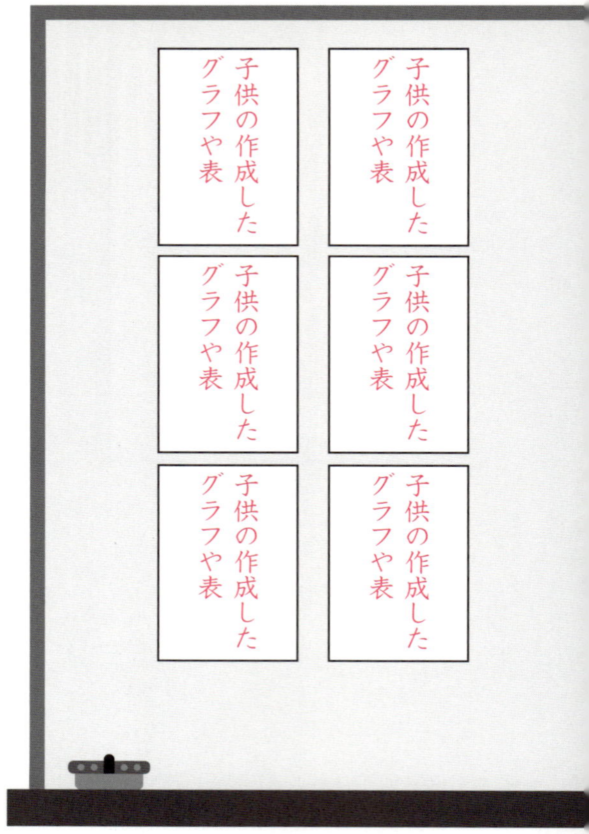

授業の流れ ▷▷▷

1 他のグループのアンケートに回答する〈第4時〉

T 他のグループのアンケートに答えましょう。

○事前にアンケートを印刷しておく。台などを使って、子供に取らせていく形で配布すると早く配布できる。

○回答の終わったアンケートについて、各グループにアンケートの種類ごとに分けて回収させるとよい。

○子供の回答したアンケートについて、原本は教師が保存するとよい。

○アンケートに回答する活動については、家庭学習で取り組ませることも考えられる。子供の実態等によって、臨機応変に対応したい。

2 アンケート結果をグラフや表にまとめる〈第4時・第5時〉

T アンケート結果をグラフや表にまとめましょう。

○4年生までの算数で学習したグラフや表を使った調べ方を想起できるプリントを準備するとよい。

○実際に教師がグラフにまとめたお手本を示すとよい。

○FAX用紙などます目のある用紙を使うとよい。このことにより、グラフの目盛りなどを揃えやすくなる。

○FAX用紙は事前に十分な数を準備しておく。このことにより、書き直しなどの様々な事態に対応することができる。

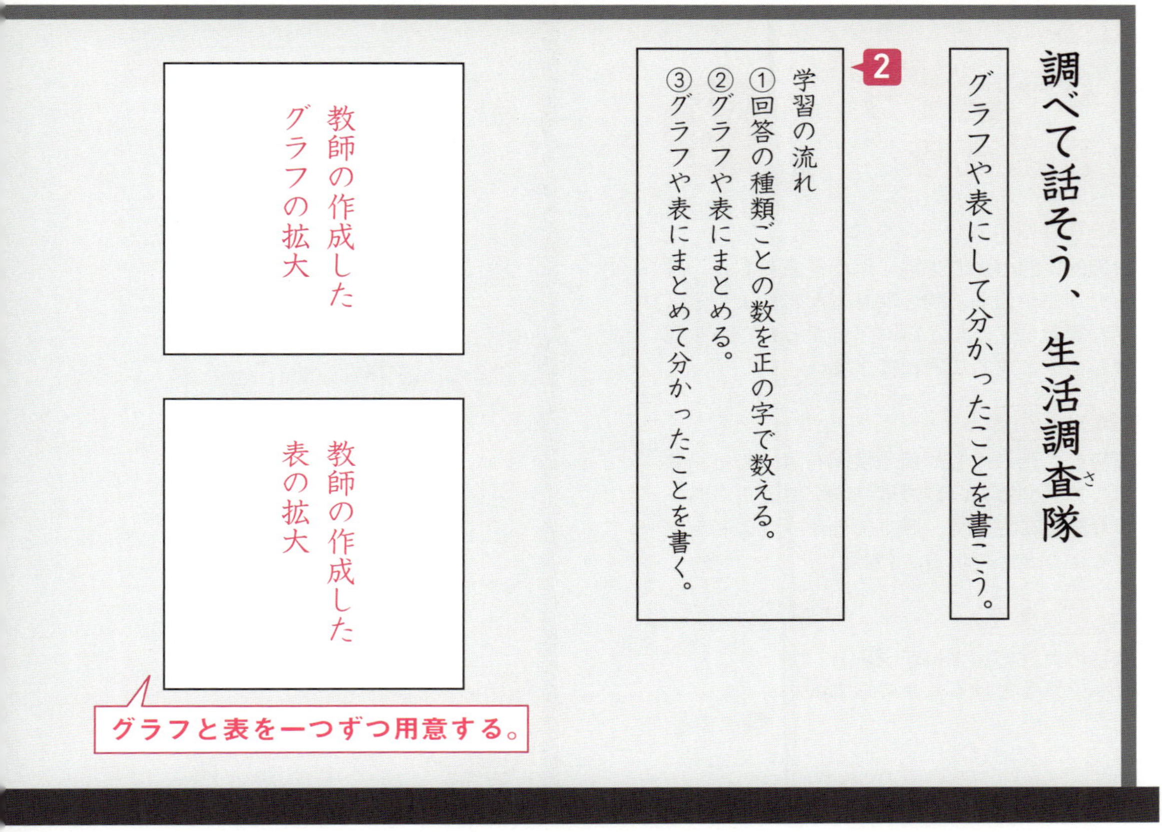

調べて話そう、生活調査隊
グラフや表にして分かったことを書こう。
2
学習の流れ
①回答の種類ごとの数を正の字で数える。
②グラフや表にまとめる。
③グラフや表にまとめて分かったことを書く。
教師の作成したグラフの拡大
教師の作成した表の拡大
グラフと表を一つずつ用意する。

3 グラフや表にまとめて分かったことを書く 〈第５時〉

T　グラフや表にまとめて分かったことを書きましょう。

○分かったことは箇条書きで書かせるとよい。このことにより、書いた文をそのまま音読しなくなるとともに、伝えたい内容を覚えやすくなる。

○伝える順番を決めさせて、箇条書きの文に番号を振らせるとよい。このことにより、与えられた時間に応じて、伝える内容を調整できるようになる。

○グラフをかいた用紙と、分かったことを書いた用紙は、画用紙の表裏にそれぞれ貼らせるとよい。

よりよい授業へのステップアップ

ICT 機器を活用した工夫

本時の学習活動を行う際、プレゼンソフトを活用することも考えられる。このことにより、実際に社会に出て行う活動を通して、資質・能力を身に付けさせることができる。

箇条書きを使った工夫

分かったことを書いた用紙を準備する際、箇条書きを使わせたい。このことにより、伝えたいことを意識しながら話すことができるようになる。また、聞き取った内容を箇条書きでメモさせるという指導の工夫も考えられる。

本時案

調べて話そう、生活調査隊　6/8

本時の目標

・積極的に話の中心や話す場面を意識して、言葉の抑揚や強弱、間の取り方などを工夫し、学習課題に沿って、調べて分かったことを発表しようとすることができる。

本時の主な評価

❹積極的に話の中心や話す場面を意識して、言葉の抑揚や強弱、間の取り方などを工夫し、学習課題に沿って、調べて分かったことを発表しようとしている。【態度】

資料等の準備

・学習の流れの拡大掲示　💿 18–06
・発表で気を付けることの拡大掲示　💿 18–07

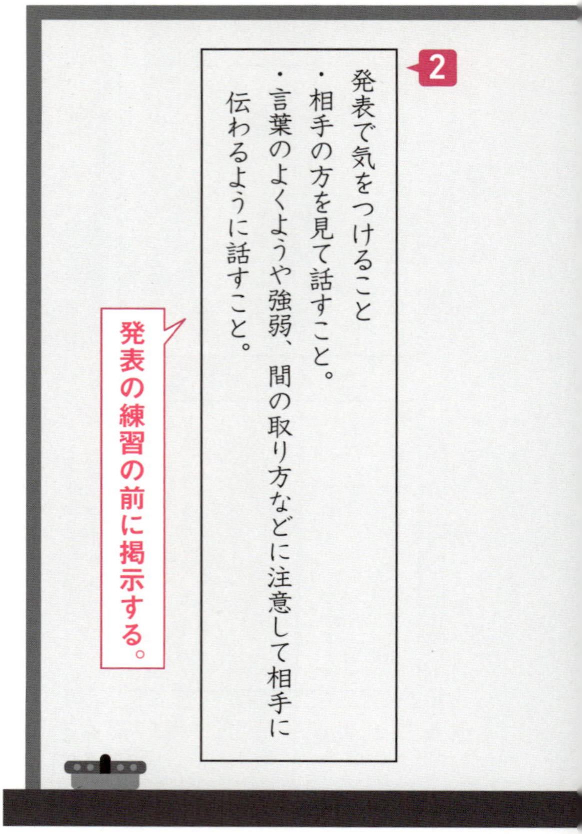

2
発表で気をつけること
・相手の方を見て話すこと。
・言葉のよくようや強弱、間の取り方などに注意して相手に伝わるように話すこと。
発表の練習の前に掲示する。

授業の流れ ▷▷▷

1　本時の流れを確認する　〈5分〉

T　今日の授業でやることを確認しましょう。
・まず、導入の部分とまとめの部分に話すことを決めます。終わったら、発表の練習をします。

○本時の流れを板書等に掲示することを通して、子供が活動の流れを忘れてしまったときに確認しながら活動できるようにする。このことで、学習活動に取り組む時間を十分確保する。

○発表メモの作成に使う FAX 用紙などは事前に十分な数を準備しておく。このことにより、書き直しなどの様々な事態に臨機応変に対応できる。

2　発表の導入の部分とまとめの部分に話すことを決める　〈20分〉

T　発表の導入の部分とまとめの部分に話すことを書きましょう。

○導入の部分について書かせる際は、以下のことを箇条書きで書かせるとよい。できるだけ短く書かせるとよい。
①調べた内容
②調べたきっかけや目的

○まとめの部分を書かせる際は、以下のことを箇条書きで書かせる。できるだけ短く書かせるとよい。
①考えたことや伝えたいこと
②終わりの言葉

○箇条書きは、常体で書かせるとよい。

調べて話そう、生活調査隊

発表の練習をしよう。

1

学習の流れ
①導入の部分で話すことを決める。
②まとめの部分で話すことを決める。
③発表の練習をする。

導入の部分
①調べた内容
②調べたきっかけや目的

まとめの部分
①考えたことや伝えたいこと
②終わりの言葉

3 発表の練習をする 〈20分〉

T 発表の導入部分とまとめの部分に話すことを決めたら、発表の練習をしましょう。

○発表の際、グループ全員が必ず発表するようにさせる。本人がまとめた部分について、発表させるとよい。

○発表の際に気を付けることとして、以下のことを明示しておくとよい。
①相手の方を見て話すこと。
②言葉の抑揚や強弱、間の取り方などに注意して相手に伝わるように話すこと。

○発表の手本を動画等で示すとよい。教師や子供のお手本を示すと具体的なイメージをもつことができる。

よりよい授業へのステップアップ

グループ活動の工夫

グループ活動は有効な指導方法である。ただし、子供一人一人の学習状況を確認できるようにする必要もある。したがって、グループ内での役割分担を子供任せにせず、教師が役割分担の仕方を明確に示すとよい。ポイントは、子供一人一人の学習状況を評価規準に基づいて見ることができるかどうかである。そこで、本単元の場合は、アンケートの１つの質問について、１人の子供がアンケートの作成から発表まで、全て担当させることにした。

本時案

調べて話そう、生活調査隊 7・8/8

本時の目標

・「話すこと・聞くこと」において、話の中心や話す場面を意識して、言葉の抑揚や強弱、間の取り方などを工夫することができる。

本時の主な評価

❶相手を見て話したり聞いたりするとともに、言葉の抑揚や強弱、間の取り方などに注意して話している。【知・技】

❸「話すこと・聞くこと」において、話の中心や話す場面を意識して、言葉の抑揚や強弱、間の取り方などを工夫している。【思・判・表】

資料等の準備

・発表で気を付けることの拡大掲示 18-07
・本時の流れの拡大掲示 18-08

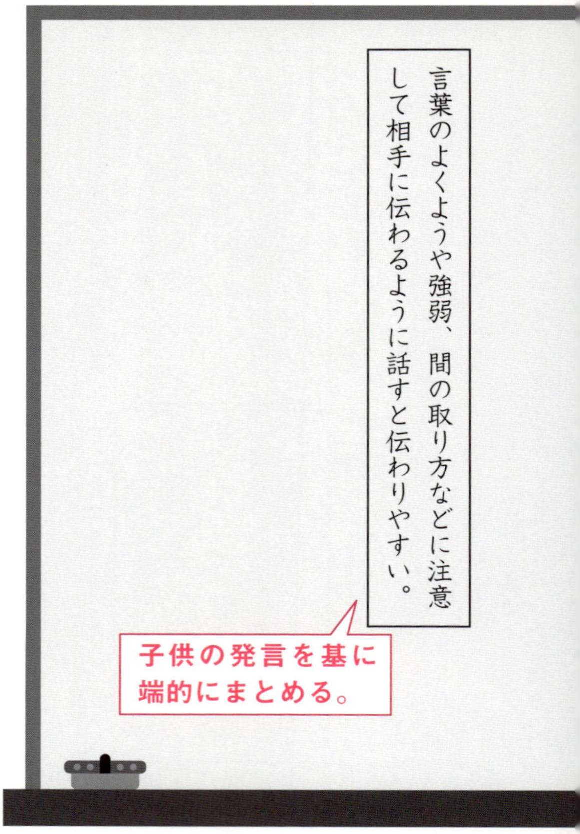
言葉のよくようや強弱、間の取り方などに注意して相手に伝わるように話すと伝わりやすい。
子供の発言を基に端的にまとめる。

授業の流れ ▷▷▷

1 学習の流れを確認する〈第７時〉

T 今日の授業の流れを確認しましょう。

・まず、発表動画を撮影します。次に、動画を見合って気付いたことを伝え合います。

○本時の流れを板書等に掲示する。

○発表の際に気を付けることとして、以下のことを明示しておくとよい。

①相手の方を見て話すこと。

②言葉の抑揚や強弱、間の取り方などに注意して相手に伝わるように話すこと。

2 発表動画を撮影する〈第７時・第８時〉

T グループ同士で動画を撮影し合いましょう。発表動画を撮影し終わったら、確認して気を付ける点をグループで確認しましょう。

○動画撮影のために、体育館など広い場所を確保できるとよい。

○タブレット等はグループ数分、準備するとよい。このことにより、各グループで動画を見ながら、発表について振り返ることができるからである。

○撮影するグループ、撮影されるグループ、動画を見直すグループと３グループを組み合わせて活動させるとよい。このことにより、学習活動の時間を十分に確保できる。

調べて話そう、生活調査隊

発表動画を見て気づいたことを伝えよう。

1

本時の流れ
①発表動画をさつえいする。
②他のグループの動画を見て気づいたことを伝え合う。

発表で気をつけること
・相手の方を見て話すこと。
・言葉のよくようや強弱、間の取り方などに注意して相手に伝わるように話すこと。

3

気づいたこと
・はっきりとした声で話すとよい。
・グラフに注目させたいときに、間を取るとよい。
・大事なところは言葉を強く言うとよい。
・相手を見て話すと、自信があるように見える。

子供の発言の要点を板書する。

3 互いの発表動画を見合って気付いたことを伝え合う 〈第８時〉

T　互いの発表動画を見合って気付いたことを書きましょう。

○教師は「話の中心や話す場面を意識して、言葉の抑揚や強弱、間の取り方などを工夫している」子供を把握する。

T　互いの発表動画を見合って気付いたことを発表しましょう。

○「話の中心や話す場面を意識して、言葉の抑揚や強弱、間の取り方などを工夫している」子供の発表動画を見させ、教師が価値付けるとよい。

○子供の発言を基に、話し方を工夫することのよさを板書で明示するとよい。

よりよい授業へのステップアップ

ICT 機器を使った指導の工夫

本時では、自分たちの発表を自分たちで見直し、「話の中心や話す場面を意識して、言葉の抑揚や強弱、間の取り方などを工夫する」ことを繰り返し行わせるためにタブレット端末等を使用した。また、初めに撮影した動画と一番うまく発表できた動画を比較することで、自分たちの話し方が上達していることを実感しやすくなることも考えられる。さらに、動画として保存することで、教師が授業後に評価することにも役立てることができる。

資料

1 第3時　アンケート用紙（教師作成例） 18-02

読書についてのアンケート

4年○組△はん

問い１　どこで読書をすることが多いですか。いちばん多い場所に○をつけてください。
【答え】　ア　自分や友達の家
　　　　　イ　学校の教室
　　　　　ウ　学校の校庭
　　　　　エ　公園や広場
　　　　　オ　その他（　　　　　　　　　）

問い２　いつ読書をすることが多いですか。いちばん多い時間に○をつけてください。
【答え】　ア　学校の授業時間
　　　　　イ　学校の休み時間
　　　　　ウ　放課後
　　　　　エ　その他（　　　　　　　　　）

2 第4・5時　表（教師作成例） 18-04

どこで読書をすることが多いか。

場所	人数
自分や友達の家	１０
学校の教室	8
学校の校庭	7
公園や広場	5

3 第４・５時　グラフ（教師作成例） 18-04

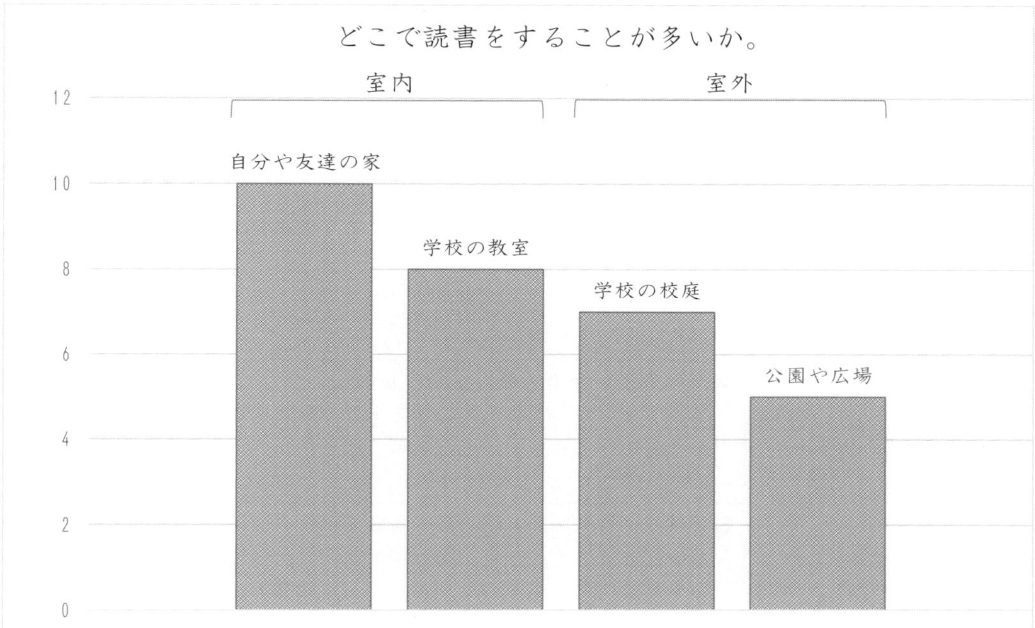

4 第４・５時　発表メモ（教師作成例） 18-05

発表メモ

・いちばん読書をすることが多い場所は、自分や友達の家。

・自分や友達の家と学校の教室との合計は、18 人。

・室内は室外より多い。

・予想どおりの結果。

・意外と室外で読書をしている人も多い。

・校庭にベンチなどのすわるところを用意してもよいのではないか。

まちがえやすい漢字 （2時間扱い）

〔知識及び技能〕(1)エ

単元の目標

・学年別漢字配当表の当該学年までに配当されている漢字を読むことができる。また、当該学年の前の学年までに配当されている漢字を書き、文の中で使うとともに、当該学年に配当されている漢字を漸次書き、文の中で使うことができる。

評価規準

知識・技能	❶学年別漢字配当表の当該学年までに配当されている漢字を読んでいる。また、当該学年の前の学年までに配当されている漢字を書き、文の中で使うとともに、当該学年に配当されている漢字を漸次書き、文の中で使っている。(〔知識及び技能〕(1)エ)
主体的に学習に取り組む態度	❷積極的に学年別漢字配当表の当該学年までに配当されている漢字を読もうとしている。また、当該学年の前の学年までに配当されている漢字を書き、文の中で使うとともに、当該学年に配当されている漢字を漸次書き、文の中で使い、学習課題に沿って文を書こうとしている。

単元の流れ

時	主な学習活動	評価
1	学習の見通しをもつ 平仮名で書くと同じになる漢字について確認する。 平仮名で書くと同じになる漢字を意味を考えながら使う。	❶
2	学習を振り返る なじみのない読み方をする漢字について国語辞典で調べる。 なじみのない読み方をする漢字を使って、短い文を書き、友達と紹介し合う。	❶❷

授業づくりのポイント

〈単元で育てたい資質・能力〉

本単元のねらいは、学年別漢字配当表の当該学年までに配当されている漢字を読むことができるようにすることと、当該学年の前の学年までに配当されている漢字を書き、文や文章の中で使うとともに、当該学年に配当されている漢字を漸次書き、文や文章の中で使うことができるようにすることである。

具体例

○今日学んだ同音異義語や同訓異字、なじみのない言葉などを使って、短い文を書き、友達と紹介し合うことにより、当該学年の前の学年までに配当されている漢字を書き、文や文章の中で使うとともに、当該学年に配当されている漢字を漸次書き、文や文章の中で使うことができるようにする。このことにより、理解語彙だけでなく、使用語彙の量も合わせて増やしていく。

〈教材・題材の特徴〉

同音異義語や同訓異字、なじみのない言葉について国語辞典で調べることで、学年別漢字配当表の当該学年までに配当されている漢字を読むことができるようにしている。また、今日学んだ同音異義語や同訓異字、なじみのない言葉などを使って、短い文を書くことで、当該学年の前の学年までに配当されている漢字を書き、文や文章の中で使うとともに、当該学年に配当されている漢字を漸次書き、文や文章の中で使うことができるようにしている。

具体例

○教科書に示された同音異義語や同訓異字を使った文にそれぞれどの漢字を使うのが正しいのか国語辞典で調べる学習活動により、学年別漢字配当表の当該学年までに配当されている漢字を読むことができるようにする。

〈評価規準を達成できない子供に対する指導の手立て〉

学んだばかりの同音異義語や同訓異字、なじみのない言葉などを使って、短い文を書く学習活動に取り組むことを苦手とする子供がいることも推測される。この場合、「教科書の文を参考に書かせること」「友達の書いた文を共有する学習活動の後に、再度文を作る時間を設定すること」などの指導の手立てが考えられる。

具体例

○今日学んだ同音異義語や同訓異字、なじみのない言葉などを使って、短い文を書く学習活動に取り組むことを苦手とする子供に対しては、教科書の例文を参考にして書くように声掛けする。また、友達の文を読み合う学習活動の後で、自分の文を再度書く学習活動を設定することで、友達の文を参考にしながら書くことができるようにする。

本時案

まちがえやすい漢字 1・2/2

本時の目標

・学年別漢字配当表の当該学年までに配当されている漢字を読むことができる。また、当該学年や前の学年までに配当されている漢字を書き、文の中で使うことができる。

本時の主な評価

❶学年別漢字配当表の当該学年までに配当されている漢字を読んでいる。また、当該学年や前の学年までに配当されている漢字を書き、文の中で使っている。【知・技】
❷積極的に漢字を読んだり、文の中で使おうとしている。【態度】

資料等の準備

・提示する例文の短冊 19-01

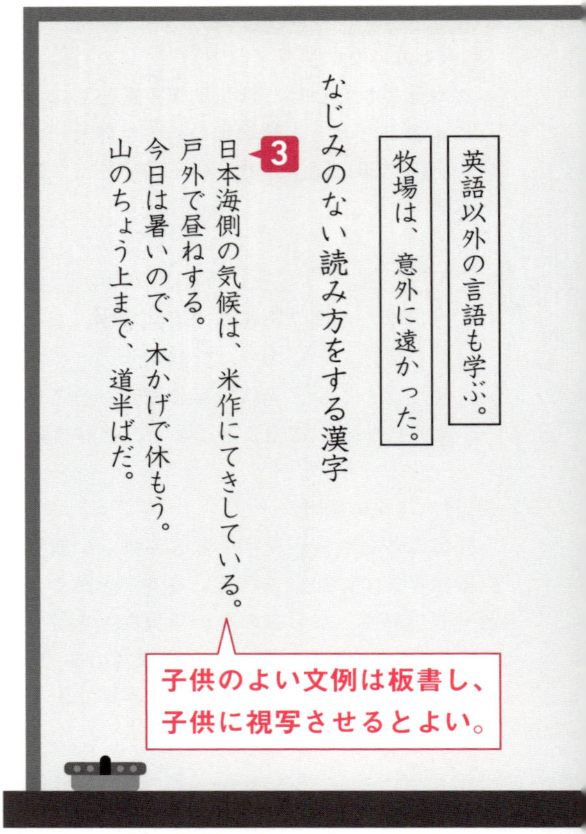

英語以外の言語も学ぶ。
牧場は、意外に遠かった。
なじみのない読み方をする漢字
3
日本海側の気候は、米作にてきしている。
戸外で昼ねする。
今日は暑いので、木かげで休もう。
山のちょう上まで、道半ばだ。
子供のよい文例は板書し、子供に視写させるとよい。

授業の流れ ▷▷▷

1 平仮名で書くと同じになる漢字について確認する 〈第1時〉

○導入時に教科書 P.117の挿絵を使って、間違えやすい漢字について確認する。

T 地球は「円い」ですか。それとも「丸い」ですか。

・「丸い」です。地球は野球のボールのような形をしているからです。
・「円い」でもいいです。正面から見ると、お盆のような円の形に見えるからです。

○「円い」と「丸い」について国語辞典を使って意味の違いを確認させるとよい。

2 平仮名で書くと同じになる漢字を、意味を考えながら使う 〈第1時・第2時〉

T 次の文では、どちらの漢字を使うのが正しいか意味を考えながら漢字に書き直しましょう。

○ P.117の例題を解かせる場合、漢字を選ばせるだけでなく、全文を視写させるとよい。このことにより、本単元で扱う新出漢字も文の中で実際に使いながら学習することができる。

○新出漢字の書き順等については、事前に指導しておくとよい。

○国語辞典を使って調べてもよいことを伝える。

まちがえやすい漢字

漢字を使って文を作ろう。

平がなで書くと同じになる漢字

1 ①地球は丸い。

②地球は円い。

2 きずが早く治るとよい。

速く走れるよう努力する。

倉庫の戸が開く。

向かい側の席が空く。

受付に名札を返す。

妹を先に帰す。

工場の機械化に成功する。

打楽器を習う機会をえる。

個別学習の時間を確保するため、短冊等で用意しておくとよい。

3 なじみのない読み方をする漢字について確認する 〈第２時〉

○ P.118の例題を使って、なじみのない読み方をする漢字について確認する。

T 「米作」「戸外」「木かげ」「半ば」の意味を国語辞典で調べましょう。調べ終わったら、それぞれの言葉を使って、文を作りましょう。

・今日は暑いので、木かげで休もう。

・山のちょう上まで、道半ばだ。

○作った文は子供同士で読み合わせるとよい。

○子供のよい文例は板書し、子供に視写させるとよい。

よりよい授業へのステップアップ

うまく文を作れない子供への指導の工夫

個別学習の際にうまく文を作れない子供がいた場合、子供同士が互いの作った文を読み合う学習活動をさせた後、再度個別学習の時間を設定するとよい。また、教師が手本の文例を与え、視写させてもよい。

また、特別な支援が必要な場合、タブレット等のICT機器で文を作らせることも考えられる。全ての子供が評価規準を達成できるよう創意工夫していきたい。

5 読んで感じたことをまとめ、伝え合おう

初雪のふる日

7時間扱い

〔知識及び技能〕(1)オ　〔思考力、判断力、表現力等〕C読むことエ、オ、カ　関連する言語活動例C(2)イ

単元の目標

・女の子の気持ちの変化や性格を、場面ごとの出来事や女の子の行動と結び付けて、具体的に想像することができる。
・着目した言葉や表現を明らかにして感想文をまとめ、自分と友達の感じ方を比べることで、多様な見方・考え方があることに気付き、読みを広げることができる。

評価規準

知識・技能	❶様子や行動、気持ちや性格を表す語句の量を増し、文章の中で使い、語彙を豊かにしている。(〔知識及び技能〕(1)オ)
思考・判断・表現	❷「読むこと」において、登場人物の気持ちの変化や性格、情景について、場面の移り変わりと結び付けて具体的に想像している。(〔思考力、判断力、表現力等〕Cエ) ❸「読むこと」において、文章を読んで理解したことに基づいて、感想や考えをもっている。(〔思考力、判断力、表現力等〕Cオ) ❹「読むこと」において、文章を読んで感じたことや考えたことを共有し、一人一人の感じ方などに違いがあることに気付いている。(〔思考力、判断力、表現力等〕Cカ)
主体的に学習に取り組む態度	❺学習の見通しをもって、進んで読んで感じたことをまとめて伝え合い、文章を読んで感じたことや考えたことを共有して、一人一人の感じ方などに違いがあることに気付こうとしている。

単元の流れ

次	時	主な学習活動	評価
一	1	学習の見通しをもつ 「初雪のふる日」の題名から想像することを話し合う。 「初雪のふる日」を読み、視点に沿って、初読の感想を書く。 (視点の1つとして、「着目する言葉」を挙げさせる。※教科書P.136) 初読の感想を交流する。	
	2	初読の感想を基に、読みの課題を設定し、学習計画を立てる。 (子供の思い：読みの課題　教師の願い：感想文)	
二	3	あらすじを捉える。(中心人物、重要人物、重要なもの等)	❷
	4	【読みの課題①】 家に帰るバスの中、女の子はこの不思議な出来事をどのように感じただろうか。 (女の子の様子や気持ちの変化)	❷❹
	5	【読みの課題②】 「女の子(赤いセーター)」と「うさぎ(白)」と「よもぎ(緑・裏は白)」は、何を表しているのだろうか。(色彩表現)	❷❹

三	6	初読の感想を読み返し、改めて感想文を書く。(感想文の構成を示す文例)	❶❸
	7	学習を振り返る 感想文を交流する。	❺

授業づくりのポイント

〈単元で育てたい資質・能力〉

本単元では、叙述に即して想像して読んだことを基に、感想文を書き、友達と共有することで、一人一人の感じ方の違いに気付かせたい。そして、互いの「読み」の違いを認め合うことを通して、「自分の読み」を広げる力を育むことをねらいとする。

そのためには、まず、子供一人一人が「自分の読み」をもつことが必要である。単元の初めに「初雪のふる日」を読んだ初読の感想を基に、どのように読み進めていきたいか、解決したい疑問（読みの課題）はどのようなことかなど、子供とともに学習計画を立てる。学級全体で考える大きな読みの課題は２〜３つに絞るとよい。しかし、そこに取り上げられなかったものについても、個人の読みの課題として捉えさせ、一人一人の主体的な読みにつなげられるようにする。

具体例

○中心人物である女の子の心情についての疑問や感想が多い。
　→読みの課題①家に帰るバスの中、女の子はこの不思議な出来事をどのように感じただろうか。
○色の表現についての疑問や感想が多い。
　→読みの課題②「女の子（赤いセーター)」と「うさぎ（白)」と「よもぎ（緑・裏は白)」は、何を表しているのだろうか。(色彩表現)
・不思議な世界はどこから始まっているのか。
・なぜ、大きな犬が歯をむき出してほえたのか。
　→個人の読みの課題とし、第２時の間に適宜取り上げることで、学級全体での読みの課題解決に迫るための要素とする。

〈教材・題材の特徴〉

本教材は、「女の子の赤いセーター」「真っ白いうさぎ」「ほほは青ざめ」「あざやかな緑の、そして、うら側には白い毛のふっくりと付いた、やさしいよもぎの葉」など、色彩表現による象徴が見られる。それぞれが何を、どのようなことを象徴しているのか、叙述に基づいて考えさせたい。

また、本教材では、挿絵が絵巻物のようなつくりになっている。最初の場面では、女の子の帽子のボンボンは白（水色）だが、最後の場面では黄色になっている。「読むこと」の学習では叙述に即した読みが基本ではあるが、色彩表現による象徴を考えるに当たり、挿絵をヒントに想像を広げることも有効な手立ての１つになるだろう。

具体例

○女の子は、現実の世界に戻るために、生きるために必死になっている。
　「女の子の赤いセーター」「ほほは、ほんのりばら色」→赤は「生きること」の象徴
○白いうさぎは、雪を降らせる。女の子を世界の果てまでさらっていこうとする。
　「真っ白いうさぎ」「雪うさぎ」→白は「雪の冷たさ」「死ぬこと」の象徴

本時案

初雪のふる日

1/7

本時の目標

・「初雪のふる日」を読み、視点に沿って、初読の感想を書くことができる。

本時の主な評価

・「思ったことや考えたこと」「疑問をもったことや詳しく読みたいこと」「着目する言葉」を書いている。

資料等の準備

・朗読の音源

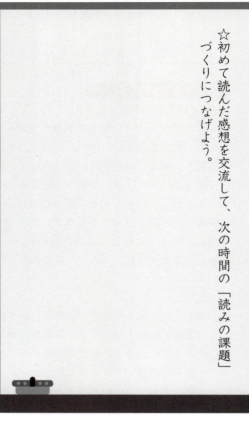

☆初めて読んだ感想を交流して、次の時間の「読みの課題」づくりにつなげよう。

授業の流れ ▷▷▷

1 「初雪のふる日」の題名から想像することを話し合う 〈5分〉

○4年生で学習した物語を想起させ、「初雪のふる日」は最後に学習する物語であることを確認する。

T　安房直子の「初雪のふる日」という物語を読んでいきます。題名から、どのような物語か想像してみましょう。

・冬の始まりの頃の話。
・その冬に初めて雪が降った日の出来事の話。
・「初雪」が重要な役割や意味をもつ話。

2 範読を聞き、視点に沿って初読の感想を書く 〈30分〉

T　3つの視点に沿って、「初雪のふる日」を初めて読んだ感想を書きましょう。

○3つの視点を提示する。

①思ったことや考えたこと
②疑問をもったことや詳しく読みたいこと
③着目する言葉
（着目する言葉について、教科書 P.136下段を基に確認し、初読の感想の段階で気になる表現を見つけておくことを伝える。）

○教師の範読か朗読音源を聞かせる。

○必要に応じて、教科書に書き込みを入れながら聞いてもよいことを伝える。

初雪のふる日

安房直子

「初雪のふる日」を初めて読んだ感想を書こう。

1

〈「初雪のふる日」という題名から想像すること〉
・冬の始まりのころの話。
・その冬に初めて雪がふった日の出来事の話。
・「初雪」が重要な役割や意味をもつ話。

2

【初めて読んだ感想の視点】
①思ったことや考えたこと
②ぎ問をもったことやくわしく読みたいこと
③着目する言葉
・天気などに関する言葉
・色や、さわった感じを表す言葉
・大きさや数などを表す言葉
・くり返しの表現
・くわしくする表現（修飾語）
・対比的な表現

3 初読の感想を交流する　〈10分〉

T　「初雪のふる日」を初めて読んだ感想について、友達と交流しましょう。

・物語の初めのほうは楽しい話だと思っていたが、途中から怖い感じに変わって驚いた。
・なぜ、女の子は１人で石けりを始めたのだろう。
・女の子にとって、怖い体験だったと思うが、無事に戻れたことで、不思議な思い出になったと思う。
・「うさぎの白は、雪の白」と「うさぎの白は、春の色」という表現が対比になっている。

○一斉に交流タイムを取るか、初読の感想を書き終わった人からペアを見つけて交流させるか、実態に応じて判断する。

よりよい授業へのステップアップ

初読の感想を書くことに必然性をもたせる工夫

初読の感想を書く必然性をもたせるため、視点を提示する。初読の感想は、のちに自分の読みの広がりや深まりを実感することにつながる（読みの変容）。特に視点②は、次時に読みの課題をつくることにもつながり、１つの物語をみんなで読み深めることの楽しさを感じる土台になる。

本時案

初雪のふる日 2/7

本時の目標

・「初雪のふる日」の初読の感想を基に、読みの課題をつくり、学習計画を立てることができる。

本時の主な評価

・「疑問をもったことや詳しく読みたいこと」を分類・整理し、学級全体で考える大きな読みの課題をつくり、個人の読みの課題をもっている。

資料等の準備

・学級全員分の初読の感想（視点②を中心に）をまとめた一覧表
（黒板に貼る拡大版と子供に配るプリント版）

・不思議な世界はどこから始まっているのか。
・たばこ屋のおばあさんは何者なのか。
・なぜ、大きな犬が歯をむき出してほえたのか。

3

四年○組「○○人○○色」感想文集をつくろう！
～みんなで読んで考えて、自分の考えを伝え合おう～

【学習計画】
・読みの課題を解決（かいけつ）する。
・感想文を書く。
・感想文を共有する。

授業の流れ ▷▷▷

1 初読の感想一覧表を基に学級全体で考える大きな読みの課題をつくる〈25分〉

〇視点②「疑問をもったことや詳しく読みたいこと」を中心に、学級全員分の初読の感想をまとめた一覧表を作成し、黒板には拡大したものを貼り、子供にはプリントを配る。

T 「疑問をもったことや詳しく読みたいこと」を分類・整理して、学級全体で考える大きな読みの課題をつくりましょう。何についての疑問や感想が多いですか。

・女の子の行動や心情についての疑問や感想。
・色の表現についての疑問や感想。

〇本文に明確な答えが示されているような疑問は、読みの課題としては不適切であるため、必要に応じて本文を確認しながら、学級全体で考える価値のある（多様な考えが出る）課題をつくる。

2 個人の読みの課題をもつ〈10分〉

T 学級全体で共通して考える大きな読みの課題が決まりました。次に、個人の読みの課題を考えましょう。

〇初読の感想を読み返し、大きな読みの課題には入らなかった疑問や感想を基に、個人の読みの課題をつくることを確認する。

・不思議な世界はどこから始まっているのか。
・たばこ屋のおばあさんは何者なのか。
・なぜ、大きな犬が歯をむき出してほえたのか。

初雪のふる日

安房直子

初めて読んだ感想をもとに、読みの課題をつくり、学習計画を立てよう。

学級全員分の
初読の感想
（視点②を中心に）
をまとめた一覧表

1 〈学級全体で考える大きな読みの課題〉

女の子の行動や心情についてのぎ問や感想が多い。

①家に帰るバスの中、女の子はこの不思議な出来事をどのように感じただろうか。

色の表現についてのぎ問や感想が多い。

②「女の子（赤いセーター）」と「うさぎ（白）」と「よもぎ（緑・うらは白）」は、何を表しているのだろうか。

2 〈個人の読みの課題〉

3 学習計画を立てる 〈10分〉

T　初読の感想一覧表を見ると、「初雪のふる日」という１つの物語を読んでも、疑問や感想は一人一人違います。まさに「十人十色」、４年○組は「○○人○○色」ですね。

・きっと、読みの課題についても、いろいろな考えが出ると思う。
・いろいろな考えが出るとおもしろい。

T　４年生の物語の学習の総まとめとして、「読んで感じたことをまとめ、伝え合う」という学習をします。どのように学習を進めていくとよいでしょうか。

・読みの課題を解決したい。
・感想文を書きたい。
・感想文を共有したい。

よりよい授業へのステップアップ

感想文を書くことに意欲をもたせる工夫

感想文は、書くこと自体が目的なのではない。感想文を書くことで自分の考えを明確にし、感想文を共有することで、多様な考えを得ること、さらには自分の考えを深めることが重要である。

互いの考えを伝え合うことで自分の考えを広げたり深めたりすることに魅力を感じることができるような雰囲気をつくっておくことにより、感想文（自分の考え）を書くことに意欲をもたせることができる。

本時案

初雪のふる日 3/7

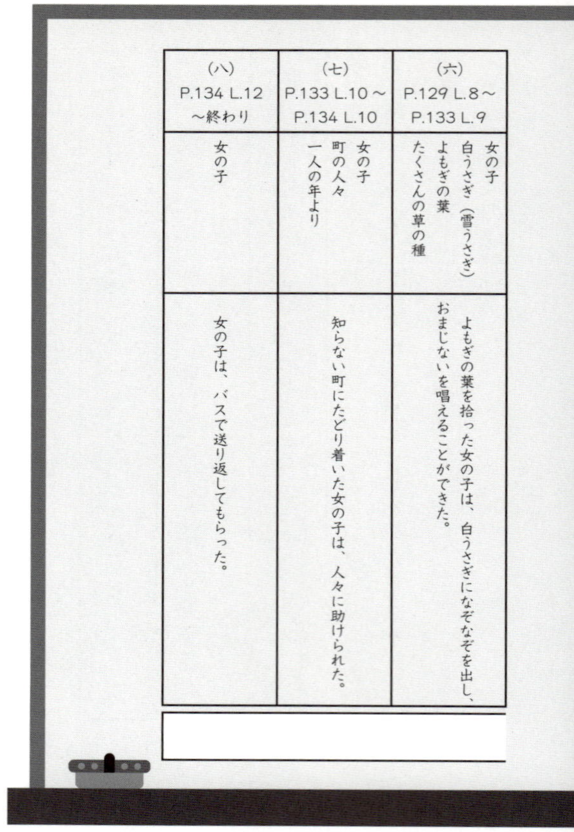

(六)
P.129 L.8～
P.133 L.9
女の子
白うさぎ（雪うさぎ）
よもぎの葉
たくさんの草の種
よもぎの葉を拾った女の子は、白うさぎになぞなぞを出し、おまじないを唱えることができた。
(七)
P.133 L.10～
P.134 L.10
女の子
町の人々
一人の年より
知らない町にたどり着いた女の子は、人々に助けられた。
(八)
P.134 L.12
～終わり
女の子
女の子は、バスで送り返してもらった。

本時の目標

・「時・場所・人物」に着目して場面分けをして、あらすじをまとめることができる。

本時の主な評価

❷登場人物の気持ちの変化や情景について、場面の移り変わりと結び付けて具体的に想像している。【思・判・表】

資料等の準備

・教科書の挿絵を拡大したもの

授業の流れ ▷▷▷

1 場面分けを確認する 〈10分〉

T 「時・場所・人物」に着目して、場面分けをしましょう。

○物語を場面分けするとき、全体をいくつに区切るか、どこで区切るかは、様々な考えが出ることが予想される。本時では、教師が場面分けしたものを子供とともに確認していく。実態に応じて、物語の構成（始まり・出来事の起こり・出来事の変化・結び）を提示する。学級全体で共通認識を図ることが重要である。

2 各場面の内容を短い文で表す 〈30分〉

T 各場面の内容を短い文でまとめましょう。

○学習用語「あらすじ」を復習し、中心人物は「女の子」であることを押さえる。

○重要な言葉を落とさないようにしながら、できるだけ短い文で表すことができるようにする。実態に応じて、いくつかの場面を学級全体でまとめて方法をつかませてから、一人読みに入らせてもよい。

四年〇組「〇〇人〇〇色」感想文集をつくろう！
～みんなで読んで考えて、自分の考えを伝え合おう～

初雪のふる日

安房（あわ）直子（なおこ）

「初雪のふる日」のあらすじをまとめよう。

1 ①「時・場所・人物」に着目して、場面分けをする。

2 ②各場面の内容を短い文で表す。

（一）	（二）	（三）	（四）	（五）
最初～ P.122 L.7	P.122 L.8～ P.124 L.14	P.125 L.1～ P.126 L.5	P.126 L.6～ P.128 L.2	P.128 L.3～ P.129 L.7
小さな女の子 たばこ屋のおばあさん 大きな犬	女の子 白うさぎ（雪うさぎ）	女の子 （おばあさん） 白うさぎ（雪うさぎ）	女の子 （おばあさん） 白うさぎ（雪うさぎ）	女の子 白うさぎ（雪うさぎ） 人々
秋の終わりの寒い日、小さな女の子が、どこまでも続くろうせきの輪の中に飛びこみ、石けりを始めた。	雪がふり始め、はげしくなってきたとき、女の子の前後にたくさんの白うさぎ（雪うさぎ）が現れ、一列になってとんでいった。	女の子は、おばあさんから聞いた「白いうさぎにさらわれる話」を思い出し、石けりからぬけようとするが、ぬけることができなかった。	女の子は、おばあさんから聞いた「春のよもぎのおまじないの話」を思い出し、おまじないを唱えようとするが、うさぎの歌声にじゃまされ、唱えることができなかった。	女の子は、おまじないを唱えることができないまま、これまで一度も来たことのない遠い所までやって来た。

表に対応する形で教科書の挿絵を並べる

3 できあがったあらすじを音読する〈5分〉

T 各場面の内容を短い文でまとめたものを、つなげて、通して音読しましょう。

〇場面の様子の違いを意識しながら音読することを確認する。

T あらすじをまとめることができましたね。次の時間から、読みの課題に沿って、さらに読み深めていきましょう。

よりよい授業へのステップアップ

場面の様子の違いを捉えさせる工夫

場面分けをして表にまとめることで、物語の様子がどのように変化していくのかを捉えやすくなる。教科書の挿絵は絵巻物のようになっているため、情景を想像する一助として、場面分けの表の下に挿絵を掲示してもよいだろう。

あらすじまとめの意義

あらすじを共通理解することで、読みの土台ができあがり、次時からの読み深めにつながる。

本時案

初雪のふる日

4/7

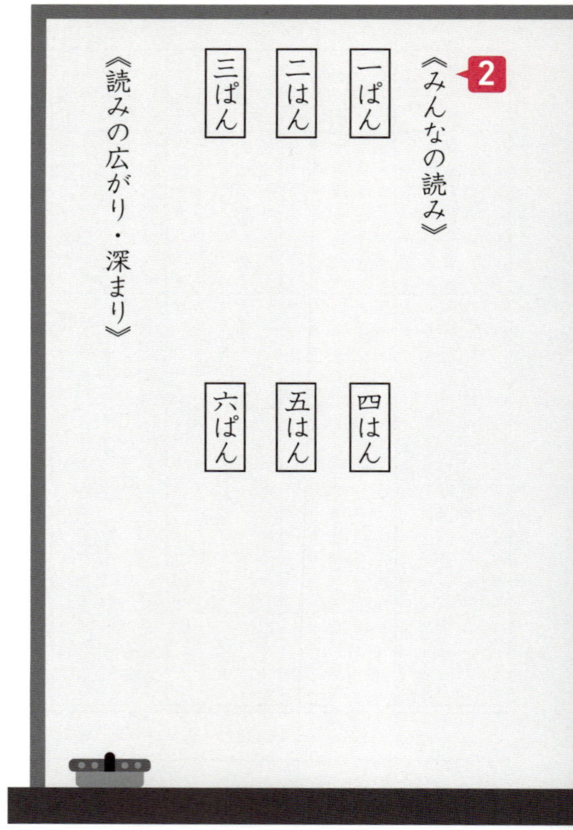

本時の目標

・読みの課題①に対して自分の考えをもち、グループや全体での交流を通して、読みを広げ深めることができる。

本時の主な評価

❷登場人物の気持ちの変化や情景について、場面の移り変わりと結び付けて具体的に想像している。【思・判・表】
❹文章を読んで感じたことや考えたことを共有し、一人一人の感じ方などに違いがあることに気付いている。【思・判・表】

資料等の準備

・全文を拡大したもの（黒板掲示用）
・全文ワークシート（グループ交流用）
・全文ワークシート（プリント）
・「読みを広げ深めるために」（ノート資料、教室掲示） 20–01

授業の流れ ▷▷▷

1 全文ワークシートを活用し、読みの課題①に対して自分の考えをもつ 〈15分〉

T 全文ワークシートに青鉛筆で書き込みをして、読みの課題①に対する自分の考えをまとめましょう。女の子がバスの中でどのようなことを感じていたのかについて、叙述に基づいて想像するために、物語全体の女の子の気持ちを追って考えてみましょう。

〇読みの課題①は直接的には第８場面の内容に当たるが、女の子がバスの中でどのようなことを感じていたのかを想像するためには、物語全体にわたる女の子の気持ちの変化を振り返ることが重要である。複数の叙述を結び付けて考えさせたい。

2 グループごとに考えを交流する 〈15分〉

T グループごとに考えを交流します。グループ交流用の全文ワークシートに書き込みをしながら、自分の考えを伝えましょう。

・よもぎの野原で石けりをしているような気持ちになっているから、こわさに打ち勝ったようでもあるけれど、その後で「ああ、助かった。」と思っているので、最後にはこわい思いが強く残ったのだと思う。
・白うさぎにつれさられてこわい思いをしたけれど、「春のよもぎ」に助けてもらったことで、少し温かい気持ちにもなったと思う。

四年○組「○○人○○色」感想文集をつくろう！
〜みんなで読んで考えて、自分の考えを伝え合おう〜

初雪のふる日　安房（あわ）直子（なおこ）

読みの課題①
家に帰るバスの中、女の子はこの不思議な出来事をどのように感じただろうか。

1 《自分の読み》

全文を拡大したもの

3 学級全体で考えを交流して、読みを広げ深める 〈15分〉

T　各グループでどのような考えが出たのか、発表しましょう。

○どの叙述からその考えをもつことになったのかについても発表させ、全文ワークシート拡大版に書き込みをしながら学級全体で共有していく。全文を拡大したものが黒板に収まらない場合は、補助的にホワイトボード等を活用する。

T　改めて「自分の読み」を見つめ直し、「読みの広がり・深まり」として、振り返りを書きましょう。

○各グループの考えを黒板に整理し、関連付けることで、学級全体の読みを広げ深めていく。

よりよい授業へのステップアップ

叙述に基づいて読ませる工夫

全文ワークシートにサイドラインや言葉を書き込みながら、自分の考えをまとめていくように指導する。

多様な考えに気付かせる交流の工夫

グループ交流用の全文ワークシートを使い、１人ずつ違う色の色鉛筆またはカラーペンを持ち、自分の考えの根拠となる叙述にサイドラインを引きながら交流する。同じところに着目しても違う考えのこともあれば、違うところに着目しても同じ考えのこともあるなど、多様な考えに気付かせたい。

本時案

初雪のふる日 5/7

本時の目標

・読みの課題②に対して自分の考えをもち、グループや全体での交流を通して、読みを広げ深めることができる。

本時の主な評価

❷登場人物の気持ちの変化や情景について、場面の移り変わりと結び付けて具体的に想像している。【思・判・表】
❹文章を読んで感じたことや考えたことを共有し、一人一人の感じ方などに違いがあることに気付いている。【思・判・表】

資料等の準備

・全文を拡大したもの（黒板掲示用）
・全文ワークシート（グループ交流用）
・全文ワークシート（プリント）

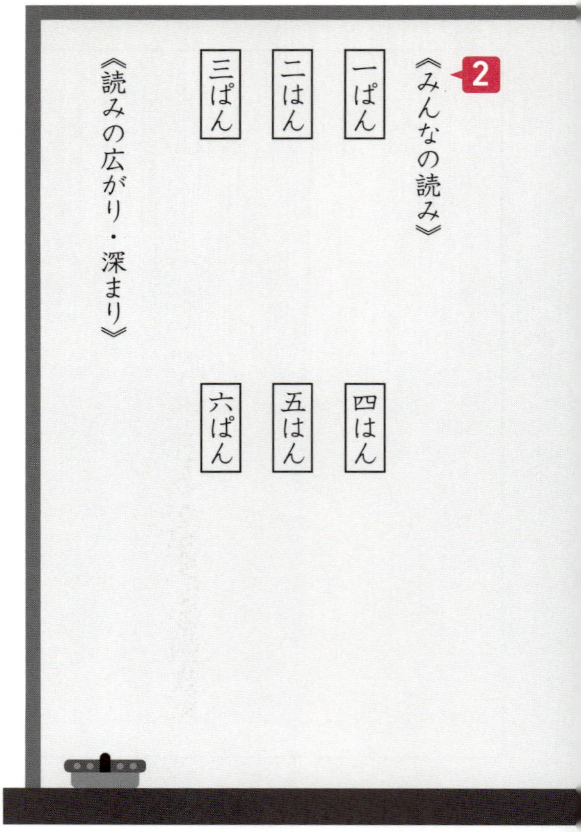

授業の流れ ▷▷▷

1 全文ワークシートを活用し、読みの課題②に対して自分の考えをもつ 〈15分〉

T　全文ワークシートに赤鉛筆で書き込みをして、読みの課題②に対する自分の考えをまとめましょう。色を表す言葉に着目し、挿絵にも目を向けながら、想像を広げてみましょう。

○「読むこと」の学習では叙述に即した読みが基本ではあるが、読みの課題②については、挿絵をヒントに想像を広げることも有効な手立てになるだろう。

○「女の子（赤いセーター）」「うさぎ（白）」「よもぎ（緑・裏は白）」それぞれについて単独で考えるだけでなく、対比して考えさせたい。

2 グループごとに考えを交流する 〈15分〉

T　グループごとに考えを交流します。グループ交流用の全文ワークシートに書き込みをしながら、自分の考えを伝えましょう。

・女の子の青ざめていたほほがほんのりばら色になるので、赤は温かさを表していると思う。

・白うさぎは雪うさぎで、つれさられると最後には小さい雪のかたまりになってしまうので、白は冷たさを表していると思う。

・緑のよもぎの葉を手にしたことをきっかけに、女の子は春を感じることができたから、緑は春を表していると思う。

四年○組「○○人○○色」感想文集をつくろう！
～みんなで読んで考えて、自分の考えを伝え合おう～

初雪のふる日　安房直子

読みの課題②
「女の子（赤いセーター）」と「うさぎ（白）」と「よもぎ（緑・うらは白）」は、何を表しているのだろうか。

1
《自分の読み》

全文を拡大したもの

3 学級全体で考えを交流して、読みを広げ深める 〈15分〉

T　各グループでどのような考えが出たのか、発表しましょう。

○どの叙述からその考えをもつことになったのかについても発表させ、全文を拡大したものに書き込みをしながら学級全体で共有していく。全文を拡大したものが黒板に収まらない場合は、補助的にホワイトボード等を活用する。

T　改めて「自分の読み」を見つめ直し、「読みの広がり・深まり」として、振り返りを書きましょう。

○各グループの考えを黒板に整理し、関連付けることで、学級全体の読みを広げ深めていく。

よりよい授業へのステップアップ

学級全体の交流で読みを広げ深めさせる工夫

各グループで交流した内容について、誰か1人の考えだけを発表したり、全員の考えを列挙したりするのではなく、グループ内で交わされた話し合いの流れ（質問や感想など）を踏まえて発表することができるようにすることが望ましい。

本時案

初雪のふる日　6・7/7

本時の目標

・学習したことを生かして感想文を書くことができる。
・感想文を読み合って、感じたことを書くことができる。

本時の主な評価

❶様子や行動、気持ちや性格を表す語句を使って感想文を書いている。【知・技】
❸文章を読んで感じたことや考えたことを共有し、一人一人の感じ方などに違いがあることに気付いている。【思・判・表】
❺進んで読んで感じたことをまとめて伝え合い、文章を読んで感じたことや考えたことを共有して、一人一人の感じ方などに違いがあることに気付こうとしている。【態度】

資料等の準備

・子供の作品例　・コメントカード

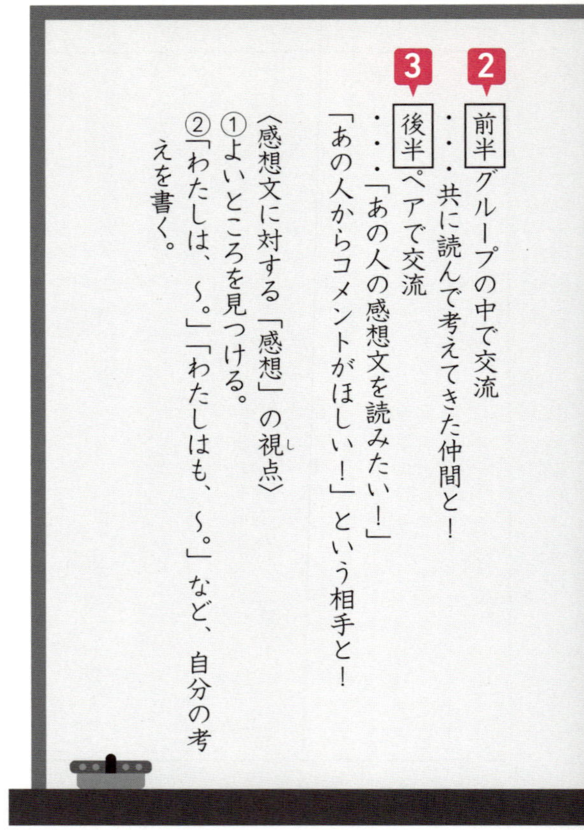

2 前半 グループの中で交流
・・・共に読んで考えてきた仲間と！
3 後半 ペアで交流
・・・「あの人の感想文を読みたい！」
「あの人からコメントがほしい！」という相手と！
〈感想文に対する「感想」の視点〉
①よいところを見つける。
②「わたしは、〜。」「わたしはも、〜。」など、自分の考えを書く。

授業の流れ ▷▷▷

1 文例を参考に、構成に沿って感想文を書く　〈第6時〉

T　文例を参考にしながら、構成に沿って感想文を書きましょう。初めて読んだ感想を読み返し、これまでの学習を生かして、自分の考えを書き表しましょう。

○「初め」には、学級全体で考えた大きな読みの課題、個人の読みの課題を基に問いを立てる。「中」には、問いに対する自分の読みを書く。「終わり」には、「中」とのつながりをもたせて読後感を書く。
○どのような感想文を書かせたいか、教師自身が文例を書いてみるとよい。
○文例は、「ごんぎつね」で書いた子供の感想文が望ましい。

2 グループで感想文を共有する　〈第7時前半〉

T　グループで感想文を読み合います。読み終わったらコメントカードを書いて渡しましょう。

・色を表す表げんについて問いを立て、読みの課題②を生かして自分の考えを書いているところがいいと思う。
・「不思議な世界はどこから始まっているのか」というこ人の読みの課題をもとに自分の考えを書いているところがいいと思う。
・わたしは、〜と思った。
・わたしも、〜と思った。

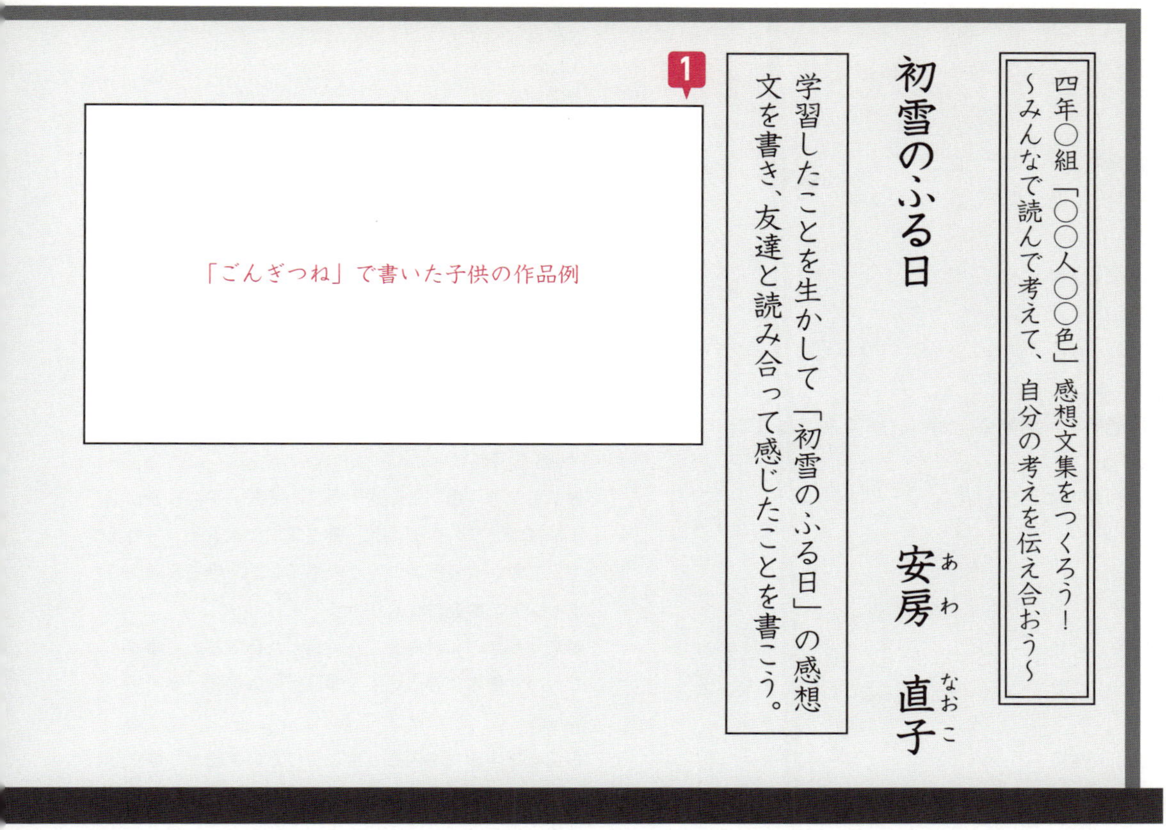

四年○組「○○人○○色」感想文集をつくろう！
～みんなで読んで考えて、自分の考えを伝え合おう～
初雪のふる日
安房直子
あわ なおこ
学習したことを生かして「初雪のふる日」の感想文を書き、友達と読み合って感じたことを書こう。
1
「ごんぎつね」で書いた子供の作品例

3 ペアを見つけて感想文を共有する〈第７時後半〉

T 「あの人の感想文を読みたい！」「あの人からコメントがほしい！」という相手に声を掛けて、ペアで感想文を読み合いましょう。

○ペアが見つからない子供がいる場合等、実態に応じて留意する。

よりよい授業へのステップアップ

学習したことを生かして感想文を書かせる工夫

初めて読んだ感想からレベルアップした「感想文」にするために、学習したことを取り入れる構成にする。一例に、読みの課題を問いの形に変える書き方がある。

感想文を書いた甲斐を感じさせる工夫

ただ感想文を読み合うだけでなく、相手の感想文に「感想」（コメントカード）を書く活動を取り入れる。「感想」の視点を示すことで、もらって嬉しいコメントカードになるようにする。

監修者・編著者・執筆者紹介

[監修者]

中村　和弘（なかむら　かずひろ）　東京学芸大学教授

[編著者]

成家　雅史（なりや　まさし）　東京学芸大学附属小金井小学校教諭

廣瀬　修也（ひろせ　しゅうや）　お茶の水女子大学附属小学校教諭

[執筆者] ＊執筆順。所属は令和２年７月現在

		[執筆箇所]
中村　和弘	（前出）	●まえがき　●「主体的・対話的で深い学び」を目指す授業づくりのポイント　●「言葉による見方・考え方」を働かせる授業づくりのポイント　●学習評価のポイント　●板書づくりのポイント
廣瀬　修也	（前出）	●第４学年の指導内容と身に付けたい国語力　●ごんぎつね　●漢字の広場④　●漢字の広場⑤　●漢字の広場⑥
成家　雅史	（前出）	●第４学年の指導内容と身に付けたい国語力　●秋の楽しみ　●世界にほこる和紙／【じょうほう】百科事典での調べ方／伝統工芸のよさを伝えよう　●冬の楽しみ
藤枝　真奈	（お茶の水女子大学附属小学校教諭）	●クラスみんなで決めるには　●慣用句
望月　美香	（江東区立第三大島小学校主任教諭）	●短歌・俳句に親しもう（二）　●初雪のふる日
小野田　雄介	（東京学芸大学附属小金井小学校教諭）	●プラタナスの木　●熟語の意味
松村　優子	（荒川区立瑞光小学校主任教諭）	●感動を言葉に
佐藤　綾花	（渋谷区立富谷小学校指導教諭）	●自分だけの詩集を作ろう
小野澤　由美子	（お茶の水女子附属小学校非常勤講師）	●ウナギのなぞを追って
武井　二郎	（台東区立上野小学校主任教諭）	●つながりに気をつけよう
清水　絵里	（中野区立令和小学校主任教諭）	●もしものときにそなえよう
久保田　直人	（東京都教職員研修センター指導主事）	●調べて話そう、生活調査隊　●まちがえやすい漢字

『板書で見る全単元の授業のすべて　国語　小学校４年下』付録 DVD について

・各フォルダーには、以下のファイルが収録されています。
　①　板書の書き方の基礎が分かる動画（出演：成家雅史先生）
　②　授業で使える短冊類（PDF ファイル）
　③　学習指導案のフォーマット（Word ファイル）
　④　児童用のワークシート（Word ファイル、PDF ファイル）
　⑤　黒板掲示用の資料、写真、イラスト等
・DVD に収録されているファイルは、本文中では DVD のアイコンで示しています。
・これらのファイルは、必ず授業で使わなければならないものではありません。あくまで見本として、授業づくりの一助としてご使用ください。
※フォルダ及びファイル番号は、単元の並びで便宜的に振ってあるため、欠番があります。ご了承ください。

【使用上の注意点】
・この DVD はパソコン専用です。破損のおそれがあるため、DVD プレイヤーでは使用しないでください。
・ディスクを持つときは、再生盤面に触れないようにし、傷や汚れ等を付けないようにしてください。
・使用後は、直射日光が当たる場所等、高温・多湿になる場所を避けて保管してください。
・PDF ファイルを開くためには、Adobe Acrobat もしくは Adobe Reader がパソコンにインストールされている必要があります。
・PDF ファイルを拡大して使用すると、文字やイラスト等が不鮮明になったり、線にゆがみやギザギザが出たりする場合があります。あらかじめご了承ください。

【動作環境　Windows】
・〔CPU〕Intel® Celeron® プロセッサ360J1. 40GHz 以上推奨
・〔空メモリ〕256MB 以上（512MB 以上推奨）
・〔ディスプレイ〕解像度640×480、256色以上の表示が可能なこと
・〔OS〕Microsoft Windows10以降
・〔ドライブ〕DVD ドライブ

【動作環境　Macintosh】
・〔CPU〕Power PC G4 1.33GHz 以上推奨
・〔空メモリ〕256MB 以上（512MB 以上推奨）
・〔ディスプレイ〕解像度640×480、256色以上の表示が可能なこと
・〔OS〕Mac OS 10.12（Sierra）以降
・〔ドライブ〕DVD コンボ

【著作権について】
・DVD に収録されているファイルは、著作権法によって守られています。
・著作権法での例外規定を除き、無断で複製することは法律で禁じられています。
・DVD に収録されているファイルは、営利目的であるか否かにかかわらず、第三者への譲渡、貸与、販売、頒布、インターネット上での公開等を禁じます。
・ただし、購入者が学校での授業において、必要枚数を児童に配付する場合は、この限りではありません。ご使用の際、クレジットの表示や個別の使用許諾申請、使用料のお支払い等の必要はありません。

【免責事項】
・この DVD の使用によって生じた損害、障害、被害、その他いかなる事態についても弊社は一切の責任を負いかねます。

【お問い合わせについて】
・この DVD に関するお問い合わせは、次のメールアドレスでのみ受け付けます。 tyk@toyokan.co.jp
・この DVD の破損や紛失に関わるサポートは行っておりません。
・パソコンやアプリケーションソフトの操作方法については、各製造元にお問い合わせください。

板書で見る全単元の授業のすべて
国語 小学校４年下
～令和２年度全面実施学習指導要領対応～

2020（令和２）年８月23日　初版第１刷発行

監 修 者：中村　和弘
編 著 者：成家　雅史・廣瀬　修也
発 行 者：錦織　圭之介
発 行 所：株式会社東洋館出版社
〒113-0021　東京都文京区本駒込５丁目16番７号
営 業 部　電話 03-3823-9206　FAX 03-3823-9208
編 集 部　電話 03-3823-9207　FAX 03-3823-9209
振　　替　00180-7-96823
U R L　http://www.toyokan.co.jp

印刷・製本：藤原印刷株式会社
編集協力：株式会社あいげん社

装丁デザイン：小口翔平＋岩永香穂（tobufune）
本文デザイン：藤原印刷株式会社
イラスト：赤川ちかこ（株式会社オセロ）
画像提供：PIXTA
DVD 製作：秋山広光（ビジュアルツールコンサルティング）
株式会社オセロ

ISBN978-4-491-04021-9　　Printed in Japan